7·9급 시험을 준비하는 수험생을 위한 **최적의 맞춤형 교재**

신(神)의 한 수
독해편

2022 혜원국어

신의 한 수 필살기
강력한 독해TIP 탑재!
비문학 철벽 방어

고혜원 편저

20시간 초단기 완성
문학, 비문학, 읽기 능력의 초석이 되는 **독해 바이블**
시험에 최적화된 **테마별, 유형별 지문 분석**

도서
출판 **오스틴북스**

1 2022 《신의 한 수 독해편》은
공무원 시험이 가장 좋아하는 6개의 유형을
철저히 분석하고 이에 대해 단계별로 구성하
였다.

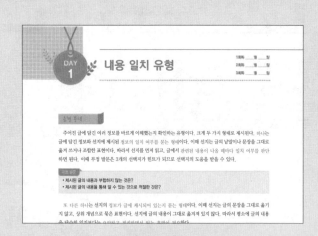

2 2022 《신의 한 수 독해편》은
많은 내용, 복잡한 내용이 아니라 근원적인
'원리'를 이해하여, 다양한 독해 문제를 풀어
낼 수 있도록 '구조적 독해'가 체화되도록 구
성하였다.

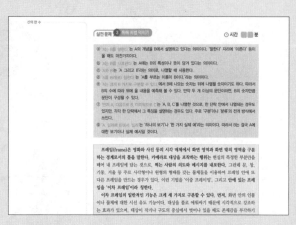

3 2022 《신의 한 수 독해편》은
'기출 문제'와 '실전 문제'의 효과적 콤비를 통해
적은 양을 공부하고도 최대의 시너지를 볼
수 있도록 구성하였다.

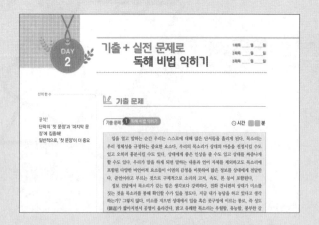

4 2022 《신의 한 수 독해편》은

심플한 교재와 더 심플한 강의의 반복을 통해 독해력 향상이 증폭되어 '독해 천재'가 될 수 있도록 구성하였다.

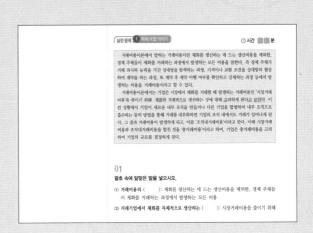

5 2022 《신의 한 수 독해편》은

지문 내용의 구조화를 통해

수험생의 뇌가 지문의 내용을 스스로 구조화할 수 있도록 구성하였다.

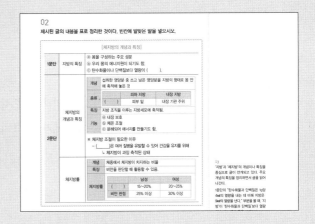

머리말

PREFACE

그냥 읽고!
자주 읽고!
반복적으로 수업을 들으며 같이 읽게 된다면,
어느새 '독해 천재'가 되어 있으리라 확신한다.

합격에 이르기 위해서는 국어의 고득점이 중요하다.
국어 고득점의 가장 중요한 요소는 독해력이다.

다만 독해력은 국어의 고득점을 위해서도 필요하지만, 나머지 합격을 위한 과목의 이해와 학습 능력 신장에도
필수적이다.

《2022 신의 한 수 독해편》은 공무원 합격을 위해 반드시 필요한 과정이라고 확신한다.
《2022 신의 한 수 독해편》을 손에 쥔 수험생에게 합격의 기쁨이 반드시 함께하길, 힘껏 응원한다.

2021년 10월 노량진 연구실에서
고 혜 원

이 책의 공부법

1 **처음 공부할 때**
매일 1강을 2회독(3주 완성) 하는 것을 목표로 한다.

2 **독해력이 약한 수험생이라면**
이렇게 1강씩 2회독하여 3주간 전체 회독(20강)을 마무리한 후에
같은 작업을 2번 더 반복한다. 그리고 한 달 정도 간격을 두고 1번 더 반복한다.

3 **독해력이 강한 수험생이라면**
매일 1강을 2회독 하여 3주간 전체 회독(20강)을 마무리한 후에
같은 작업을 1번 더 반복한다. 그리고 한 달 정도 간격을 두고 1번 더 반복한다.

4 **단계별 학습법**
1단계 | 밑줄, ○, △, 〔 〕, 〈 〉등을 표시하며 읽는다.
2단계 | 문제를 푼다.
3단계 | 채점한다.
4단계 | 맞힌 문제는 정확히 알고 풀었는지, 틀린 문제는 왜 틀렸는지 반드시 점검하도록
　　　　한다. 가능하다면 강의(공단기)와 함께하길 강추한다.
5단계 | 이해가 되지 않는 부분은 ☆ 표시를 해 두었다가 주말에 반드시 다시 확인한다.
6단계 | 1~5단계를 다시 실천하되, 시간을 측정하여 기록한다.
7단계 | 1~5단계를 다시 실천하되, 6단계보다 시간을 앞당기도록 최대한 노력한다.

목차
CONTENTS

PART V 논리적 배열

PART VI 빈칸 채우기

최근 3년 기출 분석을 토대로 한 비문학 만점 대비 팁 총 정리

비문학 만점 대비 직렬별 특징

1. 국가직

☆ 9급, ★ 7급, (문제 번호)

	2021년	2020년	2019년
유형 1.		☆(17)	☆(18) ★(4), ★(13), ★(15), ★(20)
유형 2.	☆(10), ☆(12), ☆(14), ☆(20)	☆(8), ☆(20) ★(9), ★(10), ★(13), ★(16), ★(20)	☆(15), ☆(17) ★(3), ★(17)
유형 3.		☆(19)	★(12)
유형 4.	☆(4), ☆(13)	☆(12) ★(15)	☆(16), ☆(20)
유형 5.	☆(11)	★(4)	
유형 6.	☆(19)	☆(15), ☆(16) ★(11)	☆(8)

1. 국어 전체 문제에서 비문학이 차지하는 비중이 최근 3년 동안 꾸준히 증가해 왔다.
2. 국가직의 경우, '유형 1'과 '유형 2'의 비중이 압도적이다.
3. 다른 직렬에 비해 '유형 3'과 '유형 5'의 출제 빈도가 낮은 편이다.
4. 2021년부터 국가직 7급 국어 시험이 바뀌면서, 국가직 9급 국어 시험의 난도도 올라갔다. 난도는 문제 출제 유형에서 확인할 수 있다. 단순히 '유형 1'보다는 '유형 1'과 '유형 2'가 혼합한 형태, 또는 '유형 2'의 형태로 출제되었다.
5. 9급의 경우, '유형 6'이 최소 1문제 매해 출제되고 있다.
6. 비문학의 비중이 증가하고, 7급이 사라진 것을 볼 때 '유형 4'도 매해 최소 2문제 이상 출제될 것으로 전망된다.

2. 지방직

	2021년	2020년	2019년
유형 1.	☆(11)		★(6)
유형 2.	☆(8), ☆(13), ☆(14), ☆(20) ★(4), ★(9), ★(13), ★(14), ★(16), ★(19), ★(20)	☆(17), ☆(19) ★(6), ★(8), ★(13), ★(16), ★(20)	☆(6), ☆(16), ☆(19) ★(15), ★(19), ★(20)
유형 3.	☆(12),	☆(6), ☆(9) ★(14)	☆(13), ☆(20) ★(5)
유형 4.	★(12), ★(17)	★(19)	☆(3) ★(4)
유형 5.		☆(18) ★(3)	
유형 6.	☆(16), ☆(19)		★(12)

1. 국가직과 마찬가지로 국어 전체 문제에서 비문학이 차지하는 비중이 최근 3년 동안 꾸준히 증가해 왔다.
2. 다른 직렬에 비해 국어 문제 중 비문학이 차지하는 비중이 압도적으로 높다.
3. '유형 2'의 비중이 압도적이다.
4. '유형 5'와 '유형 6'의 출제 빈도가 낮은 편이다.
5. 9급의 경우에는 '유형 3'이, 7급의 경우에는 '유형 4'가 매년 최소 1문제 이상 출제되고 있다.
6. 다른 직렬과 달리 '유형 6'의 경우 선지가 '문장'보다는 '단어' 형태로 제시되는 경향을 보인다.

3. 군무원

☆ 9급, ★ 7급, (문제 번호)

	2021년	2020년	2019년
유형 1.		☆(21), ☆(24) ★(23)	☆(15)
유형 2.	☆(17)		
유형 3.	☆(25) ★(13)	☆(5)	☆(9)
유형 4.	★(3)		☆(16)
유형 5.	☆(16) ★(24)		☆(8)
유형 6.	☆(6), ☆(8)	★(9), ★(16)	

1. 최근 3년의 기준으로, 국어 문제에서 비문학은 4문제 정도 출제되었다.

2. 다른 직렬의 경우, '유형 3'이 매해 출제되는 경우는 잘 없다. 그러나 군무원 9급의 경우 최근 3년 동안 빠짐없이 '유형 3'이 최소 1문제 출제되었다.

3. 다른 직렬의 경우, '유형 1'과 '유형 2'가 비문학에서 차지하는 비중이 크다. 그러나 군무원의 경우, 어느 한 영역에 집중되기보다는 전 영역에서 골고루 출제되는 편이다.

4. '유형 5'은 다른 유형과 함께 묶여 출제되는 경향이 있다. 주로 '유형 1'이나 '유형 4'와 묶인다.

5. '유형 5'는 2년에 한 번씩 출제되었다. 이러한 흐름을 볼 때, 2022년에는 '유형 5'보다는 '유형 4'가 출제될 가능성이 크다.

4. 국회직

☆ 9급, ★ 8급, (문제 번호)

	2021년	2020년	2019년
유형 1.	★(6)	☆(15) ★(22)	☆(17) ★(24)
유형 2.	☆(19) ★(10), ★(18),	☆(6), ☆(7), ☆(8), ☆(16) ★(8), ★(25),	☆(7) ★(11), ★(25)
유형 3.	★(19)		
유형 4.	★(8)		
유형 5.	☆(9) ★(12)	☆(17) ★(7)	☆(2), ☆(3) ★(10), ★(12),
유형 6.	☆(7) ★(2), ★(13), ★(23), ★(24),	★(9), ★(20)	☆(9)

1. 다른 직렬에 비해 지문의 길이가 긴 편이다.
2. 8급의 경우 꾸준히 5 문제 정도 출제가 되고 있다.
3. 8급과 달리, 9급의 경우 매해 비문학이 차지하는 비중이 늘고 있다. 따라서 8급을 준비한다면, 비문학에 대한 대비가 필요하다.
4. 8급의 경우, 다른 직렬에 비해 '유형 6'의 비중이 압도적이다.
5. '유형 3'과 '유형 4'의 출제 빈도가 낮은 편이다.
6. '유형 3'과 '유형 4'가 출제되지 않다가, 2021년에 8급에서 한 문제씩 출제되었다. 즉 2021년 8급의 경우 전 영역 골고루 출제되었기 때문에, 8급을 준비한다면, 전 영역에 대비할 필요가 있다.
7. '유형 6'의 경우, 선지에서 첫 단락을 두 개 정도로 추릴 수 있는 형태로 많이 제시된다.

비문학 만점 대비 필수 용어 완전 정리

1. 문제를 풀기 위해 알아야 할 용어

발문   다음 글의 주제로 가장 적절한 것은?   **화제**

2019년 경찰 1차

지문

　옛 학자는 반드시 스승이 있었으니, 스승이라 하는 것은 도(道)를 전하고 학업(學業)을 주고 의혹을 풀어 주기 위한 것이다. 사람이 나면서부터 아는 것이 아닐진대 누가 능히 의혹이 없을 수 있으리오. 의혹하면서 스승을 따르지 않는다면 그 의혹된 것은 끝내 풀리지 않는다. 나보다 먼저 나서 그 도(道)를 듣기를 진실로 나보다 먼저라면 내 좇아서 이를 스승으로 할 것이요. 나보다 뒤에 났다 하더라도 그 도(道)를 듣기를 또한 나보다 먼저라고 하면 내 좇아서 이를 스승으로 할 것이다. 나는 도(道)를 스승으로 하거나, 어찌 그 나이의 나보다 먼저 나고 뒤에 남을 개의(介意)하랴! 이렇기 때문에 귀한 것도 없고 천한 것도 없으며, 나이 많은 것도 없고 적은 것도 없는 것이요. 도(道)가 있는 곳이 스승이 있는 곳이다.

주제

선지
① 스승은 도(道)를 전하고 의혹을 풀어 주는 사람이다.
② 도(道)가 있는 사람이면 나이에 관계없이 스승으로 삼을 수 있다.
③ 의혹되는 바가 있으면 스승을 좇아서 그 의혹된 것을 풀어야 한다.
④ 나보다 먼저 난 이가 도(道)를 듣지 못했다면 그는 생이지지자(生而知之者)가 아니다.

발문	쉽게 말해서 '문제'이다. 물음표가 붙은 그 문장을 '발문'이라고 한다.
지문	쉽게 말해서 '본문'이다. 내용이 담긴 부분을 '지문'이라고 한다.
선지	쉽게 말해서 '선택지'이다. 정답으로 골라야 하는 선택지들을 '선지'라고 한다.
단락	'문단'으로도 부른다. 하나의 단락에는 '하나의 생각'이 담긴다. 따라서 단락이 바뀌었다는 것은 생각, 즉 '화제'가 바뀌었다는 의미이다.
화제	'이야깃거리'로도 부른다. 글의 주제를 표현하기 위한 소재로, 주제(중심 내용)와 밀접한 관련을 갖는다. 넓은 의미에서 '주제'와 거의 같은 의미로 쓰인다. 화제를 찾기 위해서는 지문에 자주 나오는 핵심어를 찾고, 앞뒤 맥락을 통해 그 의미를 파악하면 된다.
주제	'중심 내용'으로도 부른다. 글을 쓴 목적과 관련이 있다. 설명문이라면, 설명하고 있는 '무엇'이 주제가 될 것이다. 논설문이라면, 주장하고 있는 '무엇'이 주제가 될 것이다. 글의 주제는 주로 글의 맨 앞이나 맨 끝에 제시된다.

2. 발문 용어

용어 이해

사전적 의미는 "사리를 분별하여 해석함."이다. 발문에서 '이해'를 묻는다면, '사실적 독해'와 '추론적 독해'를 합한 말 정도로 생각하면 된다. '유형 1'과 '유형 2'가 섞여 있는 경우 발문에 '이해'가 나오는 경향이 있다.

기출

2021년 지방직 7급
20. 다음 글에 대한 이해로 적절하지 않은 것은?

2020년 국가직 7급
10. 다음 글에 대한 이해로 가장 적절한 것은?

💡 해결 팁

발문에서 '이해'를 묻는다면, 가장 먼저 선지를 읽는다. 선지를 통해 글에서 다룰 내용들을 살핀다. 선지에서 다룬 내용이 지문에 나온다면, 해당 부분은 좀 더 집중해서 꼼꼼하게 읽을 필요가 있다.

용어 추론

사전적 의미는 "미루어 생각하여 논함."이다. 지문의 내용을 근거로 지문에서 생략된 내용을 미루어 짐작한다는 의미 정도로 생각하면 된다. '유형 2'의 대표적인 형태이다.

기출

2021년 지방직 7급
다음 글에서 추론한 내용으로 적절하지 않은 것은?

2021년 국가직 9급
다음 글에서 추론한 내용으로 적절하지 않은 것은?

💡 해결 팁

지문에 주어진 내용뿐만 아니라 생략된 내용까지 알아야 하기 때문에, 비교적 어렵게 느껴질 수 있다. 올바른 추론을 위해서는 앞뒤 문맥을 바탕으로 내용을 정확하게 읽는 게 중요하다. 정확하게 읽지 않고, 대충 이런 내용일 것이라고 짐작하면서 글을 읽는다면 매력적인 오답 선지에 빠질 수 있으니 주의가 필요하다.

독해 만점 대비 팁

용어 견해

'견해'는 쉽게 말해 무엇에 대한 '생각'을 의미한다. 선지가 단순히 글쓴이의 견해와 일치하는 내용인지 아닌지를 파악하는 '유형 1'의 형태로 출제될 수도 있고, 글쓴이의 견해를 비판하거나 적용하는 '유형 2'의 형태로 출제될 수도 있다. 또 글쓴이의 견해 자체를 묻는 '유형 3'의 형태로 출제될 가능성도 있다.

기출

2021년 지방직 9급
글쓴이의 견해에 부합하는 대응으로 가장 적절한 것은?

2020년 지방직 7급
㉠과 ㉡에 대한 글쓴이의 견해로 적절하지 않은 것은?

🔍 해결 팁

글쓴이의 견해를 이해하거나 비판하는 발문이라면, 지문을 읽으면서 '견해'가 나오는 부분에 나만의 기호를 사용하여 표시를 할 필요가 있다.

용어 관점

'관점'은 '견해'와 비슷하지만, 차이가 있다. '견해'가 생각 그 자체를 의미한다면, '관점'은 대상을 보는 입장, 시각, 위치의 의미를 포함한다. 2개 이상의 관점이 제시될 경우에는 관점들을 비교하거나 적용하는 문제가 자주 출제된다.

기출

2021년 경찰 1차
다음 글에 나타난 매클루언의 관점과 가장 거리가 먼 것은?

🔍 해결 팁

지문에 두 개 이상의 관점이 제시되어 있고, 선지에도 그 관점이 제시되어 있다면 90% 이상은 해당 관점을 비교하는 문제이다. 따라서 글을 읽을 때 각각의 관점에 해당하는 내용을 다른 기호로 표시하면서 읽을 필요가 있다. 만약 절충의 관점이 맨 나중에 제시된다면, 글쓴이의 생각, 즉 글쓴이의 관점일 가능성이 크다.

부합

'부합'은 꼭 들어맞는다는 의미로, 발문에 '부합'이 나온다면 '일치'로 이해해도 무방하다. '글쓴이의 견해', '글쓴이의 입장'과의 일치 여부를 물을 때 '일치'보다는 '부합'을 쓰는 경우가 많다. 따라서 '유형 1'이나 '유형 2'의 형태로 출제될 수도 있으나, '유형 3'의 형태로 출제될 수도 있다.

기출

2020년 국가직 9급
글쓴이의 견해에 부합하지 않는 것은?

2019년 지방직 9급
다음 글쓴이의 입장에 부합하는 것은?

🔍 해결 팁

글쓴이의 견해나 입장에 부합하는지를 알기 위해서는 글쓴이의 견해나 입장이 무엇인지 파악해야 한다. 견해나 입장을 파악하기 위해서는 글의 맨 앞이나 맨 뒤를 주의 깊게 살펴야 한다.

용어 사례

'사례'는 '예시'라는 의미이다. 주로 '유형 2'의 형태로 출제되지만, 최근에는 '유형 6'의 형태로도 출제되고 있다. 이 경우에는 형태만 '유형 6'이지, 사실상 '유형 2'처럼 풀면 된다.

기출

2021년 국가직 9급
다음 글의 사례로 적절하지 않은 것은?

2021년 국가직 9급
하버마스의 주장에 부합하는 사례로 가장 적절한 것은?

🔍 해결 팁

특정 이론, 관점, 법칙을 제시할 때 많이 활용된다. 따라서 발문에서 '사례'를 묻는다면, 지문에 나온 특정 이론, 관점, 법칙에 부합하는 것을 고르면 된다. 특히 '유형 6'의 경우에는 빈칸 앞뒤의 부분만 읽어도 답을 찾을 수 있기에, 지문만 잘 이해하면 어렵지 않게 풀 수 있다. 다만, '부합하는 사례'를 물을 수도 있고, '비판하는 사례'를 물을 수도 있다. 발문을 제대로 읽지 않으면 매력적인 선지에 빠져 오답을 선택할 수도 있다. 따라서 발문이 무엇인지 꼼꼼하게 읽을 필요는 있다.

용어 전개 방식

주로 '글의 전개 방식'이라는 표현으로 제시된다. '전개'는 내용을 진전시켜 펴 나간다는 의미이다. '서술 방식', '설명 방식' 등의 표현으로도 쓰이며, '유형 4'를 대표하는 발문이다.

기출

2021년 군무원 7급
다음 설명문의 전개 방식으로 옳은 것은?

2020년 국가직 9급
다음에서 제시한 글의 전개 방식의 예로 가장 적절한 것은?

해결 팁

사용된 전개 방식 하나를 고르는 발문이라면, 글을 관통하는 가장 큰 전개 방식 하나만 고르면 된다. 한편, 사용되지 않은 전개 방식을 고르는 발문이라면 선지를 먼저 읽고, 글을 읽으면서 사용된 전개 방식을 제거하는 식으로 문제를 풀면 된다. 공무원 시험의 지문은 설명문인 경우가 많다. 따라서 정보 전달에 유용한 '정의', '비교', '분류', '예시', '인용' 등의 '전개 방식'이 자주 나오는데, 글의 유형별로 자주 나오는 전개 방식을 알아두는 것도 도움이 된다.

용어 논리적 순서

'논리적'이라는 의미는 '이치에 맞는' 정도로 이해하면 된다. 사실상 글의 자연스러운 배열 순서를 찾는 '유형 5'의 대표 발문이다. 다른 직렬에서는 발문에 '배열'이라는 용어가 나타나는 게 흔하지만, 군무원과 국회직에서는 유독 발문이 '논리적 순서'로 출제된다.

기출

2021년 군무원 7급
다음 글을 논리적 순서에 맞게 나열한 것은?

2020년 국회직 8급
(가) ~ (라)를 논리적 순서에 맞게 나열한 것은?

해결 팁

선지를 보고 첫 번째 문장(문단)이 무엇인지 힌트를 얻을 수 있다. 지시어나 접속사를 활용하여 앞뒤 문장(문단)의 꼬리잡기를 한다면, 어렵지 않게 문제를 풀 수 있다. '그러나'로 시작하는 문장(문단)이라면, 바로 앞에는 상반되는 내용이 올 것이다. 또 '예를 들면'이나 '예컨대', '가령' 등으로 시작하는 문장(문단)이라면, 바로 앞에는 특정 이론, 관점, 법칙 등에 해당하는 내용이 올 것이다.

접속어

'접속'은 잇는다는 의미이고, '어'는 말이라는 의미이다. 즉 '접속어'는 '잇는 말'로, 단어와 단어, 구절과 구절, 문장과 문장을 이어 주는 구실을 하는 문장 성분을 이른다. 접속사나 접속 부사 등으로도 표현된다. 앞뒤 내용이 어떤 의미 관계를 가지고 이어져 있는지를 묻는 '유형 6'의 발문으로 출제된다. '접속어'는 앞뒤 문장(문단)을 잇는다는 점에서 '유형 5'와도 관련이 있다.

기출

2021년 군무원 9급
아래 글의 (㉠)과 (㉡)에 들어갈 가장 적절한 접속어로 옳은 것은?

2020년 서울시 9급
〈보기〉의 ㉠에 들어갈 접속 부사로 가장 옳은 것은?

🔍 **해결 팁**

앞뒤 문장이 어떤 관계를 가지고 있는지 파악한 후에, 그에 맞는 적절한 접속어를 짚어 넣으면 된다. 적절한 접속어를 짚어 넣기 위해서는 개별 접속사의 의미를 확실히 알 필요가 있다. 의미 관계를 파악하기 어렵다면, 주어진 선지를 대입하는 것도 한 방법이다. 대입했을 때 자연스럽지 않은 선지부터 걸러내면 된다.

용어 통일성

사전적 의미는 "다양한 요소들이 있으면서도 전체가 하나로서 파악되는 성질"이다. 비문학에서 '통일성'은 '하나의 주제로 통일'을 의미한다. 따라서 통일성을 고려한다는 것은 곧 주제에서 벗어나지 않도록 한다는 의미이다. 주로 '유형 6'의 형태로 출제된다.

기출

2021년 지방직 9급
글의 통일성을 고려할 때 (가)에 들어갈 말로 가장 적절한 것은?

2020년 국가직 9급
글의 통일성을 고려할 때 ㉠에 들어갈 문장으로 가장 적절한 것은?

🔍 **해결 팁**

발문에 '통일성'이라는 용어가 들어갔다고 해서 긴장할 필요가 없다. 사실상 빈칸에 들어갈 적절한 말을 묻는 유형과 다르지 않다. 빈칸에 들어갈 적절한 말은 곧 주제에 어긋나지 않은 내용일 것이다. 따라서 흐름상 가장 자연스러운 말을 선지에서 고르면 된다.

신(神)의 한 수 독해편

★ PART ★

I

내용 일치

내용 일치 유형

유형 분석

　주어진 글에 담긴 여러 정보를 바르게 이해했는지 확인하는 유형이다. 크게 두 가지 형태로 제시된다. 하나는 글에 담긴 정보와 선지에 제시된 정보의 일치 여부를 묻는 형태이다. 이때 선지는 글의 낱말이나 문장을 그대로 옮겨 쓰거나 조합한 표현이다. 따라서 선지를 먼저 읽고, 글에서 관련된 내용이 나올 때마다 일치 여부를 판단하면 된다. 이때 부정 발문은 3개의 선택지가 힌트가 되므로 선택지의 도움을 받을 수 있다.

대표 발문

- 제시된 글의 내용과 부합하지 않는 것은?
- 제시된 글의 내용을 통해 알 수 있는 것으로 적절한 것은?

　또 다른 하나는 선지의 정보가 글에 제시되어 있는지 묻는 형태이다. 이때 선지는 글의 문장을 그대로 옮기지 않고, 상위 개념으로 묶은 표현이다. 선지에 글의 내용이 그대로 옮겨져 있지 않다. 따라서 평소에 글의 내용을 단순히 읽기보다는 요약하고 정리하면서 읽는 훈련이 필요하다.

대표 발문

- 제시된 글의 내용과 가장 거리가 먼 것은?

유형 정복 비법

비법 1. CUT의 법칙

내용 일치 유형을 정복하기 위해서는 '잘라서 읽기'가 필요하다. 글은 문단으로 이루어져 있고, 문단은 문장으로 이루어져 있다. 바꿔서 말하면 문장과 문장이 모여서 문단이 되고, 문단과 문단이 모여서 글이 된다는 의미이다. 즉 문장의 의미를 파악하면 문단의 의미도 파악할 수 있고, 문단의 의미를 파악하면 글의 의미도 파악할 수 있다. 따라서 각 문장이나 문단을 '잘라서 읽으면' 세부 내용을 쉽게 파악할 수 있다.

각 문장 단위로 잘라서 읽을 수도 있지만, '개념', '특징', '예시', '장점', '단점', '배경', '유래'처럼 의미 단위별로 잘라서 읽으면 더 기억하기 쉽다.

구체적인 방법으로는 '개념어에 동그라미 치기(1)', '수식어에 괄호 치기(2)', '표지 확인하기(3)'가 있다.

1. 개념어에 동그라미 치기

지문의 정보와 선지의 내용이 일치하는지를 물을 때, 주로 주어나 목적어는 개념어일 가능성이 크다. 따라서 개념어를 동그라미 친 후, 개념어를 중심으로 글의 내용을 정리하며 읽을 필요가 있다.

만약 개념어가 두 개 이상이라면 둘을 비교, 대조하는 선지가 나올 가능성이 크다. 따라서 개념어가 두 개 이상일 경우에는 각기 다른 기호로 표시하고, 각각의 특징을 정리하면서 읽어나갈 필요가 있다.

2. 수식어는 괄호 치기

수식어는 개념어를 더 잘 설명하기 위해 넣은 것이다. 따라서 수식어에는 개념어와 관련된 정보가 포함되어 있다.

3. 표지 확인하기

'왜냐하면'은 이유를 나타내는 표지이고, '가령'은 예시를 나타내는 표지이다. 각각의 표지를 통해 문장이나 문단이 어떤 역할을 하는지 쉽게 알아차릴 수 있다. 따라서 표지만 보고도 내용을 짐작할 수 있다.

비법 적용하기

STEP 1 문장을 각자의 방법대로 잘라 읽고 내용을 정리해 보자.

> 동해는 사시사철 풍부한 어종이 잡히는 고마운 곳이다.

☑

> 일본에서 나이가 들어서도 부모 곁을 떠나지 않고 붙어사는 '캥거루족'이 증가하고 있는 것으로 나타났다.

☑

> 북한말에는 남한에서 사용하는 말과 형태는 같으나 의미가 다르게 사용되는 단어가 많다. '동무, 인민' 등의 단어가 남한에서와는 다른 의미로 사용된다는 사실은 널리 알려져 있는 일이거니와, 가령 '아가씨' 같은 말도 좋은 의미로는 사용되지 않고 봉건사상이 담긴 부정적인 의미가 첨가되어 사용된다.

☑

STEP 2 잘 잘라서 읽었는지 확인해 보자.

똑같이 할 필요는 없다. 잘라서 읽기를 통해 내용을 이해했으면 그걸로 충분하다. 잘라서 읽기만 했을 뿐인데, 글의 내용을 한눈에 정리할 수 있게 되었는가?

> ⓐ동해는 사시사철 풍부한 어종이 잡히는 고마운 곳이다.

☑ 동해의 특징: 사시사철 풍부한 어종이 잡힌다.

> 일본에서 (나이가 들어서도 부모 곁을 떠나지 않고 붙어사는) ⓐ캥거루족이 증가하고 있는 것으로 나타났다.

☑ 일본 사회의 특징: 캥거루족이 증가하고 있다.
☑ 캥거루족의 개념: 나이가 들어서도 부모 곁을 떠나지 않고 붙어사는 형태

북한말에는 남한에서 사용하는 말과 형태는 같은 의미가 다르게 사용되는 단어가 많다. '동무, 인민' 등의 단어가 남한에서와는 다른 의미로 사용된다는 사실을 널리 알려져 있는 일이거니와, 가령 '아가씨' 같은 말도 좋은 의미로는 사용되지 않고 봉건사상이 담긴 부정적인 의미가 첨가되어 사용된다.

☑ 북한말의 특징: 형태가 같은 단어가 서로 다른 의미로 쓰이는 경우가 많다.

☑ 남북한에서 서로 다른 의미로 쓰이는 단어의 예시: 동무, 인민, 아가씨

STEP 3 이번에는 'STEP 2'를 모방해서 잘라 읽기를 해 보자.

인간은 편견에서 완전히 벗어날 수 없다. 인간은 분명히 이성적 판단의 기능을 가진 존재들이지만 감정적 충동에서 완전히 벗어날 수 없는 존재들이기 때문이다.

☑

일상생활에서 우리가 희소하다고 말할 때에는 사용할 수 있는 양이 절대적으로 적은 상태를 의미한다. 예를 들어, 서울에는 차가 너무 많고 강원도 사북에는 희소하다고 말한다.

☑

리히텐슈타인은 색이나 묘사 방법 같은 형식적 요소들 때문에 만화에 관심을 갖게 되었다. 만화가 세계를 '어떻게' 재현하는지에 주목한 것이다. 예를 들어 만화가 전쟁을 다룰 경우, 전쟁의 공포와 고통은 밝고 경쾌한 만화의 양식으로 인해 드러나지 않게 된다.

☑

정약용은 사고 작용과 같은 본질적 요소가 기술에 있어야 함을 주장했다. 그리고 기술의 효용과 결과로서 작업 편리, 노력 경감, 생산량 증가, 품질 향상, 작업 속도 증가 등을 제시함으로써, 기술을 '손을 움직여서 행하는 재주' 혹은 '만드는 일과 관련된 지식' 정도로 보았던 고대·중세적 입장에서 벗어나 기술에 대한 근대적 견해와 입장을 나타냈다.

☑

이제 우리는 대중 매체와 인터넷을 통해 더 많은 사람들을 만난다. 이들과의 만남은 실제적인 갈등도 없고 상처도 없는 만남이다. 인터넷이나 대중 매체를 통한 이러한 커뮤니케이션은 지극히 일방적이다. 상대방에 집중하는 것 같지만 실상 자기중심적이다. 이러한 비인격적인 만남이 지속되면 이기적인 커뮤니케이션의 습성이 일상화되고 굳어질 위험이 있다.

☑

STEP 4 잘 잘라서 읽었는지 확인해 보자.

인간은 편견에서 완전히 벗어날 수 없다. 인간은 분명히 이성적 판단의 기능을 가진 존재들이지만 감정적 충동에서 완전히 벗어날 수 없는 존재들이기 때문이다.

☑ 인간의 한계: 인간은 편견에서 완전히 벗어날 수 없다.
☑ 인간 존재의 특징: 이성적 판단의 기능을 가진 존재들이지만 감정적 충동에서 완전히 벗어날 수 없는 존재들이다.
☑ 인간이 편견에서 완전히 벗어날 수 없는 이유: 인간은 분명히 이성적 판단의 기능을 가진 존재들이지만 감정적 충동에서 완전히 벗어날 수 없는 존재들이기 때문이다.

일상생활에서 우리가 희소하다고 말할 때에는 사용할 수 있는 양이 절대적으로 적은 상태를 의미한다. 예를 들어, 서울에는 차가 너무 많고 강원도 사북에는 희소하다고 말한다.

☑ 일상생활에서 '희소하다'의 의미: 사용할 수 있는 양이 절대적으로 적다.
☑ '희소하다'의 예시: 강원도에서의 '차'(서울과 대조)

리히텐슈타인은 (색이나 묘사 방법 같은) 형식적 요소들 때문에 만화에 관심을 갖게 되었다. 만화가 세계를 '어떻게' 재현하는지에 주목한 것이다. 예를 들어 만화가 전쟁을 다룰 경우, 전쟁의 공포와 고통은 밝고 경쾌한 만화의 양식으로 인해 드러나지 않게 된다.

☑ 리히텐슈타인이 만화에 관심을 갖게 된 이유: 색이나 묘사 방법 같은 형식적 요소를 통해, 만화가 세계를 '어떻게' 재현하는지 주목했기 때문에.

☑ 만화 양식의 특징(문제점, 한계점): 전쟁의 공포와 고통은 밝고 경쾌한 만화의 양식으로 인해 드러나지 않게 된다.

정약용은 사고 작용과 같은 본질적 요소가 기술에 있어야 함을 주장했다. 그리고 기술의 효용과 결과로서 작업 편리, 노력 경감, 생산량 증가, 품질 향상, 작업 속도 증가 등을 제시함으로써, 기술을 ('손으로 움직여서 행하는 재주' 혹은 '만드는 일과 관련된 지식' 정도로 보았던) 고대·중세적 입장에서 벗어나 / 기술에 대한 근대적 견해와 입장을 나타냈다.

☑ 기술에 대한 정약용의 주장: 사고 작용과 같은 본질적 요소가 기술에 있어야 한다.

☑ 정약용이 생각한 기술의 효용과 결과: 작업 편리, 노력 경감, 생산량 증가, 품질 향상, 작업 속도 증가 등

☑ 기술에 대한 고대·중세적 입장: '손을 움직여서 행하는 재주' 혹은 '만드는 일과 관련된 지식'

☑ 기술에 대해 고대·중세적 입장과 정약용의 입장은 달랐다.
　→ 기술에 '사고' 즉 '생략'을 더하여 '기술의 활용'을 높일 수 있다고 생각함.

이제 우리는 대중 매체와 인터넷을 통해 더 많은 사람들을 만난다. 이들과의 만남은 실제적인 갈등도 없고 상처도 없는 만남이다. 인터넷이나 대중매체를 통한 이러한 커뮤니케이션은 지극히 일방적이다. 상대방에 집중하는 것 같지만 실상 자기중심적이다. 이러한 비인격적인 만남이 지속되면 이기적인 커뮤니케이션의 습성이 일상화되고 굳어질 위험이 있다.

☑ 대중 매체와 인터넷을 통한 만남의 특징: 실제적인 갈등도 없고 상처도 없다.

☑ 인터넷이나 대중 매체를 통한 커뮤티케이션의 특징: 일방적이다. 자기중심적이다.

☑ 대중 매체와 인터넷을 통한 만남의 위험성(문제점, 단점): 이기적인 커뮤니케이션의 습성이 일상화되고 굳어질 위험이 있다.

인터넷이 있는 곳이면 어디나 악플이 있기 마련이지만, 한국은 정도가 심하다. 악플러들 가운데는 피해의식과 열등감에 시달리는 이들이 많다고 한다. 그들에게 악플의 즐거움은 무엇인가. 자신이 올린 글 한 줄에 다른 사람들이 동요하는 모습을 보면서 자기 효능감(self-efficacy)을 맛볼 수 있다. 아무에게도 영향력을 행사하지 못하고 자신의 삶과 환경을 통제하지도 못하면서 무력감에 시달리는 사람일수록 공격적인 발설로 자기 효능감을 느끼려 한다.

✔

그런데 자기 효능감은 상대방의 반응에 좌우된다. 마구 욕을 퍼부었는데 상대방이 별로 개의치 않는다면, 계속할 마음이 사라질 것이다. 무시당했다는 생각에 오히려 자괴감에 빠질 수도 있다. 개인주의가 안착된 사회에서는 자신을 향한 비판에 대해 '그건 너의 생각'이라면서 넘겨 버리는 사람들이 많다. 말도 안 되는 욕설이나 험담이 날아오면 제정신이 아닌 사람의 소행으로 웃어넘기거나 법적인 조치를 취할 것이다.

✔

개인주의는 여러 속성을 지니고 있지만, 자신의 존재 가치를 스스로 매긴다는 긍정적 측면이 있다. 한국에는 그런 의미에서의 개인주의가 뿌리내리지 못했다. 남에 대해 신경을 너무 곤두세운다. 그것은 두 가지 차원으로 나뉘는데, 한편으로 타인에게 필요 이상의 관심을 보이면서 참견하고 타인의 영역을 침범한다. 다른 한편으로 자기에 대한 타인의 평가와 반응에 너무 예민하다. 이 두 가지 특성이 인터넷 공간에서 맞물려 악플을 양산한다. 우선 다른 사람들에게 너무 쉽게 험담을 늘어놓고 당사자에게 악담을 던진다. 그렇게 약을 올리면 상대방이 발끈하거나 움츠러든다. 이따금 일파만파로 사회가 요동을 치기도 한다. 악플러 입장에서는 재미가 쏠쏠하다. 예상했던 피드백을 즉각적으로 받으면서 자기 효능감을 맛볼 수 있기 때문이다.

✔

인터넷이 있는 곳이면 어디나 악플이 있기 마련이지만, 한국은 정도가 심하다. 악플러들 가운데는 피해의식과 열등감에 시달리는 이들이 많다고 한다. 그들에게 악플의 즐거움은 무엇인가. 자신이 올린 글 한 줄에 다른 사람들이 동요하는 모습을 보면서 자기 효능감(self-efficacy)을 맛볼 수 있다. 아무에게도 영향력을 행사하지 못하고 자신의 삶과 환경을 통제하지도 못하면서 무력감에 시달리는 사람일수록 공격적인 발설로 자기 효능감을 느끼려 한다.

☑ 악플러들의 특징: 피해이식과 열등감에 시달리는 이들이 많다.
☑ 악플러들의 즐거움: 악플에 동요하는 모습을 보면서 느끼는 자기 효능감
☑ 공격적인 악플러들의 특징: 아무에게도 영향력을 행사하지 못함. 자신의 삶과 환경을 통제하지 못하면서 무력감에 시달림. 공격적인 발설로 자기 효능감을 느끼려 함.

그런데 자기 효능감은 상대방의 반응에 좌우된다. 마구 욕을 퍼부었는데 상대방이 별로 개의치 않는다면, 계속할 마음이 사라질 것이다. 무시당했다는 생각에 오히려 자괴감에 빠질 수도 있다. 개인주의가 안착된 사회에서는 자신을 향한 비판에 대해 '그건 너의 생각'이라면서 넘겨 버리는 사람들이 많다. 말도 안 되는 욕설이나 험담이 날아오면 제정신이 아닌 사람의 소행으로 웃어넘기거나 법적인 조치를 취할 것이다.

☑ 자기 효능감의 특징: 상대방의 반응에 따라 좌우된다.
☑ 개인주의가 안착된 사회의 특징: 자신을 향한 비판에 대해 '그건 너의 생각'이라면서 넘겨 버리는 사람들이 많다.

개인주의는 여러 속성을 지니고 있지만, 자신의 존재 가치를 스스로 매긴다는 긍정적 측면이 있다. 한국에는 그런 의미에서의 개인주의가 뿌리내리지 못했다. 남에 대해 신경을 너무 곤두세운다. 그것은 두 가지 차원으로 나뉘는데, 한편으로 타인에게 필요 이상의 관심을 보이면서 참견하고 타인의 영역을 침범한다. 다른 한편으로 자기에 대한 타인의 평가와 반응에 너무 예민하다. 이 두 가지 특성이 인터넷 공간에서 맞물려 악플을 양산한다. 우선 다른 사람들에게 너무 쉽게 험담을 늘어놓고 당사자에게 악담을 던진다. 그렇게 악을 올리면 상대방이 발끈하거나 움츠러든다. 이따금 일파만파로 사회가 요동을 치기도 한다. 악플러 입장에서는 재미가 쏠쏠하다. 예상했던 피드백을 즉각적으로 받으면서 자기 효능감을 맛볼 수 있기 때문이다.

☑ 개인주의의 긍정적 측면: 자신의 존재 가치를 스스로 매긴다.
☑ 한국 사회의 특징: 남에 대해 신경을 곤두세운다.(=개인주의가 뿌리내리지 못했다.=자신의 존재 가치를 스스로 매기지 않는다.)
☑ 한국 사회에서 '남'에 대해 신경을 곤두세우는 유형
　ⓐ 타인에게 참견하고 타인의 영역을 침범한다.
　ⓑ 타인의 평가와 반응에 너무 예민하다.
☑ 한국 사회에서 악플을 다는 사람이 많은 이유: 남에 대해 신경을 너무 곤두세우기 때문에.
(=개인주의가 뿌리 내리지 못했기 때문에.)

'STEP 5'의 문장들은 2021년 지방직 9급에 하나의 지문을 3개로 나눠 놓은 것이다. 내용을 모두 파악했기 때문에 어렵지 않게 문제를 해결할 수 있을 것이다. 2021년 지방직 9급의 문제를 풀어 보자.

🕐 시간 ■■ 분

ⓐ '~기 마련이다.'는 '~는 당연하다.'라는 의미이다. 따라서 '~기 마련이다.'가 나오면 글쓴이는 '~' 부분에 나오는 사실이나 의견에 대해 인정하고 있다는 의미이다.
ⓑ 'A이고 B도 못하다.'는 'A'와 'B' 모두를 못한다는 의미이다. 곧 'A도 못하고, B도 못한다.'라는 의미이다.
ⓒ 'A일수록 B이다.'는 'A'의 정도가 더하거나 덜하게 되는 조건이 되면, 'B'가 된다는 의미이다. 따라서 'A'는 조건이고, 'B'는 결과에 해당한다.
ⓓ 'A이면, B일 것이다.'는 'A'라는 조건(상황)이 주어지면, 'B'라는 결과(반응)가 나타날 것이라는 의미이다.
ⓔ 'A이거나 B'는 'A 또는 B'라는 의미이다.
ⓕ 'A는 B지만, C이다.'는 'A는 B도 맞지만, C이다.'라는 의미이다. A에 대해 B와 C를 모두 긍정하고 있는 표현은 맞지만 글쓴이의 초점은 B보다는 C일 가능성이 크다.
ⓖ 'A이다. B이기 때문이다.'에서 B는 A에 대한 원인, 까닭이다. '왜냐하면'을 추가하면 의미가 더 명확해진다. 즉 'A이다. 왜냐하면 B이기 때문이다.'로 보면 된다. '때문이다'라는 표현이 있다면, 'A' 뒤에 '왜냐하면'을 넣어 보자.

제시된 글의 내용과 부합하지 않는 것은?

2021년 지방직 9급

    인터넷이 있는 곳이면 어디나 악플이 있기 마련이지만(ⓐ), 한국은 정도가 심하다. 악플러들 가운데는 피해 의식과 열등감에 시달리는 이들이 많다고 한다. 그들에게 악플의 즐거움은 무엇인가. 자신이 올린 글 한 줄에 다른 사람들이 동요하는 모습을 보면서 자기 효능감(self-efficacy)을 맛볼 수 있다. **아무에게도 영향력을 행사하지 못하고 자신의 삶과 환경을 통제하지도 못하면서(ⓑ) 무력감에 시달리는 사람일수록 공격적인 발설로 자기 효능감을 느끼려 한다.(ⓒ)**

    그런데 자기 효능감은 상대방의 반응에 좌우된다. **마구 욕을 퍼부었는데 상대방이 별로 개의치 않는다면, 계속할 마음이 사라질 것이다.(ⓓ)** 무시당했다는 생각에 오히려 자괴감에 빠질 수도 있다. 개인주의가 안착된 사회에서는 자신을 향한 비판에 대해 '그건 너의 생각'이라면서 넘겨 버리는 사람들이 많다. 말도 안 되는 욕설이나 험담이 날아오면 제정신이 아닌 사람의 소행으로 **웃어넘기거나 법적인 조치를 취할(ⓔ)** 것이다.

    개인주의는 여러 속성을 지니고 있지만, 자신의 존재 가치를 스스로 매긴다는 긍정적 측면이 있다.(ⓕ) 한국에는 그런 의미에서의 개인주의가 뿌리내리지 못했다. 남에 대해 신경을 너무 곤두세운다. 그것은 두 가지 차원으로 나뉘는데, 한편으로 타인에게 필요 이상의 관심을 보이면서 참견하고 타인의 영역을 침범한다. 다른 한편으로 자기에 대한 타인의 평가와 반응에 너무 예민하다. 이 두 가지 특성이 인터넷 공간에서 맞물려 악플을 양산한다. 우선 다른 사람들에게 너무 쉽게 험담을 늘어놓고 당사자에게 악담을 던진다. 그렇게 약을 올리면 상대방이 발끈하거나 움츠러든다. 이따금 일파만파로 사회가 요동을 치기도 한다. **악플러 입장에서는 재미가 쏠쏠하다. 예상했던 피드백을 즉각적으로 받으면서 자기 효능감을 맛볼 수 있기 때문이다.(ⓖ)**

① 악플러는 자신의 말에 타인이 동요하는 것을 보면서 자기 효능감을 느낀다.
② 개인주의자는 악플에 무반응함으로써 악플러를 자괴감에 빠지게 할 수 있다.
③ 자신의 삶을 잘 통제하는 악플러일수록 타인을 더욱 엄격한 잣대로 비판한다.
④ 한국에서 악플이 양산되는 것은 한국인들이 타인에 대해 신경을 많이 쓰는 것과 관계가 있다.

🔍 정답 | ③

표로 구조화하면 해당 내용을 찾기 더 쉽다. 2021년 지방직 9급을 표로 구조화하면 다음과 같다. 괄호 속에 알맞은 말을 넣어라.

	[한국 사회에서 악플의 정도가 심한 이유]	
1문단	한국에서 유독 ( )의 정도가 심하다.	
	악플을 다는 사람들의 특징	ⓐ 피해의식과 열등감에 시달리는 사람 ⓑ 아무에게도 영향력을 행사하지 못하는 사람 ⓒ 자신의 삶과 환경을 ( )하지도 못하면서 무력감에 시달리는 사람
	악플을 다는 이유	악플에 동요하는 모습을 보면서 ( )을 맛볼 수 있다.
2문단	자기 효능감의 특징	상대방의 반응에 좌우된다. 따라서 '상대방의 반응 × → 지속 ×, ( )에 빠진다.'
	( )가 안착된 사회의 특징	자신을 향한 비판에 연연하지 않는다.
3문단	개인주의의 긍정적 측면	자신의 존재 가치를 스스로 매긴다.
	한국 사회의 특징	남에 대해 신경을 곤두세운다. → 유형 ⓐ 타인에게 관심 · 참견 　　　　　ⓑ 타인의 평가와 반응에 예민
	한국에서 악플이 유독 심한 이유	한국 사회가 ( )에 대해 신경을 곤두세우기 때문에 악플러들은 즉각적인 자기 효능감을 맛볼 수 있다.

🔍 정답 | 악플, 통제, 자기 효능감, 자괴감, 개인주의, 남(타인)

기출 + 실전 문제로 독해 비법 익히기

신의 한 수

공식!
단락의 '첫 문장'과 '마지막 문장'에 집중해!
일반적으로, '첫 문장'이 더 중요

📊 기출 문제

기출 문제 **1** 독해 비법 익히기　　　　　　🕐 **시간** ■■ **분**

　　입을 열고 말하는 순간 우리는 스스로에 대해 많은 단서들을 흘리게 된다. 목소리는 우리 정체성을 규정하는 중요한 요소다. 우리의 목소리가 상대의 마음을 진정시킬 수도 있고 오히려 흥분시킬 수도 있다. 상대에게 좋은 인상을 줄 수도 있고 상대를 짜증나게 할 수도 있다. 우리가 말을 하게 되면 말하는 내용과 언어 자체를 제외하고도 목소리에 포함된 다양한 비언어적 요소들이 이면의 감정을 비롯하여 많은 정보를 상대에게 전달한다. 준언어라고 부르는 것으로 구체적으로 소리의 고저, 속도, 톤 등이 포함된다.
　　정보 전달에서 목소리가 갖는 힘은 생각보다 강력하다. 전화 건너편의 상대가 미소를 짓는 것을 목소리를 통해 확인할 수가 있을 정도다. 지금 내가 농담을 하고 있다고 생각하는가? 그렇지 않다. 미소를 지으면 성대에서 입술 혹은 콧구멍에 이르는 통로, 즉 성도(聲道)가 짧아지면서 공명이 올라간다. 밝고 유쾌한 목소리는 우월함, 유능함, 풍부한 감수성, 온화함 같은 개인적인 특성과 연관된다. 어쨌든 목소리와 관련된 단서들은 스스로가 어떤 사람인가를 알리기 위해서 활용하는 수많은 준언어 중에 하나다.

01

괄호 속에 알맞은 말을 넣으시오.

(1) 목소리의 (　　　　): 상대의 마음 또는 감정에 영향을 줄 수 있다.

(2) 준언어의 예시: (　　　), (　　　), (　　　) 등

🔍 정답 |
01 (1) 특징(기능, 역할)
　　　(2) 소리의 고저, 속도, 톤

02

제시된 글의 내용을 표로 정리한 것이다. 빈칸에 알맞은 말을 넣으시오.

[목소리의 기능 및 특징]	
1문단	ⓐ 목소리는 (　　　)을 규정하는 요소이다. ⓑ 목소리는 상대방의 (　　　)에 영향을 줄 수 있다. → 목소리에 포함된 감정과 정보를 상대방에게 전달하기 때문이다. ⓒ 말: '내용과 언어＋감정과 정보'를 전달.
2문단	ⓒ 정보 전달에서 목소리의 영향은 크다. → 전화 통화 중에도 상대의 표정을 목소리를 통해 짐작할 수 있다. ⓓ 목소리로 (　　　)을 드러내기도 한다. ⓔ 목소리는 어떤 사람인지를 드러내기 위해 활용하는 (　　　) 중 하나다.

03

제시된 글의 내용을 이해한 것으로 옳지 않은 것은?

2019년 국회직 9급

① 목소리는 사람의 정체성을 드러내는 요소다.
② 목소리는 상대의 마음을 변화시킬 수 있다.
③ 목소리는 언어 그 자체이다.
④ 목소리는 정보 전달의 부가적 역할을 한다.
⑤ 목소리는 전화 통화 상대자의 표정을 알려준다.

03
선지에 '목소리'가 반복된다. 따라서 '목소리'의 특징 및 기능을 중심으로 글을 읽어 나간다.

제시된 글에서 '목소리'는 '언어'가 아니라 '준언어'라고 했다.

오답 체크 ✏

① 1문단의 "목소리는 우리 정체성을 규정하는 중요한 요소다." 부분을 통해 알 수 있다.
② 1문단의 "우리의 목소리가 상대의 마음을 진정시킬 수도 있고 오히려 흥분시킬 수도 있다. 상대에게 좋은 인상을 줄 수도 있고 상대를 짜증나게 할 수도 있다." 부분을 통해 알 수 있다.
④ 1문단의 "우리가 말을 하게 되면 말하는 내용과 언어 자체를 제외하고도 목소리에 포함된 다양한 비언어적 요소들이 이면의 감정을 비롯하여 많은 정보를 상대에게 전달한다." 부분을 통해 알 수 있다.
⑤ 2문단의 "전화 건너편의 상대가 미소를 짓는 것을 목소리를 통해 확인할 수가 있을 정도다." 부분을 통해 알 수 있다.

🔍 정답 |
02 정체성, 감정(마음, 심리), 개인적 특성, 준언어

03 ③

어느 기업이 불법 행위를 자행하여 소액 주주들에게 손해가 발생하였다고 치자. 이때 1명의 주주가 그 기업을 대상으로 손해 배상을 청구하여 승소하였다면, 다른 주주들도 별도의 재판 없이 똑같이 배상받을 수 있는 제도가 있다면 참 좋을 것이다. 한 사람의 원고를 중심으로 집단을 이루어 시민들의 작은 권리를 구제할 수 있는 제도, 바로 이것이 집단 소송제이다. 이 제도는 1960년대 시민의 권리 찾기 운동이 꽃을 피웠던 미국에서부터 시작되어 유럽에서 적극적으로 도입한 제도이다.

피해자의 숫자는 많으나 개별 피해자의 피해액이 상대적으로 적고 개별적으로 소송을 제기하기에는 비용과 절차에 대한 부담이 클 때 특히 집단 소송제가 절실해진다. 집단 소송제는 같은 피해를 받은 피해자들이 집단을 이루어 한목소리로 단일화된 소송을 제기함으로써 많은 사람들이 한꺼번에 절차를 밟고 소송비용도 분담할 수 있기 때문이다.

집단 소송제가 도입이 되면 무엇보다 분산된 사회적 권리를 더욱 많이 보호받을 수 있다. 예를 들어 어느 마을에 공장 가동으로 주변 환경이 오염되어 가고 있다고 하자. 환경 오염에 대한 원인과 그 피해를 밝히자면 엄청난 경비가 들고 소송을 한다고 하더라도 많은 소송비가 필요하기 때문에 주민들은 소송을 제기할 엄두조차 못 낼 것이다. 주민 개개인에 대한 피해가 작아 보일 때는 더욱 그렇다. 이와 같이 각각 분산되어 있는 작은 환경적 권리를 집단 소송제를 통해 효율적으로 보호받을 수 있게 된다.

01

괄호 속에 알맞은 말을 넣으시오.

(1) **집단 소송제의 (   )**: 한 사람의 원고를 중심으로 집단을 이루어 시민들의 작은 권리를 구제할 수 있는 제도

(2) **집단 소송제의 (   )**: 분산된 사회적 권리를 효율적으로 보호받을 수 있다.

🔍 정답 |
01 (1) 개념
　　(2) 장점

02

제시된 글의 내용을 표로 정리한 것이다. 빈칸에 알맞은 말을 넣으시오.

[집단 소송제]		
1문단	개념	한 사람의 원고를 중심으로 ( ) 피해를 받는 피해자들이, ( )을 이루어 시민들의 작은 권리를 구제할 수 있는 제도이다.
	유래	1960년대 ( )에서부터 시작되어 유럽에서 적극적으로 도입했다.
2문단	필요한 경우	ⓐ 피해자의 숫자는 많으나 ⓑ 개별 피해자의 피해액이 상대적으로 적고 ⓒ 개별적으로 소송을 제기하기에는 비용과 절차에 대한 부담이 클 때
3문단	장점	ⓐ 많은 사람들이 한꺼번에 절차를 밟고 ( )도 분담할 수 있다. ⓑ 분산된 ( )를 더욱 많이 보호받을 수 있다.

03

제시된 글을 통해 알 수 있는 내용으로 적절한 것은?

2019년 기상직 9급

① 집단 소송제는 1960년대에 유럽에서 처음으로 시작되었다.
② 집단 소송제는 분산되어 있던 사회적 권리를 찾아 줄 수 있다.
③ 집단 소송제를 하면 재판을 진행하는 데에 필요한 전체 소송비용이 줄어든다.
④ 집단 소송은 다른 피해를 입은 피해자의 집단이 단일화된 소송을 제기하는 것이다

03
선지에 '집단 소송제'가 반복된다. 따라서 '집단 소송제'의 개념, 유래, 장점 및 특징 등을 중심으로 글을 읽어 나간다.

3문단의 첫 문장 "집단 소송제가 도입이 되면 무엇보다 분산된 사회적 권리를 더욱 많이 보호받을 수 있다."를 통해 '집단 소송제'는 분산되어 있던 사회적 권리를 찾아 줄 수 있음을 확인할 수 있다.

오답 체크 🖊

① 1문단의 "집단 소송제이다. 이 제도는 1960년대 시민의 권리 찾기 운동이 꽃을 피웠던 미국에서부터 시작되어" 부분을 볼 때, 집단 소송제가 처음으로 시작된 곳은 '유럽'이 아니라 '미국'이다.

③ 집단 소송제를 한다고 해도, 전체 재판을 진행하는 데 드는 '소송 비용'이 줄어드는 것은 아니다. 혼자서 부담해야 할 소송비용을 여럿이 나눠서 분담하기 때문에 개인의 부담금이 줄어들 뿐이다.

④ 2문단의 "집단 소송제는 같은 피해를 받은 피해자들이 집단을 이루어 한목소리로 단일화된 소송을 제기함" 부분을 볼 때, 동일한 피해를 받은 피해자들이 단일화된 소송을 제기하는 것이다. 따라서 서로 다른 피해를 입은 피해자끼리 단일화된 소송을 제기하는 것이라는 설명은 적절하지 않다.

🔍 **정답 |**
02 같은, 집단, 미국, 소송비용, 사회적 권리
03 ②

한국 전통 건축의 특징 중 하나는 여러 건물들이 일정한 축이나 질서에 의해 배치되고, 그 중간 부분에 크고 작은 마당들이 있다는 것이다. 그리고 마당으로부터의 시선이 마루를 거쳐 방으로 연결되고, 다시 창호를 통해 저 멀리의 들과 강과 산으로 이어진다. 한국 전통 건축은 결코 자연을 소유하려 하지 않는다. 자연을 있는 그대로 두고 열려진 건축 공간을 통해 정원처럼 즐기는 방식을 취한다. 그것은 자연을 정복하려는 중국 전통 건축이나, 자연을 소유하려는 일본 전통 건축의 특징과 명확히 구별되는 것이다.

한국 전통 건축물이 왜소하거나 초라해 보인다고 말하는 경우는 대개 외형적인 크기와 넓이 그리고 장식적 요소에만 집착하기 때문이다. 한국 전통 건축은 '겸손의 건축'이다. 자연과 인간은 하나라는 생각을 바탕으로, 자연을 침해하면서까지 건축물을 두드러지게 하지 않는다는 것이 한국 전통 건축의 기본 철학이다. 더 나아가 건축물도 자연의 일부라고 생각해서, 인간이 잠시 그 품에 머물렀다가 사라지는 것이 옳다는 철학도 한국 전통 건축에 반영되어 있다. 그래서 사람들은 처음부터 산과 들을 제압하는 거대한 건축물을 짓지 않으려고 했으며, 그 형태 또한 인위적인 직선을 배제하고 자연계의 곡선을 따르는 것을 즐겼다.

01

괄호 속에 알맞은 말을 넣으시오.

⑴ **한국 전통 건축의** (　　　): 자연을 있는 그대로 두고 즐기려 한다.

⑵ **한국 전통 건축의** (　　　): '겸손의 건축'

　→ 자연과 인간은 하나이다. 나아가 건축물도 자연의 일부이다.

🔍 정답 |
01 ⑴ 특징
　⑵ 철학

02

제시된 글의 내용을 표로 정리한 것이다. 빈칸에 알맞은 말을 넣으시오.

		[한국 전통 건축의 특징과 철학]
1문단	특징	ⓐ 여러 건물들이 일정한 축이나 질서에 의해 배치된다. ⓑ 시선이 '마당 → 마루 → 방 → 창호 → 자연(들, 강, 산)'으로 이어진다. ⓒ 자연을 (　　　)하려 하지 않는다. 　= 있는 그대로 즐긴다. [비교] <table><tr><td>(　　　)</td><td>(　　　)</td></tr><tr><td>자연을 정복하려 함.</td><td>자연을 소유하려 함.</td></tr></table>
2문단	철학	ⓓ (　　　)의 건축이다.
		ⓐ 자연과 인간은 하나이다. 　→ 자연을 침해하면서까지 건축물을 두드러지게 하지 않는다. ⓑ 건축물도 자연의 일부이다. 　→ 산과 들을 제압하는 거대한 건축물을 짓지 않는다. 　→ 인위적인 직선을 배제하고 (　　　)을 따른다.

03

제시된 글의 내용에 부합하지 않는 것은?　　　`2019년 지방직 7급`

① 한국의 전통 가옥은 방의 창문을 통해 자연의 풍경을 감상할 수 있는 구조로 이루어져 있다.

② 한국 전통 건축은 자연을 소유의 대상으로 삼지 않는다는 면에서 일본 전통 건축과 다르다.

③ 한국 전통 건축에서 자연을 압도하는 건축을 추구하지 않은 것은 건축물을 자연의 일부로 여긴 까닭이다.

④ 한국 전통 건축의 조형미를 직선보다 곡선에서 찾은 것은 한국 전통 건축의 철학을 잘못 이해한 결과이다.

03
선지에 '한국의 전통 건축'이 반복된다. 따라서 '한국의 전통 건축의 특징 및 철학'을 중심으로 글을 읽어 나간다.

2문단의 "인위적인 직선을 배제하고 자연계의 곡선을 따르는 것을 즐겼다." 부분을 볼 때 제시된 글의 내용에 부합하지 않는다.

✎ 오답 체크

① 1문단의 "창호를 통해 저 멀리의 들과 강과 산으로 이어진다. ~ 자연을 있는 그대로 두고 열려진 건축 공간을 통해 정원처럼 즐기는 방식을 취한다." 부분을 통해 알 수 있다.

② 1문단의 "한국 전통 건축은 결코 자연을 소유하려 하지 않는다. ~ 자연을 소유하려는 일본 전통 건축의 특징과 명확히 구별되는 것이다." 부분을 통해 알 수 있다.

③ 2문단의 "건축물도 자연의 일부라고 생각해서 ~ 그래서 사람들은 처음부터 산과 들을 제압하는 거대한 건축물을 짓지 않으려고 했으며" 부분을 통해 알 수 있다.

🔍 정답 |
02 소유, 중국, 일본, 겸손, 곡선
03 ④

실전 문제

⏱ **시간** ■■ **분**

사람들은 음악을 소리로써 무언가를 표현하는 언어에 비유하곤 한다. '음악은 언어다.'라는 말에 담겨진 다양한 의미는 오랜 역사를 통해 여러 관점에서 연구되었다. 언어가 어떤 내용을 전달하는 것처럼 음악도 무언가를 표현한다고 여겼고 이런 점에서 특히 '음악은 감정을 표현하는 언어다.'라는 측면이 부각되었다.

16세기 르네상스 시대에 들어서면서 고대 그리스 철학자들이 중시했던 음악의 도덕적·윤리적 작용보다는 음악이 지닌 감정적 효과에 관심을 가지기 시작했으며 이는 언어, 즉 가사를 통해 사람의 마음 상태나 사물 혹은 환경 등을 음악적으로 잘 묘사하려는 구체적인 시도들로 나타났다. 시인과 음악가들의 문예 모임인 피렌체의 카메라타는 고대 그리스 비극에서처럼 연극과 음악이 결합된 예술을 지향했다. 이를 위해서는 음악이 가사의 내용을 잘 전달할 수 있어야 했다. 그래서 이전까지의 여러 성부가 동시에 서로 다른 리듬으로 노래하는 다성 음악 양식은 그에 적합하지 않다고 여겼다. 그 대신 그들은 가사를 잘 전달할 수 있는 단선율 노래인 모노디 양식을 고안하였다. 이는 후에 오페라의 탄생에 영향을 주었으며 당시 음악에서 가사와 그것이 나타내는 감정의 표현에 대한 관심이 증대되었음을 보여주는 것이었다.

01

괄호 속에 알맞은 말을 넣으시오.

(1) **음악과 언어의** (   ): 소리로써 감정을 표현한다.

(2) **모노딕 양식을 고안한 이유:** 가사의 내용을 전달하는 데 (   ) 양식이 적합하지 않았기 때문에

🔍 정답 |
01 (1) 공통점(유사점)
　　 (2) 다성 음악

02

제시된 글의 내용을 표로 정리한 것이다. 빈칸에 알맞은 말을 넣으시오.

[시대별 음악에 대한 생각]		
1문단	음악과 언어의 유사점: (　　　)로 감정을 표현한다.	
2문단	시대별 음악에 대한 생각	
	고대 그리스	음악의 (　　　) 작용에 관심을 두었다.
	16세기 르네상스	ⓐ 음악이 지닌 감정적 효과에 관심을 두었다. 　→ (　　　)를 통해 마음, 환경 등을 묘사하려함. ⓑ 카메라타는 연극과 음악이 결합된 예술을 지향하였다. 음악이 가사의 내용을 잘 전달할 수 있어야 했기에 다성 음악보다는 단선율인 모노디 양식을 고안하였다. 　→ (　　　)의 탄생에 영향을 주었다.

03

제시된 글의 내용과 일치하지 않는 것은?

2012학년도 9월 고1 전국연합학력평가 변형

① 음악에는 인간의 감정이나 의사를 전달하는 기능이 있다.
② 다성 음악 양식은 내용 전달 목적의 노래에서 효과적이다.
③ 르네상스 음악은 인간의 마음을 가사로 전달하고자 하였다.
④ 음악의 도덕적 기능을 중시한 것은 고대 그리스 철학자들이다.

03
선지에 '음악'이 반복된다. 따라서 '음악'의 기능, 시대별 관점을 중심으로 글을 읽어 나간다.

2문단에서 여러 성부가 동시에 서로 다른 리듬으로 노래하는 다성음악 양식은 가사의 내용을 전달하는 데 적합하지 않다고 했으므로, 다성음악 양식이 내용 전달의 노래에서 효과적이라는 ②는 제시된 글의 내용과 일치하지 않는다.

오답 체크 ✏
① 1문단에서 언어가 어떤 내용을 전달하는 것처럼 음악도 무언가를 표현한다고 여겼다는 설명이 있고, 2문단에서 16세기 르네상스 시대 이후 사람들은 음악이 지닌 감정적 효과에 관심을 갖기 시작했다고 했다.
③ 2문단에 르네상스 시대에는 가사를 통해 사람의 마음 상태나 사물, 혹은 환경 등을 음악적으로 잘 묘사하려는 구체적인 시도가 나타났다는 언급이 있다.
④ 2문단에서 고대 그리스 철학자들은 음악의 도덕적·윤리적 작용을 중시했다는 언급이 있다.

🔍 정답 |
02 소리, 도덕적·윤리적, 가사, 오페라
03 ②

서양 건축 예술의 역사는 성당 건축을 빼놓고는 이해할 수 없다. 여러 시대에 걸쳐 유럽의 성당은 다양한 양식으로 변화해 왔다. 하지만 그 기본은 바실리카 형식에서 크게 벗어나지 않았다. 평면도상 긴 직사각형 모양을 하고 있는 이 형식은 고대 로마 제국 시대에서 비롯된 것으로 원래는 시장이나 재판소와 같은 공공 건축물에 쓰였던 것이다. 4세기경부터 출현한 바실리카식 성당은 이후 평면 형태의 부분적 변화를 겪으면서 중세 시대에 절정을 이루었다.

바실리카식 성당의 평면을 살펴보면, 초기에는 동서 방향으로 긴 직사각형의 모습을 하고 있다. 서쪽 끝 부분에는 일반인들의 출입구와 현관이 있는 나르텍스가 있다. 나르텍스를 지나면 일반 신자들이 예배에 참여하는 네이브가 있고, 네이브의 양 옆에는 복도로 활용되는 아일이 붙어 있다. 동쪽 끝 부분에는 신성한 제단이 자리한 앱스가 있는데, 이곳은 오직 성직자만이 들어갈 수 있다. 이처럼 나르텍스로부터 네이브와 아일을 거쳐 앱스에 이르는 공간은 세속에서 신의 영역에 이르기까지의 위계를 보여 준다.

시간이 흐르면서 성직자의 위상이 점차 높아지고 종교 의식이 확대됨에 따라 예배를 진행하기 위한 추가적인 공간이 필요하게 되었다. 이때부터 건물은 더욱 웅대하고 화려해졌는데, 네이브의 폭도 넓어지고 나르텍스에서 앱스까지의 길이도 늘어났으며 건물의 높이도 높아졌다.

절정기의 바실리카식 성당은 외부에서 보면 기둥이나 창 등을 통해 하늘을 향한 수직선이 강조된 인상을 준다. 이는 신에게 가까이 가려는 인간의 욕망이 표현된 것이다. 출입구쪽의 외벽과 기둥에는 신이나 성인의 모습을 새겨 넣기도 하고, 실내의 벽과 천장에는 천국과 지옥 이야기 등을 담은 그림을 채워 넣기도 하였다.

01

괄호 속에 알맞은 말을 넣으시오.

(1) **바실리카식 성당의** (　　　): 고대 로마 제국 시대의 시장이나 재판소와 같은 공공 건축물

(2) **바실리카식 성당 구조의** (　　　): 세속에서 신의 영역에 이르기까지의 위계를 보여줌.

🔍 정답 ┃
01 (1) 유래(기원)
　　(2) 특징(혹은 의미)

02

제시된 글의 내용을 표로 정리한 것이다. 빈칸에 알맞은 말을 넣으시오.

[바실리카식 성당]		
바실리카식 성당	ⓐ 유럽 성당의 기본 형식 ⓑ 평면도상 긴 직사각형 모양 ⓒ 고대 로마 제국 시대에 ( )에 쓰였던 형식 ⓓ ( )에 출현해 변화를 겪으면서 중세 시대에 절정을 이룸.	

바실리카식 성당의 평면 구조	초기	• 동서 방향으로 긴 직사각형 모습 西　　　　　　　　　　　　　　　　東 나르텍스 → 네이브 → (아일) → 앱스 세속　　　　　　　　　　　　　　　신	
	↓	( )의 위상이 높아지면서 건물이 웅대하고 화려해졌다.	
	절정기	**외부** 수직선이 강조된 인상 → 신에게 가까이 가려는 　인간의 욕망 표출	**( )** 종교적 그림을 채워 넣음.

03

제시된 글의 내용과 일치하지 않은 것은?

2013학년도 대학수학능력시험 9월 모의평가 변형

① 바실리카식 성당은 4세기경에 출현한 이후로 부분적인 변화를 겪었다.
② 바실리카식 성당은 종교적 기능을 가진 로마 시대의 건축에서 유래했다.
③ 바실리카식 성당은 성직자의 위상이 높아지면서 웅대해지고 화려해졌다.
④ 바실리카식 성당은 실내의 벽과 천장을 종교적 예술 작품으로 장식하였다.

03
선지에 '바실리카식 성당'이 반복된다. 따라서 '바실리카식 성당'의 유래, 시대별 특징을 중심으로 글을 읽어 나간다.

1문단의 "이 형식은 고대 로마 제국 시대에서 비롯된 것으로" 부분을 볼 때, 로마 시대의 건축에서 유래했다는 설명은 옳다. 그러나 바로 이어서 "원래는 시장이나 재판소와 같은 공공 건축물에 쓰였던 것이다."라고 하였다. 따라서 '종교적 기능'이 아닌 '공공적 기능'을 가진 로마 시대의 건축에서 유래한 것이다.

오답 체크 ✏

① 1문단의 "4세기경부터 출현한 바실리카식 성당은 이후 평면 형태의 부분적 변화를 겪으면서 중세 시대에 절정을 이루었다." 부분을 통해 알 수 있다.
③ 3문단의 "시간이 흐르면서 성직자의 위상이 점차 높아지고 ~ 이때부터 건물은 더욱 웅대하고 화려해졌는데" 부분을 통해 알 수 있다.
④ 4문단의 "실내의 벽과 천장에는 천국과 지옥 이야기 등을 담은 그림을 채워 넣기도 하였다." 부분을 통해 알 수 있다.

🔍 정답 |
02 공공 건축물, 4세기경, 성직자, 내부

03 ②

실전 문제 ③ 독해 비법 익히기　　　　⏱ 시간 ▮▮▮ 분

ⓐ 'A는 B를 말한다.'는 A의 개념을 B에서 설명하고 있다는 의미이다. '말한다' 자리에 '이른다' 등이 올 때도 마찬가지이다.

ⓑ 'A는 B를 내포한다.'는 A에는 B의 특성이나 뜻이 담겨 있다는 의미이다.

ⓒ 'A와 B'는 'A 그리고 B'라는 의미로, 나열할 때 사용한다.

ⓓ 'A를 B라(로) 칭한다.'는 'A를 부르는 이름이 B이다.'라는 의미이다.

ⓔ 'A는 크게 B 가지로 구분할 수 있다.'에서 B에 나오는 숫자는 뒤에 나열될 숫자이기도 하다. 따라서 B의 수에 따라 뒤에 올 내용을 예측해 볼 수 있다. 만약 두 개 이상의 문단이라면, B의 숫자만큼 문단이 구성될 수 있다.

ⓕ '먼저 A, 다음으로 B, 마지막으로 C'는 'A, B, C'를 나열한 것으로, 한 단락 안에서 나열되는 경우도 있지만, 각각 한 단락에서 그 특징을 설명하는 경우도 있다. 주로 '구분'이나 '분류'의 전개 방식에서 쓰인다.

ⓖ 'A, 일례로 B'에서 '일례'는 '하나의 보기'나 '한 가지 실제 예'라는 의미이다. 따라서 B는 결국 A에 대한 보기이나 실제 예시일 것이다.

　　프레임(frame)은 영화와 사진 등의 시각 매체에서 화면 영역과 화면 밖의 영역을 구분하는 경계로서의 틀을 말한다. 카메라로 대상을 포착하는 행위는 현실의 특정한 부분만을 떼어 내 프레임에 담는 것으로, **찍는 사람의 의도와 메시지를 내포한다.** 그런데 문, 창, 기둥, 거울 등 주로 사각형이나 원형의 형태를 갖는 물체들을 이용하여 프레임 안에 또 다른 프레임을 만드는 경우가 있다. 이런 기법을 '이중 프레이밍', 그리고 **안에 있는 프레임을 '이차 프레임'이라 칭한다.**

　　이차 프레임의 일반적인 기능은 크게 세 가지로 구분할 수 있다. 먼저, 화면 안의 인물이나 물체에 대한 시선 유도 기능이다. 대상을 틀로 에워싸기 때문에 시각적으로 강조하는 효과가 있으며, 대상이 작거나 구도의 중심에서 벗어나 있을 때도 존재감을 부각하기가 용이하다. 또한 프레임 내 프레임이 많을수록 화면이 다층적으로 되어, 자칫 밋밋해질 수 있는 화면에 깊이감과 입체감이 부여된다. 광고의 경우, 설득력을 높이기 위해 이차 프레임 안에 상품을 위치시켜 주목을 받게 하는 사례들이 있다.

　　다음으로, 이차 프레임은 작품의 주제나 내용을 암시하기도 한다. 이차 프레임은 시각적으로 내부의 대상을 외부와 분리하는데, 이는 곧잘 심리적 단절로 이어져 구속, 소외, 고립 따위를 환기한다. 그리고 이차 프레임 내부의 대상과 외부의 대상 사이에는 정서적 거리감이 조성(造成)되기도 한다. 어떤 영화들은 작중 인물을 문이나 창을 통해 반복적으로 보여 주면서, 그가 세상으로부터 격리된 상황을 암시하거나 불안감, 소외감 같은 인물의 내면을 시각화하기도 한다.

　　마지막으로, 이차 프레임은 '이야기 속 이야기'인 액자형 서사 구조를 지시하는 기능을 하기도 한다. 일례로, 어떤 영화는 작중 인물의 현실 이야기와 그의 상상에 따른 이야기로 구성되는데, 카메라는 이차 프레임으로 사용된 창을 비추어 한 이야기의 공간에서 다른 이야기의 공간으로 들어가거나 빠져나온다.

01

괄호 속에 알맞은 말을 넣으시오.

(1) **프레임의** (　　　): 영화와 사진 등의 시각 매체에서 화면 영역과 화면 밖의 영역을 구분하는 경계로서의 틀

(2) **이차 프레임의** (　　　): 시선 유도, 작품의 주제나 내용의 암시, 액자형 서사 구조의 지시

02

제시된 글의 내용을 표로 정리한 것이다. 빈칸에 알맞은 말을 넣으시오.

[이차 프레임]	
프레임의 개념	시각 매체에서 화면 영역과 화면 밖의 영역을 구분하는 경계로서의 틀
이차 프레임의 개념	(　　　　)에서 안에 있는 프레임 └ 프레임 안에 또 다른 프레임을 만드는 기법
이차 프레임의 기능	기능 1. 시선 유도 ⓐ 시각적으로 강조하는 효과 ⓑ 존재감을 부각하기에 용이 ⓒ (　　　)이 많을수록 깊이감과 입체감 부여 대표적인 예: 광고 기능 2. 작품의 주제나 내용 암시 ⓐ 시각적으로 내·외부 분리 → 심리적 단절 ⓑ 정서적 (　　　) 조성 대표적인 예: 영화에서 격리된 상황, 소외감 같은 내면을 시각화 기능 3. 액자형 서사 구조를 지시 대표적인 예: 영화에서 창문을 통해 (　　　) 공간의 이동

2013학년도 대학수학능력시험 6월 모의평가 변형

03

03

선지에 '이차 프레임'이 반복된다. 따라서 '이차프레임'의 개념과 기능을 중심으로 글을 읽어 나간다.

3문단의 "이차 프레임 내부의 대상과 외부의 대상 사이에는 정서적 거리감이 조성(造成)되기도 한다." 부분을 볼 때, 이차 프레임 내부의 인물과 외부의 인물 사이에는 '일체감'이 아니라 '거리감'이 형성될 것이다.

오답 체크 ✏

① 2문단의 "프레임 내 프레임이 많을수록" 부분을 통해 이차 프레임 내에 또 다른 프레임을 만들 수도 있음을 알 수 있다.

② 3문단의 "이차 프레임은 시각적으로 내부의 대상을 외부와 분리하는데, 이는 곧잘 심리적 단절로 이어져 구속, 소외, 고립 따위를 환기한다.", "어떤 영화들은 작중 인물을 문이나 창을 통해 반복적으로 보여 주면서, 그가 세상으로부터 격리된 상황을 암시하거나 불안감, 소외감 같은 인물의 내면을 시각화하기도 한다." 부분을 통해 알 수 있다.

④ 4문단의 "카메라는 이차 프레임으로 사용된 창을 비추어 한 이야기의 공간에서 다른 이야기의 공간으로 들어가거나 빠져나온다." 부분을 통해 알 수 있다.

제시된 글의 내용과 일치하지 않는 것은?

① 이차 프레임 내에 또 다른 프레임을 만들 수도 있다.

② 이차 프레임의 시각적 효과는 심리적 효과로 이어지기도 한다.

③ 이차 프레임 내부의 인물과 외부의 인물 사이에는 일체감이 형성된다.

④ 이차 프레임은 액자형 서사 구조의 영화에서 이야기 전환을 알리는 데 쓰이기도 한다.

🔍 정답 |
03 ③

기출 + 실전 문제로
독해 비법 익히기

신의 한 수

📖 기출 문제

기출 문제 **1** 독해 비법 익히기  ⏱ 시간 ■■ 분

> ⓐ 'A는 B 할 때 C 한다.'는 'B할 때 C 하는 것이 A의 경향이다.'라는 의미이다.
> ⓑ 'A 하며, B'는 'A 그리고 B'라는 의미로, A와 B를 나열할 때 쓴다.
> ⓒ 'A 하면, B라고 C 한다.'는 'A가 조건일 때, B라고 C한다.'는 의미이다. C 자리에는 주로 '강조한다',
> '생각한다', '여긴다' 등의 서술어가 온다.
> ⓓ 'A 반면에 B'는 'A와 달리 B'라는 의미이다. '반면에'가 문장과 문장 사이에 쓰여, 두 문장을 이어줄
> 수도 있지만 주로 단락과 단락 사이에 쓰여, 두 단락을 이어줄 때가 많다. 따라서 '반면에'로 단락이
> 시작한다면, 바로 앞 단락과 상반되는 내용임을 짐작할 수 있다.
> ⓔ 'A 특히 B'에서 A의 서술에 대한 보충으로 구체적으로 B를 든 것이다.
> ⓕ '예를 들어 A, B, C'는 앞의 내용의 구체적인 예시로 A, B, C를 든 것이다.
> ⓖ 'A는 B보다는 C'의 글자 그대로의 의미는 'B ⟨ C'의 의미이지만, 비교하는 내용이라면 'A는 C'의
> 의미로 해석해도 무방하다.

💡 구조 확인!
1. 두 단락 구성
2. 두 번째 단락
   반면에
   → '대조'

> 　　미국의 어머니들은 자녀와 함께 놀이를 할 때 특정 사물에 초점을 맞추고 그 사물의
> 속성을 아이들에게 가르친다. 사물의 속성 자체에 관심을 기울이도록 훈련받은 아이들은
> 스스로 독립적인 행동을 하도록 교육받는다. 미국에서는 아이들에게 의사소통을 가르칠
> 때 자신의 생각을 분명하게 표현하고 말하는 사람의 입장에서 대화에 임해야 하며, 대화
> 과정에서 오해가 발생하면 그것은 말하는 사람의 잘못이라고 강조한다.
> 　　반면에 일본의 어머니들은 대상의 '감정'에 특별히 신경을 써서 가르친다. 특히 자녀가
> 말을 안 들을 때에 그러하다. 예를 들어 "네가 밥을 안 먹으면, 고생한 농부 아저씨가 얼마
> 나 슬프겠니?", "인형을 그렇게 던져 버리다니, 저 인형이 울잖아. 담장도 아파하잖아."
> 같은 말들로 꾸중하는 모습을 자주 볼 수 있다. 다른 사람과의 관계에 초점을 맞춘 훈련을
> 받은 아이들은 자신의 생각을 드러내기보다는 행동에 영향을 받는 다른 사람들의 감정을
> 미리 예측하도록 교육받는다. 곧 일본에서는 아이들에게 듣는 사람의 입장에서 말할 것을
> 강조한다.

01

괄호 속에 알맞은 말을 넣으시오.

(1) 미국 어머니들의 교육 (　　　　): '사물'의 속성

(2) 일본 어머니들의 교육 (　　　　): 대상의 '감정', 다른 사람과의 관계

02

제시된 글의 내용을 표로 정리한 것이다. 빈칸에 알맞은 말을 넣으시오.

	[미국과 일본 어머니들 간의 교육 내용 및 방식의 차이]	
	1문단	2문단
주체	미국 어머니들	일본 어머니들
교육 내용	ⓐ '(　　　)'의 속성 자체 → (　　　)적인 행동을 하도록 함. ⓑ 자신(말하는 사람)의 생각을 분명하게 말할 것을 강조함.	ⓐ 대상의 '감정', 다른 사람과의 '(　　　)' → 다른 사람들의 (　　　)을 미리 예측하도록 함. ⓑ (　　　)의 입장에서 말할 것을 강조함.

03

제시된 글의 내용과 부합하는 것은?

2021년 지방직 9급

① 미국의 어머니는 듣는 사람의 입장, 일본의 어머니는 말하는 사람의 입장을 강조한다.
② 일본의 어머니는 사물의 속성을 아는 것이 관계를 아는 것보다 더 중요하다고 생각한다.
③ 미국의 어머니는 어떤 일을 있는 그대로 보지 말고 이면에 있는 감정을 읽어야 한다고 생각한다.
④ 미국의 어머니는 자녀가 독립적인 행동을 하도록 교육하며, 일본의 어머니는 자녀가 타인의 감정을 예측하도록 교육한다.

03
선지에 '미국의 어머니'와 '일본의 어머니'이 반복된다. 따라서 둘의 차이점에 초점을 맞춰 글을 읽어 나간다.

1문단에서 미국의 자녀들은 어머니에게 독립적인 행동을 하도록 교육받는다고 하였다. 또 2문단에서 일본의 자녀들은 어머니에게 다른 사람들의 감정을 미리 예측하도록 교육받는다고 하였다. 따라서 제시된 글의 내용에 부합하는 것은 ④의 '미국의 어머니는 자녀가 독립적인 행동을 하도록 교육하며, 일본의 어머니는 자녀가 타인의 감정을 예측하도록 교육한다.'이다.

오답 체크 ✏

① 듣는 사람의 입장을 강조한 사람은 '일본의 어머니'이고, 말하는 사람의 입장을 강조한 사람은 '미국의 어머니'이다.
② 제시된 글의 2문단의 내용을 고려할 때, '일본의 어머니'는 '관계를 아는 것'을 더 중요하다고 생각함을 알 수 있다. 따라서 사물의 속성을 아는 게 더 중요하다는 것은 제시된 글의 내용에 부합하지 않는다.
③ 감정을 읽어야 한다고 생각하는 사람은 '미국의 어머니'가 아니라 '일본의 어머니'이다.

Q 정답 |
01 (1) 내용(초점)
　　(2) 내용(초점)
02 사물, 독립, 관계, 감정, 듣는 사람
03 ④

⏱ 시간 ▮▮ 분

보드리야르는 『시뮬라크르와 시뮬라시옹』에서 실재와 똑같이 그려진 회화는 원본의 복제물인 '시뮬라크르'라고 하였다. 시뮬라크르는 '파생 실재'라고도 불리는데, 실재와 구별되지 않을 정도의 사실성, 즉 '하이퍼리얼리티'를 가진다. 이때 실재가 파생 실재로 전환되는 작업을 '시뮬라시옹'이라고 한다. '시뮬라크르'의 개념을 처음 제시한 사람은 플라톤인데, '시뮬라크르'를 실재하지 않는 것, 가상의 것으로 보았다. 플라톤은 현실은 세계의 원형인 이데아의 복제물이고 회화는 그 현실을 다시 복제한 것에 불과하기 때문에 의미가 없다고 주장하였다. 이러한 플라톤의 시각과 달리 보드리야르는 현대에는 시뮬라크르가 독립된 정체성을 갖춘 개체, 즉 또 다른 실재이자 원본이 되었다고 하였다.

01

괄호 속에 알맞은 말을 넣으시오.

(1) 시뮬라크르의 (　　　　): '하이퍼리얼리티'를 가짐.

(2) 시뮬라크르에 대한 플라톤의 (　　　　): 의미(가치)가 없다.

🔍 정답 |

01 (1) 특징
　　(2) 입장(견해, 주장)

02

제시된 글의 내용을 표로 정리한 것이다. 빈칸에 알맞은 말을 넣으시오.

\[시뮬라크르에 대한 보드리야르와 플라톤의 생각\]		
시뮬라크르	ⓐ 실재와 똑같이 그려진 회화 ⓑ 원본의 복제물 ⓒ 파생 실재 ⓓ '( )'를 가짐.	
( )	실재가 파생 실재(= 시뮬라그르)로 전환되는 작업	
시뮬라크르에 대한 생각	( ) → 의미(가치)가 있다. ⓐ 독립된 정체성을 갖춘 개체 ⓑ 또 다른 실재이자 원본	( ) 실재하지 않는 것, 가상의 것 → 의미(가치)가 ( ) ┌─────┬──────────┐ ( ) | 세계의 원형 현실 | 이데아의 복제물 회화 | 현실을 다시 복제한 것

03

제시된 글의 이해로 가장 적절하지 않은 것은?

`2021년 경찰 1차`

① 시뮬라시옹의 결과물이 시뮬라크르이다.
② 시뮬라크르, 파생 실재, 하이퍼리얼리티는 같은 의미로 간주해도 무방하다.
③ 보드리야르는 사진을 보고 이를 재현한 그림의 가치를 인정했다.
④ 플라톤은 실재를 완벽하게 똑같이 그린 회화의 가치를 인정했다.

03

선지에 두 개의 개념 '시뮬라크르'와 '시뮬라시옹'이 나와 있다. 따라서 각각의 개념을 정리하면서 읽어 나간다. 또 두 사람 '보드리야르'와 '플라톤'이 나와 있다. 마찬가지로 각자의 입장을 정리하면서 읽어 나간다.

"플라톤은 현실은 세계의 원형인 이데아의 복제물이고 회화는 그 현실을 다시 복제한 것에 불과하기 때문에 의미가 없다고 주장하였다." 부분을 볼 때, 플라톤이 실재를 재현한 회화의 가치를 인정했을 거라는 이해는 적절하지 않다.

오답 체크 ✏️
① "시뮬라크르는 '파생 실재'라고도 불리는데, 실재와 구별되지 않을 정도의 사실성, 즉 '하이퍼리얼리티'를 가진다. 이때 실재가 파생 실재로 전환되는 작업을 '시뮬라시옹'이라고 한다." 부분을 볼 때, 시뮬라시옹의 결과물이 시뮬라크르임을 알 수 있다.
② "시뮬라크르는 '파생 실재'라고도 불리는데, 실재와 구별되지 않을 정도의 사실성, 즉 '하이퍼리얼리티'를 가진다." 부분을 통해 확인할 수 있다.
③ "이러한 플라톤의 시각과 달리 보드리야르는 현대에는 시뮬라크르가 독립된 정체성을 갖춘 개체, 즉 또 다른 실재이자 원본이 되었다고 하였다." 부분을 볼 때, '플라톤'과 달리 보드리야르는 사진을 보고 이를 재현한 그림의 가치를 인정했다는 이해는 적절하다.

🔍 정답 |
02 하이퍼리얼리티, 시뮬라시옹, 보드리야르, 플라톤, 없다, 이데아
03 ④

믿기 어렵겠지만 자장면 문화와 미국의 피자 문화는 닮은 점이 많다. 젊은 청년들이 오토바이를 타고 배달한다는 점에서 참으로 닮은꼴이다. 이사한다고 짐을 내려놓게 되면 주방 기구들이 부족하게 되고 이때 자장면은 참으로 편리한 해결책이다. 미국에서의 피자도 마찬가지다. 갑자기 아이들의 친구들이 많이 몰려왔을 때 피자는 참으로 편리한 음식이다.

남자들이 군에 가 훈련을 받을 때 비라도 추적추적 오게 되면 자장면 생각이 제일 많이 난다고 한다. 비가 오는 바깥을 보며 따뜻한 방에서 입에 자장을 묻히는 장면은 정겨울 수밖에 없다. 프로 농구 원년에 수입된 미국 선수들은 하루도 빠지지 않고 피자를 시켜 먹었다고 한다. 음식이 맞지 않는 탓도 있겠지만 향수를 달래고자 함이 아닐까?

싸게 먹을 수 있는 이국 음식이란 점에서 자장면과 피자는 특별한 의미를 갖는다. 외식을 하기엔 부담되고 한번쯤 식단을 바꾸어 보고 싶을 즈음이면 중국식 자장면이나 이탈리아식 피자는 한국이나 미국의 서민에겐 안성맞춤이다. 그런데 한국에서나 미국에서나 변화가 생기기 시작했다. 한국에서는 피자 배달이 보편화되기 시작했다. 피자를 간식이 아닌 주식으로 삼고자 하는 아이들도 생겼다. 졸업식을 마치고 중국집으로 향하던 발걸음들이 이제 피자집으로 돌려졌다. 피자보다 자장면을 좋아하는 아이들을 찾아보기가 힘들어졌다.

01

괄호 속에 알맞은 말을 넣으시오.

⑴ **자장면 문화와 피자 문화의 (   )**: 편리한 음식, 싸게 먹을 수 있는 이국 음식

⑵ **한국에서 피자 배달 (   )의 영향**: 피자를 주식으로 삼고자 하는 아이들이 생겼고, 자장면보다 피자를 좋아하는 아이들이 많아졌다.

🔍 정답 |

01 ⑴ **공통점**
　　⑵ **보편화(대중화, 일반화)**

02

제시된 글의 내용을 표로 정리한 것이다. 빈칸에 알맞은 말을 넣으시오.

[자장면 문화와 피자 문화]			
		우리나라의 자장면 문화	미국의 피자 문화
공통점	1문단	ⓐ 젊은 청년들이 오토바이를 타고 ( )한다. ⓑ 편리하다.	
	2문단	ⓒ ( )를 달래주는 음식이다.	
현재 상황	3문단	ⓓ 싸게 먹을 수 있는 ( )이다.	
		피자 배달이 보편화되기 시작하면서, 자장면이 ( )가 없어졌다.	

03

제시된 글에 대한 설명으로 적절하지 않은 것은?

2019년 국가직 9급

① 피자는 쉽게 배달시켜 먹을 수 있는 편리한 음식이다.
② 자장면과 피자는 이국적인 음식이다.
③ 자장면과 피자는 값이 싸면서도 기분 전환이 되는 음식이다.
④ 자장면은 특별한 날에 어린이들에게 여전히 가장 사랑받는 음식이다.

03
선지에 '피자'와 '자장면'이 반복된다. 따라서 둘의 공통점과 차이점을 중심으로 글을 읽어 나간다.

3문단의 "졸업식을 마치고 중국집으로 향하던 발걸음들이 이제 피자집으로 돌려졌다. 피자보다 자장면을 좋아하는 아이들을 찾아보기가 힘들어졌다."라는 내용을 볼 때, 여전히 자장면이 사랑받는 음식이라는 설명은 적절하지 않다.

오답 체크 ✏

① 1문단의 "피자는 참으로 편리한 음식이다." 부분을 통해 알 수 있다.
② 3문단의 "이국 음식이란 점에서 자장면과 피자는 특별한 의미를 갖는다." 부분을 통해 알 수 있다.
③ 2문단의 내용과 3문단의 "외식을 하기엔 부담되고 한번쯤 식단을 바꾸어 보고 싶을 즈음이면 중국식 자장면이나 이탈리아식 피자는 한국이나 미국의 서민에겐 안성맞춤이다." 부분을 볼 때, '자장면과 피자는 값이 싸면서도 기분 전환이 되는 음식'임을 짐작할 수 있다.

🔍 정답 |
02 배달, 향수, 이국 음식, 인기
03 ④

실전 문제

실전 문제 **1 독해 비법 익히기**   ⏱ **시간** ▦▦ **분**

우리는 일상에서 '약자를 돕는 것은 옳다'와 같은 도덕적 판단을 한다. 이렇게 구체적 행위에 대한 도덕적 판단 문제를 다루는 것이 규범 윤리학이라면, 옳음의 의미 문제, 도덕적 진리의 존재 문제 등과 같이 규범 윤리학에서 사용하는 개념과 원칙에 대해 다루는 것은 메타 윤리학이다. 메타 윤리학에서 도덕 실재론과 정서주의는 '옳음'과 '옳지 않음'의 의미를 이해하는 방식과 도덕적 진리의 존재 여부에 대해 상반된 주장을 펼친다.

도덕 실재론에서는 도덕적 판단과 도덕적 진리를 과학적 판단 및 과학적 진리와 마찬가지라고 본다. 즉 과학적 판단이 '참' 또는 '거짓'을 판정할 수 있는 명제를 나타내고 이때 참으로 판정된 명제를 과학적 진리라고 부르는 것처럼, 도덕적 판단도 참 또는 거짓으로 판정할 수 있는 명제를 나타내고 참으로 판정된 명제가 곧 도덕적 진리라고 규정하는 것이다. 그런데 도덕 실재론에서 주장하듯, '도둑질은 옳지 않다'가 도덕적 진리라면, 그것이 참임을 판정하기 위해서는 도덕적으로 옳지 않음이라는 객관적으로 실재하는 성질을 도둑질에서 찾아낼 수 있어야 한다.

한편 정서주의에서는 어떤 도덕적 행위에 대해 도덕적으로 옳음이나 도덕적으로 옳지 않음이라는 성질은 객관적으로 존재하지 않는 것이고 도덕적 판단도 참 또는 거짓으로 판정되는 명제를 나타내지 않는다. 따라서 정서주의에서는 '옳다' 혹은 '옳지 않다'는 도덕적 판단을 내리지만 도덕 실재론과 달리 과학적 진리와 같은 도덕적 진리는 없다는 입장을 보인다. 그렇다면 정서주의에서는 옳음이나 옳지 않음의 의미를 무엇으로 볼까? 도둑질과 같은 구체적인 행위에 대한 감정과 태도가 곧 옳음과 옳지 않음이라고 한다. 즉 '도둑질은 옳다'는 판단은 도둑질에 대한 승인 감정을 표현한 것이고, '도둑질은 옳지 않다'는 판단은 도둑질에 대한 부인 감정을 표현한 것으로 이해한다.

01

괄호 속에 알맞은 말을 넣으시오.

(1) **규범 윤리학의** (   ): 구체적 행위에 대한 도덕적 판단 문제를 다루는 것

(2) (   )**의 두 이론**: 도덕적 실재론, 정서주의

02

제시된 글의 내용을 표로 정리한 것이다. 빈칸에 알맞은 말을 넣으시오.

<table>
<tr>
<td colspan="5" align="center">['도덕적 실재론'과 '정서주의']</td>
</tr>
<tr>
<td>규범
윤리학</td>
<td colspan="4">• 구체적 행위에 대한 도덕적 판단 문제를 다루는 것</td>
</tr>
<tr>
<td rowspan="4">(　　)</td>
<td colspan="4">• 규범 윤리학에서 사용하는 개념과 원칙에 대해 다루는 것
• 두 이론: 도덕적 실재론, 정서주의
　→ 상반된 주장을 펼치는 부분
ⓐ '옳음'과 '옳지 않음'의 의미를 (　　)하는 방식
ⓑ 도덕적 진리의 존재 여부</td>
</tr>
<tr>
<td></td>
<td colspan="2" align="center">도덕적 실재론</td>
<td align="center">정서주의</td>
</tr>
<tr>
<td>도덕적
판단</td>
<td colspan="2">내린다.</td>
<td></td>
</tr>
<tr>
<td>도덕적
진리</td>
<td colspan="2">있다.
→ '참으로 판정된 명제'가 도덕적 진리이다.</td>
<td>(　　)
→ '옳음'과 '옳지 않음'은 행위에 대한 감정과 태도이다.
<table><tr><td>옳음</td><td>옳지 않음</td></tr><tr><td>(　　) 감정</td><td>부인 감정</td></tr></table></td>
</tr>
</table>

03

제시된 글에 대한 이해로 적절하지 않은 것은? `2016학년도 대학수학능력시험 6월 모의평가 A형 변형`

① 메타 윤리학은 규범 윤리학에서 사용하는 개념과 원칙 자체에 대해 연구한다.
② 정서주의에 따르면, 과학적 진리와 마찬가지의 도덕적 진리는 존재하지 않는다.
③ 도덕 실재론과 정서주의는 '옳음'과 '옳지 않음'의 의미를 이해하는 방식이 다르다.
④ 도덕 실재론에 따르면, 도덕적 판단은 승인 감정에 의해 '옳음'의 태도를 표현한다.

03
선지에 '도덕 실재론'과 '정서주의'가 반복된다. 따라서 각각의 입장을 정리하면서 글을 읽어나간다.

3문단의 "즉 '도둑질은 옳다'는 판단은 도둑질에 대한 승인 감정을 표현한 것이고" 부분을 볼 때, 승인 감정에 의해 '옳음'의 태도를 표현하는 것은 '도덕 실재론'이 아니라 '정서주의'의 입장이다.

오답 체크 ✏

① 1문단의 "규범 윤리학에서 사용하는 개념과 원칙에 대해 다루는 것은 메타 윤리학이다." 부분을 통해 알 수 있다.
② 3문단의 "정서주의에서는 ~ 도덕 실재론과 달리 과학적 진리와 같은 도덕적 진리는 없다는 입장을 보인다." 부분을 통해 알 수 있다.
③ 1문단의 "메타 윤리학에서 도덕 실재론과 정서주의는 '옳음'과 '옳지 않음'의 의미를 이해하는 방식 ~ 에 대해 상반된 주장을 펼친다." 부분을 통해 알 수 있다.

🔍 **정답 |**
02 메타 윤리학, 이해, 없다, 승인
03 ④

습도에는 절대습도와 상대습도가 있는데, 불쾌지수를 따질 때의 습도는 상대습도를 말한다. 절대습도는 말 그대로 일정한 부피의 공기 중에 포함되어 있는 수증기의 양을 말하고, 상대습도란 상대적인 습도, 즉 현재 온도의 포화수증기량에 대한 대기 중의 수증기량을 백분위로 나타낸 것이다. 일기예보에서 말하는 습도는 상대습도이다. 쾌적한 실내를 위해서는 상대습도를 40~60%로 유지하는 것이 좋다. 포화수증기량이 많아지거나 대기 중 수증기량이 적어질수록 상대습도는 낮아진다. 포화수증기량은 온도에 따라 높아지게 마련이므로, 공기를 가열하면 포화수증기량을 늘릴 수 있고, 이에 따라 상대습도를 줄일 수 있다. 또한 공기 중의 습기를 직접 제거해도 상대습도를 낮출 수 있다. 제습기는 이러한 방식으로 상대습도를 조절하여 공기를 쾌적하게 한다.

공기 중의 습기를 제거하는 방식에는 냉각식과 건조식이 있다. 건조식은 화학물질인 흡습제를 이용하는 방식인데, 가정에서 사용하는 제습제품과 같이 공기 중의 습기를 직접 흡수하거나 흡착시킨다. 흡습제가 습기를 더 이상 흡수하지 못하면 흡습제를 다시 가열해서 이때 분리되는 습기를 제습기 바깥으로 내보내면 흡습제를 다시 사용할 수 있다. 이러한 방식은 밀폐된 공간에서 소량의 수분을 제거하는 데 유용하다. 흡습제에는 수분을 흡착하는 능력이 뛰어난 다공성 물질인 실리카겔, 알루미나겔, 몰레큘러시브, 염화칼슘 등이 있다.

냉각식 제습기는 공기 중의 수증기를 물로 응축시켜 습기를 조절한다. 수증기를 응축시키기 위해서는 이슬점 이하로 공기의 온도를 내려야 한다. 때문에 냉각식 제습기는 냉각을 위해 에어컨과 같이 냉매를 이용한다. 프레온 냉매는 여러 종류가 있는데, 제습기에는 R-22가 사용된다. 습한 공기를 팬으로 빨아들인 뒤 냉매를 이용한 냉각장치로 통과시킨다. 냉각장치를 통과하면 공기의 온도가 낮아지고, 공기가 이슬점에 도달해 수증기가 물로 변해 냉각관에 맺혀 물통에 떨어져 모인다. 찬물을 담은 컵의 표면에 물방울이 맺히는 것과 같은 원리인 셈이다. 습기가 제거된 건조한 공기는 응축기를 거쳐 다시 데워진 후에 실내로 방출된다. 상대습도가 높을수록 공기 중의 수증기가 물로 변하기 쉬워 제습에 효과적이다.

01

괄호 속에 알맞은 말을 넣으시오.

(1) **습도의** (   ): 절대습도, 상대습도

(2) (   )**의 개념**: 현재 온도의 포화수증기량에 대한 대기 중의 수증기량을 백분위로 나타낸 것

02

제시된 글의 내용을 표로 정리한 것이다. 빈칸에 알맞은 말을 넣으시오.

[습도의 종류와 제습 방식]		
1문단	• 습도의 종류	

	절대습도	일정한 부피의 공기 중에 포함되어 있는 수증기의 양
1문단	상대습도	ⓐ 상대적인 습도 ⓑ 현재 온도의 ( )에 대한 대기 중의 수증기량을 백분위로 나타낸 것 ⓒ ( )를 따질 때의 습도 ⓓ 일기예보에서 말하는 습도

2문단	• 공기 중의 습기 제거 방식	

		건조식	( )
2문단	개념	흡습제를 이용해 습기를 직접 흡수·흡착하여 제거하는 방식	수증기를 물로 응축시켜 습기를 조절하는 방식
3문단	특징	ⓐ 흡습제로 다공성 물질을 사용한다. ⓑ ( )된 공간에서 소량의 수분을 제거하는 데 유용하다.	ⓐ 냉각을 위해 냉매를 사용한다. ⓑ ( )가 높을수록 제습에 효과적이다.

03

제시된 글의 내용과 일치하지 않는 것은?

2012학년도 3월 고1 전국연합학력평가 변형

① 상대습도는 포화수증기량에 따라 달라진다.
② 냉각식 제습기는 발열과 냉각이 동시에 일어난다.
③ 일기예보에서 말하는 습도는 불쾌지수와 관련이 있다.
④ 건조식 제습기는 밀폐된 공간의 습기를 제거할 때 적합하다.

03
선지에 '건조식 제습기'와 '냉각식 제습기'가 나와 있다. 따라서 각각의 특징을 정리하면서 읽어 나간다. 또 드러나 있지는 않지만, '절대습도'와 '상대습도'의 특징도 묻고 있다. 마찬가지로 각각의 특징을 정리하면서 읽어 나간다.

3문단에서 냉각식 제습기는 냉각이 일어난 후에 발열이 일어나는 순차적 체계를 지니고 있다고 했다. 따라서 발열과 냉각이 동시에 일어난다는 것은 제시된 글의 내용과 일치하지 않는다.

오답 체크 ✏

① 1문단의 "상대습도란 상대적인 습도, 즉 현재 온도의 포화수증기량에 대한 대기 중의 수증기량을 백분위로 나타낸 것이다."와 "포화수증기량이 많아지거나 대기 중 수증기량이 적어질수록 상대습도는 낮아진다." 부분을 통해 알 수 있다.

③ 1문단의 "불쾌지수를 따질 때의 습도는 상대습도를 말한다."와 "일기예보에서 말하는 습도는 상대습도이다." 부분을 통해 알 수 있다.

④ 2문단의 "밀폐된 공간에서 소량의 수분을 제거하는 데 유용하다." 부분을 통해 알 수 있다.

🔍 정답 |
02 포화수증기량, 불쾌지수, 냉각식, 밀폐, 상대습도
03 ②

　　20세기 들어서기 전에 이미 영화는 두 가지 주요한 방향으로 발전하기 시작했는데, 그것은 곧 사실주의와 형식주의이다. 1890년대 중반 프랑스의 뤼미에르 형제는 '열차의 도착'이라는 영화를 통해 관객들을 매혹시켰는데, 그 이유는 영화에 그들의 실생활을 거의 비슷하게 옮겨 놓은 것처럼 보였기 때문이다. 거의 같은 시기에 조르주 멜리에스는 순수한 상상의 사건인 기발한 이야기와 트릭 촬영을 혼합시켜 '달세계 여행'이라는 판타지 영화를 만들었다. 이들은 각각 사실주의와 형식주의 영화의 전통적 창시자라 할 수 있다.

　　대체로 사실주의 영화는 현실 세계에서 소재를 선택하되, 왜곡을 최소화하여 현실 세계의 모습을 그대로 재현하고자 한다. 주된 관심은 형식이나 테크닉이 아니라 오히려 내용이다. 사실주의 영화에서 관객은 영화의 스타일을 눈치를 챌 수 없다. 이 계열의 감독들은 영상을 어떻게 조작할 것인가보다는 오히려 무엇을 보여줄 것인가에 더 많은 관심을 갖고 있기 때문이다. 따라서 영상을 편집하고 조작하기보다는 현실을 드러내는 것을 중시하며, 극단적인 사실주의 영화는 실제 사건과 사람을 촬영하는 다큐멘터리를 지향하기도 한다. '영상이 지나치게 아름다우면, 그것은 잘못된 것이다.'라는 말은 현실 세계 그대로의 사실적 재현을 가장 우위에 놓는 사실주의 영화의 암묵적 전제로 통용된다. 그렇다고 해서 사실주의 영화에 예술적인 기교가 없다는 것은 아니다. 왜냐하면 사실주의 영화일수록 기교를 숨기는 기술이 뛰어나기 때문이다.

　　반면, 형식주의 영화는 스타일 면에서 화려하다. 형식주의 영화는 현실에 대한 주관적 경험을 표현하는 데 관심을 기울인다. 정신적이고 심리적인 진실의 표현에 가장 큰 관심을 두는 형식주의자들은 물질세계의 표면을 왜곡시킴으로써 이것을 가장 잘 전달할 수 있다고 여긴다. 때문에 현실의 소재를 의도적으로 왜곡하고 사건의 이미지를 조작한다. 이런 스타일의 가장 극단적인 예는 아방가르드 영화에서 찾아볼 수 있다. 이와 같은 영화 중에는 색, 선, 형태로만 표현된, 완전히 추상적인 것도 있다.

01

괄호 속에 알맞은 말을 넣으시오.

(1) 사실주의와 형식주의의 (　　　　): 현실 세계를 소재로 삼았다.

(2) 사실주의와 형식주의의 (　　　　): 사실주의는 (　　　)에, 형식주의는 (　　　)에 관심을 두었다.

🔍 정답 |
01 (1) 공통점
　　(2) 차이점, 내용, 형식

02

제시된 글의 내용을 표로 정리한 것이다. 빈칸에 알맞은 말을 넣으시오.

[사실주의와 형식주의 영화]			
1문단	영화는 '사실주의'와 '형식주의'의 두 방향으로 발전했다.		
2문단	사실주의와 형식주의의 차이점		
		사실주의	형식주의
	창시자	( )	조르주 멜리에스
	영화 소재	( )	
	표현 방법	왜곡을 최소화, 현실세계를 그대로 재현	현실의 소재를 의도적으로 왜곡하고 조작하여 제시
3문단	주된 관심	내용	ⓐ ( ), 테크닉 ⓑ ( )인 경험의 표현
	감독의 관심사	무엇을 보여 줄 것인가 → 현실을 드러내는 것을 중시	영상을 어떻게 조작할 것인가 → 영상의 편집과 조작을 중시
	극단적인 예	다큐멘터리	아방가르드 영화

03

제시된 글에서 알 수 있는 내용으로 적절하지 않은 것은? 2011학년도 11월 고1 전국연합학력평가 변형

① 사실주의 영화는 형식보다 내용을 중시한다.
② 뤼미에르 형제는 사실주의 영화를 제작했다.
③ 형식주의 영화는 비현실적인 소재를 활용한다.
④ 형식주의 영화는 소재에 대한 주관적인 표현에 관심을 갖는다.

03
선지에 '사실주의'와 '형식주의'가 나와 있다. 따라서 각각의 특징을 정리하면서 읽어 나간다.

형식주의와 사실주의 모두 소재는 '현실'에서 찾는다.

오답 체크 🖋

① 2문단에서 '사실주의'에 대해 "주된 관심은 형식이나 테크닉이 아니라 오히려 내용이다."라고 말하고 있다. 따라서 사실주의 영화에서 형식보다 내용을 중시함을 알 수 있다.
② 1문단에서 '뤼미에르 형제'가 사실주의 영화의 창시자라고 하였기 때문에, 뤼미에르 형제는 사실주의 영화를 제작했음을 알 수 있다.
④ 형식주의 영화의 '소재'는 현실이다. 3문단에서 "형식주의 영화는 현실에 대한 주관적 경험을 표현하는 데 관심을 기울인다."라고 하였다. 따라서 형식주의 영화는 소재에 대한 주관적인 표현에 관심을 가진다는 것을 알 수 있다.

🔍 정답 |
02 뤼미에르 형제, 현실 (세계), 형식, 주관적
03 ③

기출 + 실전 문제로 독해 비법 익히기

신의 한 수

📖 기출 문제

기출 문제 **1 독해 비법 익히기**   ⏱ 시간 ⬛⬛ 분

> 희극의 발생 조건에 대하여 베르그송은 집단, 지성, 한 개인의 존재 등을 꼽았다. 즉 집단으로 모인 사람들이 자신들의 감성을 침묵하게 하고 지성만을 행사하는 가운데 그들 중 한 개인에게 그들의 모든 주의가 집중되도록 할 때 희극이 발생한다고 보았다. 그러나 그가 말하는 세 가지 사항은 웃음을 유발하는 것이 아니라 그러한 것을 가능케 하는 조건들이다. 웃음을 유발하는 단순한 형태의 직접적인 장치는 대상의 신체적인 결함이나 성격적인 결함을 들 수 있다. 관객은 이러한 결함을 지닌 인물을 통하여 스스로 자기 우월성을 인식하고 즐거워질 수 있게 된다. 이와 관련해 "한 인물이 우리에게 희극적으로 보이는 것은 우리 자신과 비교해서 그 인물이 육체의 활동에는 많은 힘을 소비하면서 정신의 활동에는 힘을 쓰지 않는 경우이다. 어느 경우에나 우리의 웃음이 그 인물에 대하여 우리가 지니는 기분 좋은 우월감을 나타내는 것임은 부정할 수 없다."라는 프로이트의 말은 시사적이다.

01

괄호 속에 알맞은 말을 넣으시오.

(1) 베르그송이 생각한 희극의 (   ): 집단, 지성, 한 개인의 존재

(2) (   )을 유발하는 직접적인 장치: 대상의 신체적인 결함, 성격적인 결함

🔍 정답 |
01 (1) 발생 조건
    (2) 웃음

02

제시된 글의 내용을 표로 정리한 것이다. 빈칸에 알맞은 말을 넣으시오.

[베르그송이 생각한 '희극의 발생 조건'과 '웃음을 유발하는 장치']	
희극의 발생 조건	ⓐ 집단 ⓑ 지성 ⓒ 한 개인의 존재 → ⓐ 집단으로 모인 사람들이 / ⓑ 자신들의 감성을 ( )하게 하고 지성만을 행사하는 가운데 / ⓒ 그들 중 한 개인에게 그들의 모든 주의가 집중되도록 할 때 / ( )이 발생한다.
웃음을 유발하는 장치	대상의 ⓐ ( )인 결함 　　　　ⓑ 성격적인 결함 → 관객은 결함을 지닌 인물을 통해 우월성을 인식하고 즐거워질 수 있다. ※ 프로이트: 대상이 '정신적 활동'보다 '( ) 활동'에 힘을 쓸 때 기분 좋은 우월감을 느낀다.

03

제시된 글에 대한 이해로 적절하지 않은 것은?

2020년 국가직 9급

① 베르그송에 의하면 희극은 관객의 감성이 집단적으로 표출된 결과이다.
② 베르그송에 의하면 집단, 지성, 한 개인의 존재는 희극 발생의 조건이다.
③ 한 개인의 신체적·성격적 결함은 집단의 웃음을 유발하는 직접적인 장치이다.
④ 프로이트에 의하면 상대적으로 정신 활동보다 육체 활동에 힘을 쓰는 상대가 희극적인 존재이다.

03
희극에 대한 '베르그송'의 생각을 중심으로 글이 전개되고 있다. 따라서 그의 생각을 정리하면서 글을 읽어 나간다.
"즉 집단으로 모인 사람들이 자신들의 감성을 침묵하게 하고 ～ 희극이 발생한다." 부분을 볼 때, 희극은 관객의 감성이 집단적으로 '표출'된 결과라는 이해는 적절하지 않다.

오답 체크
② "희극의 발생 조건에 대하여 베그송은 집단, 지성, 한 개인의 존재 등을 꼽았다." 부분을 통해 알 수 있다.
③ "웃음을 유발하는 단순한 형태의 직접적인 장치는 대상의 신체적인 결함이나 성격적인 결함을 들 수 있다." 부분을 통해 알 수 있다.
④ 프로이트를 말을 인용한 "한 인물이 우리에게 희극적으로 보이는 것은 우리 자신과 비교해서 그 인물이 육체의 활동에는 많은 힘을 소비하면서 정신의 활동에는 힘을 쓰지 않는 경우이다." 부분을 통해 알 수 있다.

🔍 정답 |
02 침묵, 희극, 신체적, 육체적
03 ①

Tip

A는 ~한편 B는

A vs B
차이점

기출 문제 **2** 독해 비법 익히기　　　　　　　🕐 **시간** ⬜⬜ **분**

심리학자 융은 인간에게는 '페르소나(persona)'와 '그림자(shadow)'의 측면이 있다고 한다. 페르소나란 한 개인이 사회에서 요구하는 역할에 적응하면서 얻어진 자아의 한 측면을 의미한다. 그런데 오로지 페르소나만 추구하려 한다면 그림자가 위축되어 결국 자기 자신으로부터 소외를 당해 무기력하고 생기가 없어지게 된다. 한편 그림자는 인간의 원시적인 본능 성향을 의미한다. 이것은 사회에서 부도덕하다고 생각하는 충동적인 면이 있지만, 자발성, 창의성, 통찰력, 깊은 정서 등 긍정적인 면이 있어 지나치게 억압해서는 안 된다.

01

괄호 속에 알맞은 말을 넣으시오.

(1) **페르소나의** (　　　): 한 개인이 사회에서 요구하는 역할에 적응하면서 얻어진 자아의 한 측면

(2) **그림자의** (　　　): 자발성, 창의성, 통찰력, 깊은 정서와 관련이 있다.

02

제시된 글의 내용을 표로 정리한 것이다. 빈칸에 알맞은 말을 넣으시오.

	[페르소나와 그림자]		
	인간은 '페르소나'와 '그림자'의 측면이 있다.		
( )의 생각		( )	그림자
	개념	한 개인이 사회에서 요구하는 역할에 적응하면서 얻어진 자아의 한 측면	인간의 원시적인 본능 성향 → 일면 충동적(부도덕함)
	수상	오로지 페르소나만 추구하면 안 된다.	지나치게 ( )하면 안 된다.
	이유	페르소나만 ( ) ↓ 그림자 위축 ↓ 자기로부터 소외 ↓ ( ), 생기 ×	긍정적인 면도 존재한다. ↳ 자발성, 창의성, 통찰력, 깊은 정서

03

제시된 글의 내용과 가장 부합하는 것은?

2020년 군무원 9급

① 페르소나는 현실적인 속성, 그림자는 근원적인 속성을 갖고 있다.
② 페르소나를 멀리 하게 되면, 자아는 무기력하게 된다.
③ 그림자는 도덕성을 추구할 때, 자발성과 창의성이 더욱 커진다.
④ 그림자를 억압하게 되면 페르소나를 더욱 추구하게 된다.

03

인간에 대한 '융'의 생각을 중심으로 글이 전개되고 있다. 따라서 그의 생각을 정리하면서 글을 읽어 나간다.

"페르소나란 한 개인이 사회에서 요구하는 역할에 적응하면서 얻어진 자아의 한 측면을 의미한다." 부분을 볼 때, 페르소나는 '현실적(사회적)인 속성'을 갖고 있음을 알 수 있다. 또 "그림자는 인간의 원시적인 본능 성향을 의미한다." 부분을 볼 때, 그림자는 '근원적인 속성'을 갖고 있음을 알 수 있다. 따라서 제시된 글의 내용과 부합하는 것은 ①이다.

오답 체크 ✏

② "오로지 페르소나만 추구하려 한다면 그림자가 위축되어 결국 자기 자신으로부터 소외를 당해 무기력하고 생기가 없어지게 된다." 부분을 볼 때, 자아가 무기력하게 되는 경우는 오로지 '페르소나'만 추구하려 할 때이다.
③ "페르소나란 한 개인이 사회에서 요구하는 역할에 적응하면서 얻어진 자아의 한 측면을 의미한다." 부분을 볼 때, '도덕성' 추구와 관련이 있는 것은 '페르소나'이다. '그림자'의 속성은 '부도덕성'과 '충동성'이다.
④ 선후 관계가 틀렸다. 그림자를 억압하게 되면 페르소나를 더욱 추구하게 되는 것이 아니라, 페르소나를 지나치게 추구하는 행위가 그림자를 억압하게 된다.

🔍 정답 |
02 융, 페르소나, 억압, 추구, 무기력
03 ①

🔍 **Tip**

A 그러나 B
→ 역접(서로 반대)
→ B를 강조

기출 문제 **3** 독해 비법 익히기　　　　　　🕐 **시간** ■■ **분**

그동안 자본주의 경제체제는 고용관계를 기반으로 근로기준법, 노동 3권을 보장하여 노사가 힘의 균형을 이루는 산업민주주의를 추구해 왔다. 그러나 플랫폼 노동은 상시 고용, 사업장 출퇴근, 8시간 정규노동 등을 중심으로 구축된 표준적 고용관계를 해체시키고, 노동법과 사회복지가 적용되기 어려운 비정형 노동을 확대시키고 있다.

플랫폼 기업 측에서는, 플랫폼은 일종의 중개이므로 자신들은 정보서비스를 제공하는 것이지 플랫폼 노동자를 직접 통제하는 것은 아니라고 주장한다. 플랫폼 노동자는 노동제공 여부를 스스로 결정할 수 있고 업무시간도 조정할 수 있으므로 독립적인 계약으로 보아야 한다는 것이다.

그러나 플랫폼 노동자들은 어느 정도 업무의 자주성을 갖지만, 동시에 플랫폼의 통제도 받고 있다고 봐야 한다. 플랫폼에서 일할 때 노동과정에 대해, 플랫폼 기업은 보상 메커니즘과 업무설계를 통해 노동자들이 자연스럽게 업무를 수행하도록 만들기 때문이다.

플랫폼은 접근성, 편리성, 저렴한 가격, 일자리 창출 등의 장점이 있고, 참가자가 많을수록 네트워크 효과로 생태계가 구축되어 다양한 사업모델을 개발할 수 있다. 이러한 플랫폼 경제가 새로운 성장의 기회가 되어 경제를 발전시키기 위해서라도, 사회복지와 노동법의 사각지대에 방치된 플랫폼 노동에 대해 정부 차원의 플랫폼 노동에 대한 정의, 노동기본권 부여, 사회 안전망 마련 등이 절실하다. 사용자 책임을 회피하려는 기업들이 플랫폼 노동을 악용할 수 있기 때문이다.

플랫폼 기업이 신기술과 사업모델 혁신으로 경제를 발전시키고 고용을 창출한다면 환영하겠다. 그러나 앱과 인터넷으로 노동을 매개하는 형식만 바뀔 뿐 기존 사업과 별 차이 없이 중간착취와 불안정노동을 지속한다면 이는 지양되어야 한다. 플랫폼 노동이 새로운 중간착취로 이용되지 않도록 사회적 통제와 제도보완이 필요하다.

01

괄호 속에 알맞은 말을 넣으시오.

⑴ **비정형 노동의** (　　　　): 노동법과 사회 복지 적용이 어렵다.

⑵ **플랫폼의** (　　　　): 접근성, 편리성, 저렴한 가격, 일자리 창출

02

제시된 글의 내용을 표로 정리한 것이다. 빈칸에 알맞은 말을 넣으시오.

[플랫폼 노동]		
1문단	'플랫폼 노동'의 문제점	ⓐ 표준적 고용 관계를 해체시킨다. ⓑ (　　　　)을 확대시키고 있다. 　　└ 특징: 노동법과 사회 복지 적용이 어려움.
2문단	'플랫폼 기업'의 주장	ⓐ 플랫폼 노동자를 직접 통제하지 않는다. ⓑ 플랫폼 노동자는 독립적인 계약이다.
	주장의 근거	ⓐ 플랫폼은 일종의 중개이다. ⓑ 노동 제공 여부를 스스로 결정할 수 있고, 업무 시간을 조정할 수 있다.
3문단	주장에 대한 반론	자주성을 갖지만, 동시에 (　　　)도 받고 있다.
	반론의 근거	(　　　)과 업무설계를 통해 노동자들이 자연스럽게 업무를 수행하도록 만든다.
4문단	주장	<table><tr><td>(　　　)의 장점</td></tr><tr><td>ⓐ 접근성 ⓑ 편리성 ⓒ 저렴한 가격 ⓓ 일자리 창출 ⓔ 네트워크 효과 → 다양한 사업 모델 개발 가능</td></tr></table> 정부 차원의 제도 보완이 필요하다.
	이유	기업의 악용 가능성 때문이다.
5문단	입장	환영: 신기술과 사업모델 혁신으로 경제를 발전, 고용 창출 지양: 중간착취와 불안정노동
	주장	목적: 새로운 중간착취로 이용되지 않도록 주장: 사회적 통제와 제도보완이 필요하다.

03

제시된 글의 내용을 이해한 것으로 옳지 않은 것은?

2020년 국회직 9급

① 플랫폼 노동자는 업무의 자주성을 갖는 동시에 플랫폼의 통제도 받는다.
② 플랫폼 노동자는 사회복지와 노동법의 사각지대에 놓여있다.
③ 플랫폼 노동의 긍정적 정착을 위한 사회적 책임이 필요하다.
④ 플랫폼 기업은 보상 메커니즘을 통해 노동의 독립성을 보장한다.
⑤ 플랫폼의 장점을 활용해 다양한 사업모델을 개발할 수 있다.

03

'플랫폼 노동'에 대한 글쓴이의 생각을 중심으로 글이 전개되고 있다. 따라서 글쓴이의 생각을 정리하면서 글을 읽어 나간다.

3문단의 "그러나 플랫폼 노동자들은 어느 정도 업무의 자주성을 갖지만, 동시에 플랫폼의 통제도 받고 있다고 봐야 한다. ~ 플랫폼 기업은 보상 메커니즘과 업무설계를 통해 노동자들이 자연스럽게 업무를 수행하도록 만들기 때문이다." 부분을 볼 때, 독립성을 보장한다는 이해는 적절하지 않다. 오히려 보상 메커니즘을 통해 노동자를 통제한다고 봐야 한다.

오답 체크 ✏

① 3문단의 "그러나 플랫폼 노동자들은 어느 정도 업무의 자주성을 갖지만, 동시에 플랫폼의 통제도 받고 있다고 봐야 한다." 부분을 통해 확인할 수 있다.
② 4문단의 "사회복지와 노동법의 사각지대에 방치된 플랫폼 노동에 대해" 부분을 통해 확인할 수 있다.
③ 4문단의 "플랫폼 경제가 새로운 성장의 기회가 되어 경제를 발전시키기 위해서라도, 사회복지와 노동법의 사각지대에 방치된 플랫폼 노동에 대해 정부 차원의 플랫폼 노동에 대한 정의, 노동기본권 부여, 사회 안전망 마련 등이 절실하다."와 마지막 문단의 "플랫폼 노동이 새로운 중간착취로 이용되지 않도록 사회적 통제와 제도보완이 필요하다." 부분을 통해 확인할 수 있다.
⑤ 4문단의 "플랫폼은 접근성, 편리성, 저렴한 가격, 일자리 창출 등의 장점이 있고, 참가자가 많을수록 네트워크 효과로 생태계가 구축되어 다양한 사업모델을 개발할 수 있다." 부분을 통해 확인할 수 있다.

🔍 정답 |
02 비정형 노동, 통제, 보상 메커니즘, 플랫폼
03 ④

실전 문제

ⓐ 'A는 B이다. 또한 (A는) C이다.'는 'A는 B이면서, C이다.'라는 의미이다. 즉 B와 C는 모두 A에 대한 설명이다. 주어가 'A는'으로 동일하기 때문에, 뒤에 나오는 'A'는 생략될 수 있다.

ⓑ 'A는 B인 데 비해 C는 D이다.'는 A와 C의 차이점을 드러내는 표현이다. 따라서 A와 C는 서로 다른 대상이지만, B와 D는 비슷하거나 동일한 대상으로 주로 더 '높다/낮다', '많다/적다' 등의 정도 반의어가 오는 경우가 많다.

ⓒ 'A는 B를 지칭하는 용어이다.'는 'A의 의미는 B이다.'라는 의미이다. 개념을 '정의'할 때 주로 사용하는 표현이다.

ⓓ 'A는 B와 C로 나뉜다.'는 'A는 B와 C로 분류할 수 있다.'는 의미이다. 즉 'A'의 하위 항목으로 'B'와 'C'를 둘 수 있다.

ⓔ 'A뿐만 아니라 B'는 'A도 맞고, B도'라는 의미로 결국 'A와 B 둘 다'를 뜻한다.

ⓕ 'A를 하기 위해서는 B를 해야 한다.'는 'A라는 결과를 얻기 위해서는 B가 필요하다.'라는 의미이다. 따라서 A에는 목적, B에는 목적을 위한 수단에 해당하는 말이 온다.

ⓖ 'A인 B이다.'는 'A = B'로 이해하면 된다.

'지방'은 몸을 구성하는 주요 성분이다. 또한 지방은 우리 몸의 에너지원이 되기도 하는데(ⓐ), 탄수화물과 단백질은 1g당 4kcal의 열량을 내는 데 비해 지방은 9kcal의 열량을 낸다.(ⓑ) '체지방'은 섭취한 영양분 중 쓰고 남은 영양분을 지방의 형태로 몸 안에 축적해 놓은 것을 지칭하는 용어이다.(ⓒ) 체지방은 지방 조직을 이루는 지방세포에 축적되며, 피부 밑에 위치하는 피하지방과 내장 기관 주위에 위치하는 내장지방으로 나뉜다.(ⓓ) 이 체지방은 내장 보호와 체온 조절 기능을 할 뿐 아니라 필요시 분해되어 에너지를 만들기도 한다.(ⓔ)

체지방이 과잉 축적된 상태인 비만은 여러 가지 질병을 유발할 수 있으므로 **건강을 유지하기 위해서는 체지방을 조절해야 한다.**(ⓕ) 이때 활용할 수 있는 **지수가 체중에서 체지방이 차지하는 비율인 '체지방률'이다.**(ⓖ) 체지방률은 남성의 경우 15∽20%, 여성의 경우 20∽25%를 표준으로 삼고, 남성은 25% 이상, 여성은 30% 이상을 비만으로 판정한다.

01

괄호 속에 알맞은 말을 넣으시오.

(1) **체지방의 (　　　)**: 피하 지방, 내장 지방

(2) **체지방의 (　　　)**: 내장 보호, 체온 조절, 에너지 생성

02

제시된 글의 내용을 표로 정리한 것이다. 빈칸에 알맞은 말을 넣으시오.

[체지방의 개념과 특징]				
1문단	지방의 특징	ⓐ 몸을 구성하는 주요 성분 ⓑ 우리 몸의 에너지원이 되기도 함. ⓒ 탄수화물이나 단백질보다 열량이 ( ).		
2문단	체지방의 개념과 특징	개념	섭취한 영양분 중 쓰고 남은 영양분을 지방의 형태로 몸 안에 축적해 놓은 것	
		종류	피하 지방 / 내장 지방 ( ) 피부 밑 / 내장 기관 주위	
		특징	지방 조직을 이루는 지방세포에 축적됨.	
		기능	ⓐ 내장 보호 ⓑ 체온 조절 ⓒ 분해되어 에너지를 만들기도 함.	
		※ 체지방 조절이 필요한 이유 – ( )은 여러 질병을 유발할 수 있어 건강을 유지를 위해 ↳ 체지방이 과잉 축적된 상태		
	체지방률	개념	체중에서 체지방이 차지하는 비율	
		특징	비만을 판단할 때 활용할 수 있음.	
		체지방률	남성 / 여성 ( ) 15~20% / 20~25% 비만 판정 25% 이상 / 30% 이상	

03

제시된 글을 이해한 내용으로 적절하지 않은 것은? 2017학년도 6월 고2 전국연합학력평가 변형

① 지방과 탄수화물은 단백질에 비해 열량이 높다.
② 체지방률은 판정 기준치가 성별에 따라 다르다.
③ 체지방은 피하지방과 내장지방으로 나눌 수 있다.
④ 비만은 인체에 체지방이 과잉 축적된 상태를 말한다.

03

'지방'과 '체지방'의 개념이나 특징을 중심으로 글이 전개되고 있다. 주요 개념의 특징을 정리하면서 글을 읽어 나간다.

1문단의 "탄수화물과 단백질은 1g당 4kcal의 열량을 내는 데 비해 지방은 9kcal의 열량을 낸다." 부분을 볼 때, '지방'이 '탄수화물과 단백질'보다 열량이 높다고 해야 옳은 이해이다.

오답 체크 ✏️

② 2문단의 "체지방률은 ~ 남성은 25% 이상, 여성은 30% 이상을 비만으로 판정한다." 부분을 통해 알 수 있다.
③ 1문단의 "체지방은 ~ 피부 밑에 위치하는 피하지방과 내장 기관 주위에 위치하는 내장지방으로 나뉜다." 부분을 통해 알 수 있다.
④ 2문단의 "체지방이 과잉 축적된 상태인 비만" 부분을 통해 알 수 있다.

🔍 **정답 |**
02 높음, 위치, 비만, 표준
03 ①

고대 그리스인들은 '정의(正義)'를 우선적으로 '조화(調和)'로 받아들였다. '調'와 '和'는 여러 가지 것들이 서로 잘 어울리는 것을 뜻하기 때문에 정의는 바로 그런 의미를 갖게 된다. 더 나아가 그들은 대립자들의 조화가 정의를 가져온다고 생각했다. 고대 그리스인들은 이 세계가 어둠과 밝음, 어른과 아이 등과 같은 대립자들로 구성되어 있다고 보고, 이들 사이에는 항상 갈등과 투쟁이 있다고 생각했다. 이것들이 어떻게 조화를 이루느냐에 대한 그들의 고민이, 정의 개념이 등장하게 된 기본적인 맥락이다.

아낙시만드로스가 말한 '우주의 질서'는 조화로서의 정의 개념을 반영하고 있다. 그는 우주를 구성하는 물, 불, 공기, 흙이라는 원소들이 비슷한 힘을 가지고 서로 역동적으로 작용하여 정의가 이루어진다고 생각했다. 그에 따르면 힘의 균형이 깨지면 우주의 질서가 무너지게 되는데, 그것이 불의(不義)이다. 그런데 아낙시만드로스는 불의가 그 상태에 머물러 있지 않기 때문에 이전에 미약했던 것들은 강해지고 막강했던 것들은 약해져서 다시 우주의 질서가 돌아온다고 보았고, 이것이 곧 우주가 정의를 되찾는 것이라고 설명했다. 히포크라테스의 '건강' 개념에도 조화로서의 정의 개념이 반영되어 있다. 그에게 건강은 몸 전체를 이루고 있는 부분들 사이의 조화였다. 히포크라테스 의학의 요점은 병이 났을 때의 치유 방법에 있다기보다는 식이요법을 통한 예방에 있다. 식이요법이란 몸의 조화를 잃지 않게 하는 것이다. 건강을 잃는다는 것, 즉 병을 얻는다는 것은 몸의 조화를 잃어버리는 것이다. 그렇게 조화를 잃어버리지 않도록 하는 것이 바로 몸의 정의를 찾는 것이다.

01

괄호 속에 알맞은 말을 넣으시오.

(1) 고대 그리스인들이 생각한 정의의 개념: 대립자들의 (   )

(2) 히포크라테스 의학의 (   ): 식이요법을 통한 예방

🔍 정답 |
01 (1) 조화
      (2) 요점

02

제시된 글의 내용을 표로 정리한 것이다. 빈칸에 알맞은 말을 넣으시오.

	[고대 그리스인의 '정의']				
1문단	고대 그리스인	(_____)들의 조화(調和) ↳ 어둠과 밝음, 어른과 아이			

		학자	분야	정의(조화)	불의(부조화)
2문단	다양한 분야에 적용된 양상	아낙시만드로스	우주	• '우주의 질서'가 정의 우주를 구성하는 원소들이 힘의 균형(질서)을 이루고 있는 상태 → ( )는 균형이 깨진 상태	우주의 질서가 무너짐
		히포크라테스	의학	• '건강'이 정의 몸의 조화를 잃어버리지 않도록 하는 것 → 치유보다 ( )을 중시함.	병을 얻음

03

제시된 글을 이해한 내용으로 적절하지 않은 것은? `2014학년도 4월 고3 전국연합학력평가 A형 변형`

① 히포크라테스는 질병을 치료하는 것보다는 그 예방을 중시했다.
② 아낙시만드로스는 우주의 질서가 무너진 것을 불의라고 규정했다.
③ 고대 그리스인들은 대립자들의 정의에서 조화가 비롯된다고 생각했다.
④ 히포크라테스는 몸 전체를 이루고 있는 부분들 사이의 조화를 건강이라고 보았다.

03
고대 그리스인들이 생각했던 '정의'의 의미와 다양한 분야에 적용된 양상을 구체적으로 보여주고 있다. '정의'가 핵심어이기 때문에, 각각이 생각한 '정의'의 의미를 중심으로 글을 읽어 나간다.

1문단의 "그들(고대 그리스인들)은 대립자들의 조화가 정의를 가져온다고 생각했다." 부분을 볼 때, '대립자들의 정의에서 조화가 비롯되는 게 아니라 '대립자들의 조화에서 정의'가 비롯되는 것이다.

오답 체크 ✏

① 2문단의 "히포크라테스 의학의 요점은 ~ 예방에 있다." 부분을 통해 알 수 있다.
② 2문단의 "그(아낙시만드로스)에 따르면 힘의 균형이 깨지면 우주의 질서가 무너지게 되는데, 그것이 불의(不義)이다." 부분을 통해 알 수 있다.
④ 2문단의 "그(히포크라테스)에게 건강은 몸 전체를 이루고 있는 부분들 사이의 조화였다." 부분을 통해 알 수 있다.

🔍 **정답 |**
02 대립자, 불의, 예방
03 ③

실전 문제 **3** 독해 비법 익히기　　　　　　🕐 **시간** ▢▢ **분**

편견이란 고정 관념을 토대로 어떤 사회 구성원에 대해 갖고 있는 부정적인 태도를 말한다. 이러한 편견은 선천적으로 타고나는 것이 아니라 주로 학습의 결과로 발생하는데, 그 원인은 세 가지로 지적할 수 있다. 먼저 정치·경제적 갈등 또는 경쟁을 들 수 있다. 이것은 편견이 직업, 적당한 주택, 좋은 학교, 그리고 기타 바람직한 생산물에 대한 경쟁으로부터 유발되고, 이러한 경쟁이 지속됨에 따라 이에 관계된 집단의 구성원들은 상대방을 점점 더 부정적인 시각으로 보게 된다는 것이다. 결국 그들은 상대방을 적대시하게 되고, 자신의 집단을 도덕적으로 더 우수하다고 생각하게 된다. 이는 자신들과 상대방과의 경계선을 더 확고하게 하는 결과를 가져오게 된다.

사람들은 외부적 원인이 아니라, 성격적인 원인 때문에 편견을 가질 수 있다. '권위주의 성격'을 가진 사람은 자신의 신념에 지나치게 경직되어 있고, 자기 자신이나 타인이 나약한 것을 참지 못한다. 또한 지나칠 정도로 권위를 중시하며, 타인에게 가혹하고 의심이 많다. 이러한 성격적인 특징이 편견을 유발할 수 있다.

마지막으로 사회 규범에 대한 동조를 들 수 있다. 많은 사람들이 다양한 편견을 부모의 무릎에서 학습하게 된다. 또한 사람들은 문화의 규범과 사회의 구체적 편견에 동조하기도 한다. 이러한 동조 현상에서 편견이 발생하기도 한다.

편견의 구체적인 원인이 무엇이든 간에 그것은 대체로 인간 생활에 부정적인 영향을 미치는 동기가 된다. 그러므로 편견을 감소시키고 그것의 영향을 없애는 것은 아주 중요한 과제이다. 편견을 줄이기 위해서는 먼저 가정, 학교 그리고 사회에서 편견을 타파하도록 학습시켜야 한다. 아동들은 편견과 이에 관련된 반응들을 부모, 교사, 그리고 친구들로부터 습득한다. 그러므로 부모나 교사들이 아동들을 편견 속에서 훈육하지 않아야 하며, 타인에 대해 좀 더 긍정적인 견해를 갖도록 교육해야 한다.

다음으로는 다른 집단과의 접촉 빈도를 높여서 편견을 감소시키는 방법을 들 수 있다. 다른 집단 사람과의 접촉을 증가시키는 것은 친밀감 및 인식의 유사성을 높이고, 편견과 일치하지 않는 정보를 경험하게 하여 편견을 타파하는 효과적인 수단이 될 수 있다.

01

괄호 속에 알맞은 말을 넣으시오.

(1) **편견의 (　　　)**: 인간 생활에 부정적인 영향을 미치는 동기가 된다.

(2) **편견 (　　　) 방법**: 교육, 다른 집단과의 접촉 증가

🔍 정답 |
01 (1) 영향(문제점)
　　(2) 타파(해소, 줄이는, 없애는)

02

제시된 글의 내용을 표로 정리한 것이다. 빈칸에 알맞은 말을 넣으시오.

[편견의 원인과 해결 방법]		
1문단	개념	고정 관념을 토대로 어떤 ( )에 대해 갖고 있는 부정적인 태도
	특징	주로 ( )의 결과로 발생
	원인	ⓐ 정치 · 경제적 갈등 또는 경쟁(사회적)
2문단		ⓑ ( ) 성격(개인적)
3문단		ⓒ 사회 규범에 대한 동조
4문단	문제점	인간 생활에 부정적인 영향을 미치는 동기가 됨. → ( )을 감소시키고, 편견의 영향을 없애는 것이 중요하다.
	해결 방법	ⓐ 교육
5문단		ⓑ 다른 집단과의 접촉 증가

03

제시된 글을 이해한 내용으로 적절한 것은?

2009학년도 11월 고1 전국연합학력평가 변형

① 편견이 있는 사람은 자신을 부정적으로 인식한다.
② 사람들은 선천적으로 편견의 속성을 지니고 있다.
③ 편견은 개인뿐만 아니라 집단적인 원인으로도 발생한다.
④ 내적 요인에 의해서 발생한 편견은 자신의 권위를 약화시킨다.

03

'편견'의 개념과 원인 그리고 해결 방법을 다루고 있는 글이다. 따라서 각각의 내용을 정리하면서 글을 읽어 나간다.

1문단에서는 편견을 '집단적인 원인'에 의해 발생함을 말하고 있다. 또 2문단의 "성격적인 원인 때문에 편견을 가질 수 있다." 부분을 볼 때, '편견'이 개인적인 원인으로도 발생함을 알 수 있다. 따라서 편견은 개인만 아니라 집단적인 원인으로도 발생한다는 이해는 적절하다.

오답 체크 ✏

① 1문단에 '편견'을 "고정 관념을 토대로 어떤 사회 구성원에 대해 갖고 있는 부정적인 태도"라고 정의하고 있다. 따라서 편견은 '자신'이 아닌 '타인'에 대한 부정적 인식이다.

② 1문단과 4문단에서 '편견'은 학습된다고 하였다. 따라서 선천적이라는 이해는 적절하지 않다.

④ 2문단에서 편견이 발생하는 내적인 요인으로 '권위주의적 성격'을 들고 있다. 권위주의적인 성격의 사람일수록 편견을 가질 수 있다고 말하고 있을 뿐, 편견이 권위를 약화시킨다는 언급은 하지 않았다.

🔍 **정답ㅣ**
02 사회 구성원, 학습, 권위주의적, 편견
03 ③

기출 + 실전 문제로 독해 비법 익히기

신의 한 수

📖 기출 문제

기출 문제 **1** 독해 비법 익히기   ⏱ 시간 ■■■ 분

항생제는 세균에 대한 항균 효과가 있는 물질을 말한다. '프로폴리스' 같이 자연적으로 존재하는 항생제를 자연 요법제라고 하고, '설파제' 같이 화학적으로 합성된 항생제를 화학 요법제라고 한다. 현재 사용되고 있는 많은 항생제들은 곰팡이가 생성한 물질을 화학적으로보다 효과가 좋게 합성한 것들이어서 넓은 의미에서는 이들도 화학 요법제라고 할수 있을 것이다.

'페니실린', '세파로스포린' 같은 것은 우리 몸의 세포에는 없는 세균의 세포벽에 작용하여 세균을 죽이는 것이다. 그 밖의 항생제들은 '테트라사이크린', '클로로마이신' 등과 같이 세균세포의 단백합성에 장애를 만들어 항균 효과를 나타내거나, '퀴노론', '리팜핀' 등과 같이 세균세포의 핵산합성을 저해하거나, '포리믹신' 등과 같이 세균세포막의 투과성에 장애를 일으켜 항균 효과를 나타낸다.

01

괄호 속에 알맞은 말을 넣으시오.

(1) **항생제의** (   ): 세균에 대한 항균 효과가 있는 물질

(2) **항생제의** (   ): 자연 요법제, 화학 요법제

🔍 정답 |
01 (1) 개념(정의, 의미)
　　(2) 분류(종류, 유형)

02

제시된 글의 내용을 표로 정리한 것이다. 빈칸에 알맞은 말을 넣으시오.

<table>
<tr><td colspan="4" align="center">[항생제의 개념과 종류]</td></tr>
<tr><td rowspan="4">1문단</td><td>항생제의 개념</td><td colspan="2">세균에 대한 (   ) 효과가 있는 물질</td></tr>
<tr><td rowspan="3">(   )의
분류</td><td align="center">자연 요법제</td><td align="center">화학 요법제</td></tr>
<tr><td>대표적인 예</td><td align="center">(   )</td><td align="center">설파제</td></tr>
<tr><td>개념</td><td>자연적으로 존재하는 항생제</td><td>화학적으로 합성된 항생제</td></tr>
<tr><td rowspan="7">2문단</td><td rowspan="7">항생제별
항균의 방법</td><td align="center">종류</td><td colspan="2" align="center">(   )을 죽이는 방법</td></tr>
<tr><td>페니실린</td><td colspan="2" rowspan="2">우리 몸의 세포에는 없는 세균의 세포벽에 작용함.</td></tr>
<tr><td>세파로스포린</td></tr>
<tr><td>테트라사이크린</td><td colspan="2" rowspan="2">세균세포의 단백합성에 장애를 만듦.</td></tr>
<tr><td>클로로마이신</td></tr>
<tr><td>퀴노론</td><td colspan="2" rowspan="2">세균세포의 핵산합성을 저해함.</td></tr>
<tr><td>리팜핀</td></tr>
<tr><td>포리믹신</td><td colspan="2">세균세포막의 투과성에 장애를 일으킴.</td></tr>
</table>

03

제시된 글의 내용과 가장 거리가 먼 것은?

2020년 군무원 9급

① 항생제의 정의
② 항생제의 내성 정도
③ 항균 작용의 기제
④ 항생제의 분류 방법

03
의미를 설명하는 것은 '정의', 나누는 것은 '분류' 같은 잘라서 읽기의 방법을 활용하여 각각의 문장이나 문단의 의미를 정리하면서 읽어 나간다.

제시된 글에서 '항생제의 내성 정도'에 대해 언급하고 있지는 않다.

오답 체크 ✎
① 1문단의 "항생제는 세균에 대한 항균 효과가 있는 물질을 말한다."에서 항생제의 개념을 정의하고 있다.
③ 2문단에서 항생제별로 세균을 죽이는 방법, 즉 '항균 작용의 기제'(작용이나 원리)를 밝히고 있다.
④ 1문단에서 항생제를 '자연 요법제'와 '화학 요법제'로 나누고 분류하고 있다.

🔍 정답 |
02 항균, 항생제, 프로폴리스, 세균
03 ②

⏱ 시간 ▦▦ 분

과거에는 지식의 양이 한정적이고 그에 대한 접근이 제한적이었으며, 정전을 중시했기 때문에 이것을 반복적으로 낭독하며 의미를 되새기는 독서를 중시했다. 근대 이후 인쇄술의 발달로 책이 대량 생산되고 대중 교육이 실시되어 독서가 보편화되면서, 묵독이 일반화되고 속독과 다독이 강조되었다. 오늘날에는 전자 기기와 인터넷의 발달로 인해 독서 문화가 더욱 다양해졌다. 과거에는 유교 경전이나 모범적인 글인 정전의 권위를 빌려 자신의 이야기를 풀어나가는 것이 일반적이었으며, 관습적 글쓰기가 강조되었다. 근대 이후 전문 작가에 의한 글쓰기가 이루어졌으며, 창의적 글쓰기를 강조하게 되었다. 오늘날에는 인터넷의 발달로 작가와 독자의 소통이 활발해지고, 독자와 작가의 경계가 무너지면서 집단적 글쓰기 등 새로운 글쓰기 양상이 생겨나게 되었다.

01

괄호 속에 알맞은 말을 넣으시오.

(1) 책이 대량 생산될 수 있었던 (　　　): 근대 이후 인쇄술의 발달

(2) 오늘날 독서 문화가 다양해진 (　　　): 전자 기기와 인터넷의 발달

🔍 정답 |
01 (1) 이유(계기, 배경)
　　 (2) 이유(계기, 배경)

02

제시된 글의 내용을 표로 정리한 것이다. 빈칸에 알맞은 말을 넣으시오.

['독서 문화'와 '글쓰기 문화'의 변화]		
	(　　　) 문화	(　　　) 문화
과거	ⓐ 지식의 양이 한정적 ⓑ 지식에 대한 접근이 제한적 ⓒ 정전을 중시 → 반복적으로 낭독하며 의미를 되새기는 독서를 중시함.	정전의 권위를 빌려 이야기를 풀어나가는 게 일반적 → 관습적 글쓰기를 강조함.
근대 이후	ⓐ (　　　)의 발달로 책이 대량 생산됨. ⓑ 대중 교육이 실시되어 독서가 보편화됨. → 묵독이 일반화, 속독과 다독이 강조됨.	전문 작가에 의한 글쓰기가 이루어짐. → 창의적 글쓰기를 강조함.
오늘날	ⓐ 전지 기기의 발달 ⓑ 인터넷의 발달 → 독서 문화가 다양해짐.	ⓐ (　　　)의 발달로 작가와 독자의 소통이 활발해짐. ⓑ 독자와 작가의 경계가 무너짐. → 새로운 글쓰기 양상이 나타남.

03

제시된 글의 이해에 대한 설명으로 가장 적절하지 않은 것은?　　　　2020년 경찰 2차

① 시대 변화에 따른 글쓰기 관습의 변화
② 인쇄술의 발달에 따른 독서 문화의 변화
③ 인터넷의 발달에 따른 글쓰기 방식의 변화
④ 과거와 현재의 독서 방식에 따른 독서 가치의 변화

실전 문제

거래비용이론에서 말하는 거래비용이란 재화를 생산하는 데 드는 생산비용을 제외한, 경제 주체들이 재화를 거래하는 과정에서 발생하는 모든 비용을 말한다. 즉 경제 주체가 거래 의사와 능력을 가진 상대방을 탐색하는 과정, 가격이나 교환 조건을 상대방과 협상하여 계약을 하는 과정, 또 계약 후 계약 이행 여부를 확인하고 강제하는 과정 등에서 발생하는 비용을 거래비용이라고 할 수 있다.

거래비용이론에서는 기업은 시장에서 재화를 거래할 때 발생하는 거래비용인 '시장거래비용'을 줄이기 위해, 재화를 자체적으로 생산하는 것에 대해 고려하게 된다고 보았다. 이런 상황에서 기업이 새로운 내부 조직을 만들거나 다른 기업을 합병하여 내부 조직으로 흡수하는 등의 방법을 통해 거래를 내부화하면 기업의 조직 내에서도 거래가 일어나게 된다. 그 결과 거래비용이 발생하게 되고, 이를 '조직내거래비용'이라고 한다. 이때 시장거래비용과 조직내거래비용을 합친 것을 '총거래비용'이라고 하며, 기업은 총거래비용을 고려하여 기업의 규모를 결정하게 된다.

01

괄호 속에 알맞은 말을 넣으시오.

(1) **거래비용의 (   )**: 재화를 생산하는 데 드는 생산비용을 제외한, 경제 주체들이 재화를 거래하는 과정에서 발생하는 모든 비용

(2) **거래기업에서 재화를 자체적으로 생산하는 (   )**: 시장거래비용을 줄이기 위해

🔍 정답 |
01 (1) 개념
　　 (2) 이유

02

제시된 글의 내용을 표로 정리한 것이다. 빈칸에 알맞은 말을 넣으시오.

['거래비용'의 개념과 종류]		
1문단	(　　)	재화를 생산하는 데 드는 생산비용을 제외한, 경제 주체들이 재화를 거래하는 (　　　)에서 발생하는 모든 비용 ↳ ⓐ 경제 주체가 거래 의사와 능력을 가진 상대방을 탐색 ⓑ 가격이나 교환 조건을 상대방과 협상하여 계약 ⓒ 계약 후 계약 이행 여부를 확인하고 강제
2문단	종류	**시장거래비용** 시장에서 재화를 거래할 때 발생하는 거래비용
		조직내거래비용 거래를 내부화하면, 기업의 조직 내에서도 거래가 일어나고, 그 결과 발생하는 거래비용 * '(　　　)'을 줄이기 위해 재화의 자체 생산을 고려함. → '조직내거래비용' 발생
		(　　) 시장거래비용과 조직내거래비용을 합친 것 * '총거래비용'을 고려하여 기업의 규모를 결정함.

03

2019학년도 11월 고1 전국연합학력평가 변형

제시된 글을 통해 알 수 있는 내용으로 적절하지 않은 것은?

① 거래비용의 종류
② 총거래비용의 개념
③ 시장거래비용을 줄이는 방법
④ 기업 규모와 생산비용의 관계

03

의미를 설명하는 것은 '정의', 나누는 것은 '분류'. 잘라서 읽기의 방법을 활용하여 각각의 문장이나 문단의 의미를 정리하면서 읽어 나간다.

제시된 글에서는 '거래비용'의 개념과 종류, 거래비용과 기업 규모의 관계를 설명하고 있다. 그러나 기업 규모와 생산비용의 관계에 대해서는 언급하고 있지 않다.

오답 체크

① 2문단을 통해 '거래비용'의 종류에는 '시장거래비용', '조직내거래비용', '총거래비용'이 있음을 알 수 있다.
② 2문단의 "이때 시장거래비용과 조직내거래비용을 합친 것을 '총거래비용'이라고 하며" 부분을 통해 '총거래비용'의 개념을 알 수 있다.
③ 2문단의 "시장에서 재화를 거래할 때 발생하는 거래비용인 '시장거래비용'을 줄이기 위해, 재화를 자체적으로 생산하는 것에 대해 고려하게 된다고 보았다." 부분에서 '시장거래비용을 줄이는 방법'을 알 수 있다.

정답 |
02 개념, 과정, 시장거래비용, 총거래비용
03 ④

ⓐ 'A 때문에 B가 발생하다.'는 'A가 원인이 되어서 B라는 결과가 생겼다.'는 의미이다. 따라서 A는 원인, B는 결과이다.

ⓑ 'A는 B에 따라 C와 D로 구분된다.'에서 'B'는 'A'를 'C'와 'D'로 구분하는 기준이다. 즉 'A는 B라는 기준에 따라 C와 D로 나눌 수 있다.'라는 의미이다.

ⓒ 'A 하거나 B'는 'A나 B 둘 중에 하나'라는 의미이다.

ⓓ 'A지 않는다면, B 할 수도 있다.'는 'A지 않는다면, B라는 방법도 있다.'라는 의미이다.

ⓔ 'A. 이와 달리 B.'는 A와 B의 차이점에 초점을 맞춰 설명할 때 쓴다. '이와 달리' 대신에 '한편', '반면에' 등이 쓰일 때도 마찬가지이다.

ⓕ 'A가 원칙이지만, B이기도 하다.'는 A가 원칙이지만, B도 허용한다는 의미이다. 따라서 결국은 'A와 B 모두 가능하다'는 의미이다.

ⓖ 'A를 할 때에는 B에 의한다.'는 'A를 할 때에는 B에 따른다.'라는 의미이다.

행정상 손해전보는 행정작용 때문에 개인에게 손해나 손실이 발생하면(ⓐ) 국가나 자치단체가 이를 금전적으로 갚아 주는 제도이다. 이는 배상 및 보상의 원인에 따라 '행정상 손해배상(損害賠償)'과 '행정상 손실보상(損失補償)'으로 구분된다.(ⓑ)

행정상 손해배상은 위법한 행정작용 때문에 발생한 손해를 구제하는 것이다. 이러한 배상은 공무원의 위법한 직무행위로 인해 발생한 손해와 영조물의 설치·관리 하자로 인해 발생한 손해에 대해 이루어진다. 손해배상을 받고자 할 때에는 배상심의회에 배상금 지급을 신청하거나 법원에 소송을 제기해야 한다.(ⓒ) 배상심의회에 지급 신청을 한 경우, 배상심의회의 결정을 신청자가 받아들이지 않는다면 법원에 소송을 제기할 수도 있다.(ⓓ) 이와 달리 행정상 손실 보상은 공공을 위한 적법한 행정작용 때문에 발생한 국민의 재산상 손실을 구제하는 것이다.(ⓔ) 이는 사회 전체가 그 손실을 공평하게 부담해야 한다는 입장에서 마련된 제도이다. 행정상 손실보상은 현금 보상을 원칙으로 하지만 물건으로 보상하기도 한다.(ⓕ) 보상액을 결정할 때에는 대개 당사자 간의 협의에 의하기도 하고(ⓖ), 협의가 성립되지 않을 때에는 행정기관에 결정을 내려줄 것을 요청할 수 있다. 만약 행정기관의 결정 절차를 거치고도 보상 문제가 해결되지 않는다면 이의 신청을 하거나 바로 법원에 소송을 제기할 수 있다.

01

괄호 속에 알맞은 말을 넣으시오.

(1) 행정상 손해전보의 (　　　) : 배상 및 보상의 원인

(2) 행정상 손실보상의 (　　　) : 현금 보상, 물건 보상

🔍 정답 |
01 (1) 구분 기준
　(2) 방법

02

제시된 글의 내용을 표로 정리한 것이다. 빈칸에 알맞은 말을 넣으시오.

[행정상 손해배상과 행정상 손실보상]			
1문단	행정상 손해전보의 개념	행정작용 때문에 개인에게 손해나 손실이 발생하면 국가나 자치단체가 이를 금전적으로 갚아 주는 제도	
	행정상 손해전보의 종류	ⓐ ( ) ⓑ ( ) → 기준: 배상 및 보상이 원인	
2문단		행정상 손해배상	행정상 손실보상
	( )	위법한 행정작용 때문에 발생한 손해를 구제하는 것	공공을 위한 적법한 행정작용 때문에 발생한 국민의 재산상 손실을 구제하는 것
	배상 대상	ⓐ 공무원의 위법한 직무행위로 인해 발생한 손해 ⓑ 영조물의 설치·관리 하자로 인해 발생한 손해	
	도입 취지		사회 전체가 그 손실을 ( )하게 부담해야 한다는 입장에서 마련된 제도
	보상 방법		ⓐ 현금 보상 ([ ]) ⓑ 물건 보상
	신청 절차	ⓐ 배상심의회에 배상금 지급 신청 ⓑ 법원에 소송 제기	ⓐ 당사자간 협의 ⓑ 행정기관에 요청 ⓒ 이의 신청 혹은 법원에 소송 제기

03

제시된 글에서 다룬 내용이 아닌 것은?

2015학년도 11월 고2 전국연합학력평가 변형

① 행정상 손해배상의 대상
② 행정상 손해배상의 한계
③ 행정상 손실보상의 방법
④ 행정상 손실보상의 도입 취지

우리의 민속악을 성악곡과 기악곡으로 크게 나누고 각각 대표적인 음악을 꼽는다면 단연 판소리와 산조를 들 수 있다. 서민들의 애환과 사랑, 솔직한 감정을 사람의 목소리를 빌려 진하게 토해 내는 것이 판소리라면 산조는 악기 소리로 풀어헤쳐 놓는 것이라 하겠다.

산조란 허튼 가락, 허드레 가락, 또는 흐드러진 가락이라는 뜻이다. 즉, 악기의 특성을 최대한 살려 한껏 흥겹게 연주하는 음악이 산조이다. 좀 더 구체적으로 말하면 남도 지방의 무속음악인 시나위 가락을 장단이라는 틀에 넣어 연주하는 기악 독주곡 형식이 산조이다. 시나위에서 비롯된 산조는 자유로움을 추구하는 그 본질은 시나위와 같되 비교적 형식을 갖추고 있다.

산조는 기악 독주곡이다. 따라서 한 사람이 하나의 악기를 가지고 연주하되 장구 반주가 따른다. 고수는 장구만 치지 않고 간간이 추임새를 넣어 연주자의 흥을 돋운다. 산조를 듣는 관객들도 악기의 연주 소리에 흥이 나면 추임새로 감동을 표현한다. 관객의 추임새를 통해 연주자는 더욱 흥을 내 연주에 몰두할 수 있게 된다. 판소리에서와 마찬가지로 추임새는 연주자와 고수와 관객을 하나로 맺어 주는 우리 음악만의 소중한 기능을 한다.

산조의 구성은 연주하는 사람과 악기, 주어진 시간 등에 따라 조금씩 차이가 있지만 대개 아주 느린 진양조장단으로 시작해 중모리장단, 중중모리장단으로 조금씩 빨라지다가 자진모리장단, 혹은 휘모리장단, 단모리장단까지 이어지면서 매우 빠른 장단으로 끝난다. 듣는 사람을 신명의 극단으로 이끌어 올리기에 적합하게 구성되어 있는 것이다. 즉, 느린 진양조장단을 들으면서 사람들은 서서히 현실의 상념에서 벗어나 가락의 세계에 빠져든다. 그때쯤 음악은 중모리장단, 중중모리장단으로 넘어가면서 육체를 벗어던진 영혼을 한바탕 춤판으로 이끈다. 자신을 잊고 너울너울 마음속으로 춤을 추는 사이, 어느덧 가락은 숨 가쁜 자진모리장단을 타고 헐떡거리며 자지러진다. 이렇듯 산조 가락이 절정에 이르렀을 때 관객은 현실의 괴로움을 잊고 타는 듯한 희열에 빠져든다.

산조에는 여러 유파가 있다. 이는 산조가 스승에게서 배운 대로만 연주하는 것이 아님을 말해 준다. 배운 것을 재창조해 또 다른 자기 세계의 음악을 이루어내면 그대로 새로운 음악이 되는 것이 산조이다. 그야말로 무궁무진한 가락의 보물 창고이다. 이런 점에서 볼 때 산조는 그 시대를 살아가는 전문 예술가들이 시대에 맞는 음악적 감성으로 끊임없이 만들어 가야 할 음악 형식이라 하겠다.

01

괄호 속에 알맞은 말을 넣으시오.

(1) **산조의 (　　　　)**: 악기의 특성을 최대한 살려 한껏 흥겹게 연주하는 음악

(2) **고수의 (　　　　)**: 장구를 치고, 간간이 추임새를 넣어 연주자의 흥을 돋운다.

02

제시된 글의 내용을 표로 정리한 것이다. 빈칸에 알맞은 말을 넣으시오.

[산조의 개념과 특징]

1문단	민속악의 분류			
			성악곡	기악곡
	대표적 음악		판소리	산조
	( )		ⓐ 솔직한 감정을 표현함. ⓑ 추임새가 있음.(3문단)	
	차이점		목소리를 통해 표현함.	악기 소리를 통해 표현함.

2문단	산조의 ( )	ⓐ 허튼 가락, 허드레 가락, 또는 흐드러진 가락 ⓑ 악기의 특성을 최대한 살려 한껏 흥겹게 연주하는 음악 ⓒ 시나위 가락을 장단이라는 틀에 넣어 연주하는 기악 독주곡 ↳ 남도 지방의 무속음악

3문단	산조의 특징	ⓐ 기악 독주곡이다. → 연주자, ( )(장구 반주), 관객 ＊추임새의 기능: ‘연주자 – 고수 – 관객’을 하나로 맺어줌.
4문단		ⓑ 일정한 ( )이 있다. 시작　아주 느린 장단　진양조장단 ↓　　조금씩 빠른 장단　중모리장단, 중중모리장단 끝　　매우 빠른 장단　자진모리장단, 휘모리장단, 단모리장단
5문단		ⓒ 여러 ( )가 있다. → 무궁무진한 가락의 보물 창고
	산조의 의의	그 시대를 살아가는 전문 예술가들이 시대에 맞는 음악적 감성으로 끊임없이 만들어 가야 할 음악 형식

03

제시된 글에서 언급되지 않은 것은?

2009학년도 11월 고1 전국연합학력평가 변형

① 산조의 연주 방식
② 산조의 구성과 장단
③ 산조의 개념과 유파별 특성
④ 산조와 판소리의 공통점과 차이점

03
선지에 ‘산조’가 반복되고 있다. 단락별로 잘라서 읽으면서 선지의 내용이 지문에 있는지 확인하면서 읽는다.

2문단에 ‘산조의 개념’을 언급하였고, 5문단에 산조에 여러 유파가 있다고 언급하고 있으나. 그러나 구체적으로 어떤 유파가 있고, 그 유파의 특징이 무엇인지는 언급하고 있지 않다.

오답 체크

① 3문단의 "한 사람이 하나의 악기를 가지고 연주하되 장구 반주가 따른다. 고수는 장구만 치지 않고 간간이 추임새를 넣어 연주자의 흥을 돋운다. 산조를 듣는 관객들도 악기의 연주 소리에 흥이 나면 추임새로 감동을 표현한다. 관객의 추임새를 통해 연주자는 더욱 흥을 내 연주에 몰두할 수 있게 된다." 부분에서 산조의 연주 방식을 확인할 수 있다.

② 4문단의 "산조의 구성은 연주하는 사람과 악기, 주어진 시간 등에 따라 조금씩 차이가 있지만 대개 아주 느린 진양조장단으로 시작해 중모리장단, 중중모리장단으로 조금씩 빨라지다가 자진모리장단, 혹은 휘모리장단, 단모리장단까지 이어지면서 매우 빠른 장단으로 끝난다." 부분에서 산조의 구성과 장단을 확인할 수 있다.

④ 1문단의 "서민들의 애환과 사랑, 솔직한 감정을 사람의 목소리를 빌려 진하게 토해 내는 것이 판소리라면 산조는 악기 소리로 풀어 헤쳐 놓는 것이라 하겠다."와 3문단의 "판소리에서와 마찬가지로 추임새는 연주자와 고수와 관객을 하나로 맺어 주는 우리 음악만의 소중한 기능을 한다." 부분에서 산조와 판소리의 공통점과 차이점을 확인할 수 있다.

정답ㅣ
02 공통점, 개념, 고수, 구성, 유파
03 ③

PART I 내용 일치 **77**

신(神)의 한 수 독해편

★ PART ★

II

내용 추론

내용 추론 유형

유형 분석

주어진 글에 담긴 여러 정보들 속에 숨겨져 있는 정보들까지 찾아낼 수 있는지를 확인하는 유형이다. 내용 일치 유형과 비슷하지만, 숨어 있는 정보까지 찾아내야 한다는 점에서 보다 세밀한 읽기를 요한다. 선지는 숨겨진 정보만을 묻는 경우도 있지만, 때로는 내용 일치 자체를 묻는 선지도 섞여 있는 경우가 있다. 따라서 선지에 제시된 추론의 내용이 타당한지 판단하면서 글을 읽으면 된다.

대표 발문

- 제시된 글에 대한 이해로 적절한 것은?
- 제시된 글을 통해 추론한 생각으로 적절하지 않은 것은?

유형 정복 비법

비법 2. CUT+α의 법칙

글의 내용 추론은 글의 내용 이해를 바탕으로 한다. 따라서 내용 추론 유형을 정복하기 위해서는 '내용 일치 유형'과 마찬가지로 '잘라서 읽기'를 통해 세부 내용을 파악할 필요가 있다. 차이가 있다면, '내용 추론 유형'은 파악한 세부 내용들을 조합하여, 글 속에 표면적으로 드러나지 않은, 숨어 있는 정보들을 찾아내면 된다.

'내용 일치 유형'과 마찬가지로 '개념어에 동그라미 치기', '수식어에 괄호 치기', '표지 확인하기' 등의 방법을 사용하면 된다.

STEP 1 문장을 각자의 방법대로 잘라 읽고 내용을 정리해 보자. 그리고 가능하다면, 숨어진 정보까지 찾아내 보자.

> 조선은 양·천이라는 법적 구분 아래 사회 구성원은 상급 신분층인 양반 계층, 의관·역관과 같은 기술관이나 서얼 등의 중인 계층, 양인 중 수가 가장 많았던 평민 계층, 노비가 주류인 천민 계층으로 나뉘었다.

☑

> 중국에서 제도를 빌려 왔지만 우리의 성씨 제도는 그들과 달리 성(姓)과 본관(本貫)으로 구성되어 있다. 중국에서는 성씨가 같으면 동족이지만 우리는 원칙적으로 성씨가 같아도 본관이 다르면 남남이다. 따라서 성씨 그 자체보다도 본관에 더 중요한 의미가 있다.

☑

> 화폐란 지폐나 동전, 수표, 신용 카드 등의 형태로 된 지불 수단이다. 과거에는 주로 상품과 상품을 직접 맞바꿔 거래했으나 오늘날에는 화폐를 이용해서 재화와 서비스 등의 생산물뿐만 아니라 노동력이나 토지 등과 같은 생산 요소까지 거래한다.

☑

잘 잘라서 읽었는지 확인해 보자.

> 조선은 양·천이라는 법적 구분 아래 사회 구성원은 상급 신분층인 양반 계층, (의관·역관과 같은) 기술관이나 서얼 등의 중인 계층, 양인 중 수가 가장 많았던 평민 계층, 노비가 주류인 천민 계층으로 나뉘었다.

☑ 양반 계층은 가장 상급 계층이었다.

☑ 중인 계층에는 의관, 역관, 서얼 등이 있었다.

☑ (의관과 역관)은 기술관으로 묶을 수 있다.

☑ 평민 계층에는 양인이 있다.

☑ 천민 계층에는 노비가 있다.
　　　　　　　　　　　　┌─ 양반, 중인, 평민, 천민
☑ 조선의 사회 구성원은 네 계층으로 나뉘었다.

　　　　　　　　　　　　　　　　　　　┌─ 중국
> 중국에서 제도를 빌려 왔지만 우리의 성씨 제도는 그들과 달리 성(姓)과 본관(本貫)으로 구성되어 있다. 중국에서는 성씨가 같으면 동족이지만 우리는 원칙적으로 성씨가 같아도 본관이 다르면 남남이다. 따라서 성씨 그 자체보다도 본관에 더 중요한 의미가 있다.

☑ 성씨 제도의 유래: 중국

☑ 중국과 우리나라 성씨 제도의 차이점 1: 중국과 달리 우리나라는 성과 본관으로 이루어져 있다.

☑ 중국과 우리나라 성씨 제도의 차이점 2: 중국과 달리 우리나라에서는 본관이 성씨보다 더 중요했다.

☑ 성씨에 대한 중국인들의 생각: 성씨가 같으면 동족이다.

☑ 성씨에 대한 우리나라 사람들의 생각: 성씨가 같아도 본관이 다르면 남이다.

> 화폐란 지폐나 동전, 수표, 신용 카드 등의 형태로 된 지불 수단이다. 과거에는 주로 상품과 상품을 직접 맞바꿔 거래했으나 오늘날에는 화폐를 이용해서 재화와 서비스 등의 생산물뿐만 아니라 노동력이나 토지 등과 같은 생산 요소까지 거래한다.
　　　　　　　　　　　　　　　　　　　　　　　　　　　┌─ 눈에 보이지 않는 것

☑ 화폐의 개념: 지폐나 동전, 수표, 신용 카드 등의 형태로 된 지불 수단

☑ 화폐로 거래하는 품목의 변화

☑ 오늘날의 특징: 화폐로 눈에 보이지 않는 것들도 거래할 수 있다.

이번에는 'STEP 2'를 모방해서 잘라 읽기를 해 보자.

도시에서는 관찰하기 힘들지만 시골의 밤하늘에서는 가끔 유성이 나타난다. 우주 공간을 떠도는 암석이 유성체라면, 이 암석이 지구 중력에 이끌려서 대기권에 진입하면 유성이 된다. 유성은 대기와의 마찰로 빛을 내며 녹게 되고, 그 남은 덩어리가 땅에 떨어져 운석이 된다.

☑

아테네의 직접 민주주의는 적은 인구의 작은 도시 국가였기에 가능하였다. 그리스인들은 그리스 전역, 이탈리아 남부와 시실리, 지중해의 다른 해안으로 퍼져 나갔지만 그들은 통일된 정부를 두려 하거나 제국을 만들려 하지 않았다. 어디를 가든 그들은 도시 국가 형태의 폴리스를 만들었고, 어느 폴리스도 도시 국가 이상으로 커 나가지 않았다.

☑

일반적으로 한 국가에는 하나의 중앙은행이 있는데, 우리나라의 중앙은행은 1950년 6월에 창립된 한국은행이다. 중앙은행은 일반 은행이 사람들에게 예금을 지급하지 못하는 상황을 막기 위해 예금의 일정 부분을 강제로 맡기게 하고, 맨 마지막에 일반 은행에 돈을 빌려 주는 역할을 한다.

☑

빅데이터는 그 규모가 매우 큰 데이터를 말하는데, 이는 단순히 데이터의 양이 매우 많다는 것뿐 아니라 데이터의 복잡성이 매우 높다는 의미도 내포되어 있다. 데이터의 복잡성이 높다는 말은 데이터의 구성 항목이 많고 그 항목들의 연결 고리가 함께 수록되어 있다는 것을 의미한다. 데이터의 복잡성이 높으면 다양한 파생 정보를 끌어낼 수 있다.

유아기부터 노년기에 이르기까지 누구나 겪게 되는 기본적인 욕구에 대해서는 보편적 복지를 제공하는 것이 사회 통합적 차원에서 바람직하다. 이러한 경우에 해당하는 것으로 대표적으로 의료 서비스와 보육 서비스가 있다. 부자이건 가난한 사람이건 건강하게 살고 싶은 욕구가 있고, 아동들도 질 좋은 보육을 받고 싶은 욕구가 있다. 또한 우리나라에서 보편적 보육 서비스는 저출산 문제를 해결하는 가장 현실적인 방안이 될 수 있다.

도시에서는 관찰하기 힘들지만 시골의 밤하늘에서는 가끔 유성이 나타난다. 우주 공간을 떠도는 암석이 유성체라면, 이 암석이 지구 중력에 이끌려서 대기권에 진입하면 유성이 된다. 유성은 대기와의 마찰로 빛을 내며 녹게 되고, 그 남은 덩어리가 땅에 떨어져 운석이 된다.
└─ 마찰이 없으면 녹지 않을 것이다.

☑ 운석이 만들어지는 과정: 유성체 → 유성 → 운석
☑ 유성이 녹는 이유: 대기와의 마찰 때문에
☑ 지구에 대기가 없다면, 더 많은 운석이 발견될 것이다.

아테네의 직접 민주주의는 적은 인구의 작은 도시 국가였기에 가능하였다. 그리스인들은 그리스 전역, 이탈리아 남부와 시실리, 지중해의 다른 해안으로 퍼져 나갔지만 그들은 통일된 정부를 두려 하거나 제국을 만들려 하지 않았다. 어디를 가든 그들은 도시 국가 형태의 폴리스를 만들었고, 어느 폴리스도 도시 국가 이상으로 커 나가지 않았다.

☑ 아테네에 직접 민주주의가 가능했던 이유: 적은 인구의 도시 국가였기 때문에
☑ 폴리스가 있었던 지역: 그리스 전역, 이탈리아 남부와 시실리, 지중해의 다른 해안 등

일반적으로 한 국가에는 하나의 중앙은행이 있는데, 우리나라의 중앙은행은 1950년 6월에 창립된 한국은행이다. 중앙은행은 일반 은행이 사람들에게 예금을 지급하지 못하는 상황을 막기 위해 예금의 일정 부분을 강제로 맡기게 하고, 맨 마지막에 일반 은행에 돈을 빌려 주는 역할을 한다.

☑ 우리나라의 중앙은행: 1950년 6월 창립된 한국은행
☑ 중앙은행의 역할: 예금의 일정 부분을 강제로 맡고, 맨 마지막에 은행에 돈을 빌려줌.
☑ 일반 은행과 중앙은행의 관계: 일반 은행은 예금의 일정 금액을 중앙은행에 맡겨야 한다.

빅데이터는 그 규모가 매우 큰 데이터를 말하는데, 이는 단순히 데이터의 양이 매우 많다는 것뿐 아니라 데이터의 복잡성이 매우 높다는 의미도 내포되어 있다. 데이터의 복잡성이 높다는 말은 데이터의 구성 항목이 많고 그 항목들의 연결 고리가 함께 수록되어 있다는 것을 의미한다. 데이터의 복잡성이 높으면 다양한 파생 정보를 끌어낼 수 있다.

☑ 빅데이터의 의미: 규모가 매우 큰 데이터
☑ 빅데이터의 특징 1: 빅데이터를 구성하는 데이터의 양은 매우 많다.
☑ 빅데이터의 특징 2: 빅데이터를 구성하는 데이터의 복잡성은 매우 높다.
☑ 데이터의 복잡성이 높다는 말의 의미: 데이터의 구성 항목이 많고 그 항목들의 연결 고리가 함께 수록되어 있다.
☑ **복잡성이 높은 데이터의 특징: 다양한 파생 정보를 끌어낼 수 있다.**

유아기부터 노년기에 이르기까지 누구나 겪게 되는 기본적인 욕구에 대해서는 보편적 복지를 제공하는 것이 사회 통합적 차원에서 바람직하다. 이러한 경우에 해당하는 것으로 대표적으로 의료 서비스와 보육 서비스가 있다. 부자이건 가난한 사람이건 건강하게 살고 싶은 욕구가 있고, 아동들도 질 좋은 보육을 받고 싶은 욕구가 있다.
　　　　　　　　　　　　　　　　→ 의료 서비스　　　　　　　　　　　　　　　　→ 보육서비스
또한 우리나라에서 보편적 보육 서비스는 저출산 문제를 해결하는 가장 현실적인 방안이 될 수 있다.
　　　　　　　　　　　　　　　　　　└──　　→ 보육서비스
　　　　　　　　　　　　　우리나라는 저출산 문제를 겪는다.

☑ 보편적 복지를 제공하는 것이 바람직한 경우: 누구나 겪게 되는 기본적인 욕구에 대해서
☑ 기본적 욕구에 대해 보편적 복지를 실시해야 하는 이유: 사회 통합적 차원에서
☑ 보편적 복지를 제공하는 것이 바람직한 경우의 **구체적인 예: 의료 서비스, 보육 서비스**
☑ 의료 서비스 분야에 보편적 복지를 실시해야 하는 이유: 부자이건 가난한 사람이건 건강하게 살고 싶은 욕구가 있다.
☑ **보육 서비스 분야**에 보편적 복지를 실시해야 하는 이유 1: **아동들도 질 좋은 보육을 받고 싶은 욕구가 있다.**
☑ **보육 서비스 분야**에 보편적 복지를 실시해야 하는 이유 2: **저출산 문제를 해결하는 현실적인 방안**이다.
☑ 우리나라는 저출산 문제를 겪고 있다.

포도주는 유럽 문명을 대표하는 술이자 동시에 음료수다. 우리는 대개 포도주를 취하기 위해 마시는 술로만 생각하기 쉬우나 유럽에서는 물 대신 마시는 '음료수'로서의 역할이 크다. 유럽의 많은 지역에서는 물이 워낙 안 좋아서 맨 물을 그냥 마시면 위험하기 때문에 제조 과정에서 안전성이 보장된 포도주나 맥주를 마시는 것이다. 이런 용도로 일상적으로 마시는 식사용 포도주로는 당연히 고급 포도주와는 다른 저렴한 포도주가 쓰이며, 술이 약한 사람들은 여기에 물을 섞어서 마시기도 한다.

☑

소비의 확대와 함께, 포도주의 생산을 다른 지역으로 확산시키려는 노력도 계속되어 왔다. 포도주 생산의 확산에서 가장 큰 문제는 포도 재배가 추운 북쪽 지역으로 확대되기 힘들다는 점이다. 자연 상태에서는 포도가 자라는 북방 한계가 이탈리아 정도에서 멈춰야 했지만, 중세 유럽에서 수도원마다 온갖 노력을 기울인 결과 포도 재배가 상당히 북쪽까지 올라갔다. 대체로 대서양의 루아르강 하구로부터 크림반도와 조지아를 잇는 선이 상업적으로 포도를 재배할 수 있는 북방한계선이다.

☑

적정한 기온은 포도주 생산 가능 여부뿐 아니라 생산된 포도주의 질을 결정하는 중요한 요인이다. 너무 추운 지역이나 너무 더운 지역에서는 포도주의 품질이 떨어질 수밖에 없다. 추운 지역에서는 포도에 당분이 너무 적어서 그것으로 포도주를 담그면 신맛이 강하게 된다. 반면 너무 더운 지역에서는 섬세한 맛이 부족해서 '흐물거리는' 포도주가 생산된다(그 대신 이를 잘 활용하면 포르토나 셰리처럼 도수를 높인 고급 포도주를 만들 수 있다). 그러므로 고급 포도주 주요 생산지는 보르도나 부르고뉴처럼 너무 덥지도 않고 너무 춥지도 않은 곳이다. 다만 달콤한 백포도주의 경우는 샤토 디켐(Château d'Yquem)처럼 뜨거운 여름 날씨가 지속하는 곳에서 명품이 만들어진다.

☑

포도주의 수요는 전 유럽적인 데 비해 생산은 이처럼 지리적으로 제한됐기 때문에 포도주는 일찍부터 원거리 무역 품목이 됐고, 언제나 고가품 취급을 받았다. 그런데 한 가지 기억해야 할 점은 이렇게 수출되는 고급 포도주는 오래된 포도주가 아니라 바로 그해에 만든 술이라는 점이다. 우리는 포도주는 오래될수록 좋아진다고 믿는 경향이 있지만, 대부분의 백포도주 혹은 중급 이하 적포도주는 시간이 지날수록 오히려 품질이 떨어진다. 시간이 흐를수록 품질이 개선되는 것은 일부 고급 적포도주에만 한정된 이야기이며, 그나마 포도주를 병에 담아 코르크 마개를 끼워 보관한 이후의 일이다.

☑

포도주는 유럽 문명을 대표하는 술이자 동시에 음료수다. 우리는 대개 포도주를 취하기 위해 마시는 술로만 생각하기 쉬우나 유럽에서는 물 대신 마시는 '음료수'로서의 역할이 크다. 유럽의 많은 지역에서는 물이 워낙 안 좋아서 맨 물을 그냥 마시면 위험하기 때문에 제조 과정에서 안전성이 보장된 포도주나 맥주를 마시는 것이다. 이런 용도로 일상적으로 마시는 식사용 포도주로는 당연히 고급 포도주와는 다른 저렴한 포도주가 쓰이며, 술이 약한 사람들은 여기에 물을 섞어서 마시기도 한다.
└─ 저렴한 포도주

☑ 포도주의 특징: 유럽 문명을 대표하는 술이자 동시에 음료수이다.

☑ 포도주에 대한 우리와 유럽 사람들의 인식 차이: 우리나라는 술로 생각하지만, 유럽에서는 음료수 역할이 크다.

☑ **유럽에서 포도주나 맥주를 많이 마시는 이유: 유럽의 많은 지역의 물이 안 좋기 때문에**

☑ 가격별 포도주의 쓰임: 식사용으로는 저렴한 포도주가 쓰인다.

소비의 확대와 함께, 포도주의 생산을 다른 지역으로 확산시키려는 노력도 계속되어 왔다. 포도주 생산의 확산에서 가장 큰 문제는 포도 재배가 추운 북쪽 지역으로 확대되기 힘들다는 점이다. 자연 상태에서는 포도가 자라는 북방 한계가 이탈리아 정도에서 멈춰야 했지만, 중세 유럽에서 수도원마다 온갖 노력을 기울인 결과 포도 재배가 상당히 북쪽까지 올라갔다. 대체로 (대서양의 루아르강 하구로부터 크림반도와 조지아를 잇는 선)이 상업적으로 포도를 재배할 수 있는 북방한계선이다.

☑ 포도주 생산 지역 확산시키려고 노력한 이유: 포도주의 소비가 확대되었기 때문에

☑ 포도 재배의 특징: 추운 북쪽에서는 자라기 힘들다.

☑ 자연 상태의 포도가 자라는 북방 한계선: 이탈리아 정도

☑ 상업적으로 포도를 재배할 수 있는 북방 한계선: (대서양의 루아르강 하구로부터 크림반도와 조지아를 잇는 선)

☑ 중세 유럽 시기 포도 재배의 북방 한계선이 올라갔다.

적정한 기온은 포도주 생산 가능 여부뿐 아니라 생산된 포도주의 질을 결정하는 중요한 요인이다. 너무 추운 지역이나 너무 더운 지역에서는 포도주의 품질이 떨어질 수밖에 없다. 추운 지역에서는 포도에 당분이 너무 적어서 그것으로 포도주를 담그면 신맛이 강하게 된다. 반면 너무 더운 지역에서는 섬세한 맛이 부족해서 '흐물거리는' 포도주가 생산된다(그 대신 이를 잘 활용하면 포르토나 셰리처럼 도수를 높인 고급 포도주를 만들 수 있다). 그러므로 고급 포도주 주요 생산지는 (보르도나 부르고뉴)처럼 너무 덥지도 않고 너무 춥지도 않은 곳이다. 다만 달콤한 백포도주의 경우는 샤토 디켐(Château d'Yquem)처럼 뜨거운 여름 날씨가 지속하는 곳에서 명품이 만들어진다.

☑ 포도주와 기온의 관계: 포도주 생산 가능 여부와 포도주의 질을 결정한다.

☑ 추운 지역에서 자란 포도로 만든 포도주 특징: 당분이 적어서 신맛이 강하다.

☑ 더운 지역에서 자란 포도로 만든 포도주의 특징: 섬세한 맛이 부족하다. 잘 활용하면 도수를 높인 고급 포도주를 만들 수 있다.

☑ **고급 포도주의 주요 생산지:** (보르도, 브르고뉴)

☑ **고급 포도주의 주요 생산지의 환경: 너무 덥지도 않고 너무 춥지도 않은 곳이다.**

☑ 더운 지역에서도 만들어지는 고급 포도주: 샤토 티켐

☑ 샤토 티켐의 특징: 뜨거운 여름 날씨가 지속하는 곳에서 명품이 만들어진다.

　　포도주의 수요는 전 유럽적인 데 비해 생산은 이처럼 지리적으로 제한됐기 때문에 포도주는 일찍부터 원거리 무역 품목이 됐고, 언제나 고가품 취급을 받았다. 그런데 한 가지 기억해야 할 점은 이렇게 수출되는 고급 포도주는 오래된 포도주가 아니라 바로 그해에 만든 술이라는 점이다. 우리는 포도주는 오래될수록 좋아진다고 믿는 경향이 있지만, 대부분의 백포도주 혹은 중급 이하 적포도주는 시간이 지날수록 오히려 품질이 떨어진다. 시간이 흐를수록 품질이 개선되는 것은 일부 고급 적포도주에만 한정된 이야기이며, 그나마 포도주를 병에 담아 코르크 마개를 끼워 보관한 이후의 일이다.

☑ 포도주의 특징: 원거리 무역 품목이 됐고, 고가품 취급을 받았다.

☑ 수출되는 포도주의 특징: 그해 만든 술

☑ 포도주에 대한 사람들의 통념: 오래될수록 좋아진다.

☑ 포도주의 품질과 시간의 관계: **대부분의 백포도주, 중급 이하의 적포도주는 시간이 지날수록 품질이 떨어진다. 예외는 일부 고급 적포도주뿐이다.**

☑ 일부 고급 적포도주가 시간이 흐를수록 품질이 개선된 시기: 포도주를 병에 담아 코르크 마개를 끼워 보관한 이후

'STEP 5'의 문장들은 2021년 지방직 9급에 나온 지문을 4개로 나눠 놓은 것이다. 내용을 모두 파악했기 때문에 어렵지 않게 문제를 해결할 수 있을 것이다. 2021년 지방직 9급의 문제를 풀어 보자.

🕐 시간 ◼◼ 분

ⓐ 'A는 B이자 (동시에) C이다.'는 'A는 B이면서, C이기도 하다.'라는 의미이다. 따라서 A가 B와 C의 특징을 모두 가지고 있다는 의미이다.
ⓑ 'A여서 B 때문에 C한다.'는 'A이기 때문에 B이다. 그리고 B 때문에 C이다.'라는 의미이다. 결국 B는 A의 결과이면서, 다시 C의 원인(까닭)이기도 하다.
ⓒ 'A는 B뿐만 아니라 C를 결정한다.'는 A가 B와 C를 모두 결정한다는 의미이다.
ⓓ 'A. 그러므로 B.'에서 A는 B의 이유나 원인, 근거이다. 그리고 B는 A의 결과, 주장이다.
ⓔ 'A. 다만 B'는 'A가 일반적이지만, B는 예외이다.'라는 의미이다.
ⓕ 'A는 B가 아니라 C'에서 B와 C가 같이 제시되어 있지만, 글쓴이의 초점은 C이다. 결국 'A는 C이다.'로 봐도 무방하다.
ⓖ 'A. 그나마 B.'는 'A인데, A마저도 B이다.'라는 의미이다.

제시된 글에서 추론할 수 있는 것은?

포도주는 유럽 문명을 대표하는 술이자 동시에 음료수다.(ⓐ) 우리는 대개 포도주를 취하기 위해 마시는 술로만 생각하기 쉬우나 유럽에서는 물 대신 마시는 '음료수'로서의 역할이 크다. 유럽의 많은 지역에서는 물이 워낙 안 좋아서 맨 물을 그냥 마시면 위험하기 때문에 제조 과정에서 안전성이 보장된 포도주나 맥주를 마시는 것이다.(ⓑ) 이런 용도로 일상적으로 마시는 식사용 포도주로는 당연히 고급 포도주와는 다른 저렴한 포도주가 쓰이며, 술이 약한 사람들은 여기에 물을 섞어서 마시기도 한다.

소비의 확대와 함께, 포도주의 생산을 다른 지역으로 확산시키려는 노력도 계속되어 왔다. 포도주 생산의 확산에서 가장 큰 문제는 포도 재배가 추운 북쪽 지역으로 확대되기 힘들다는 점이다. 자연 상태에서는 포도가 자라는 북방 한계가 이탈리아 정도에서 멈춰야 했지만, 중세 유럽에서 수도원마다 온갖 노력을 기울인 결과 포도 재배가 상당히 북쪽까지 올라갔다. 대체로 대서양의 루아르강 하구로부터 크림반도와 조지아를 잇는 선이 상업적으로 포도를 재배할 수 있는 북방한계선이다.

적정한 기온은 포도주 생산 가능 여부뿐 아니라 생산된 포도주의 질을 결정하는 중요한 요인이다.(ⓒ) 너무 추운 지역이나 너무 더운 지역에서는 포도주의 품질이 떨어질 수밖에 없다. 추운 지역에서는 포도에 당분이 너무 적어서 그것으로 포도주를 담그면 신맛이 강하게 된다. 반면 너무 더운 지역에서는 섬세한 맛이 부족해서 '흐물거리는' 포도주가 생산된다(그 대신 이를 잘 활용하면 포르토나 셰리처럼 도수를 높인 고급 포도주를 만들 수 있다). 그러므로 고급 포도주 주요 생산지는 보르도나 부르고뉴처럼 너무 덥지도 않고 너무 춥지도 않은 곳이다.(ⓓ) 다만 달콤한 백포도주의 경우는 샤토 디켐(Château d'Yquem)처럼 뜨거운 여름 날씨가 지속하는 곳에서 명품이 만들어진다.(ⓔ)

포도주의 수요는 전 유럽적인 데 비해 생산은 이처럼 지리적으로 제한됐기 때문에 포도주는 일찍부터 원거리 무역 품목이 됐고, 언제나 고가품 취급을 받았다. 그런데 한 가지 기억해야 할 점은 이렇게 수출되는 고급 포도주는 오래된 포도주가 아니라 바로 그해에 만든 술이라는 점이다.(ⓕ) 우리는 포도주는 오래될수록 좋아진다고 믿는 경향이 있지만, 대부분의 백포도주 혹은 중급 이하 적포도주는 시간이 지날수록 오히려 품질이 떨어진다. **시간이 흐를수록 품질이 개선되는 것은 일부 고급 적포도주에만 한정된 이야기이며, 그나마 포도주를 병에 담아 코르크 마개를 끼워 보관한 이후의 일이다.(ⓖ)**

① 고급 포도주는 모두 너무 덥지도 춥지도 않은 곳에서 재배된 포도로 만들어졌다.
② 루아르강 하구로부터 크림반도와 조지아를 잇는 선은 이탈리아보다 남쪽에 있을 것이다.
③ 유럽에서 일상적으로 마시는 식사용 포도주는 저렴한 포도주거나 고급 포도주에 물을 섞은 것이다.
④ 병에 담겨 코르크 마개를 끼운 고급 백포도주는 보관 기간에 비례하여 품질이 개선되지는 않을 것이다.

🔍 정답 | ④

기출 + 실전 문제로 독해 비법 익히기

1회독 _____ 월 _____ 일
2회독 _____ 월 _____ 일
3회독 _____ 월 _____ 일

신의 한 수

📈 기출 문제

기출 문제 **1** 독해 비법 익히기   🕐 **시간** ⬛⬛ **분**

🔍 Tip

항상.
1. 줄 긋기!
2. 단락 확인하기!

국제기구인 유엔은 영어, 중국어, 러시아어, 프랑스어, 스페인어, 아랍어 등이 공용어로 사용되나 그곳에 근무하는 모든 외교관들이 이 공용어들을 전부 다 잘해야 하는 것은 아니다. 유럽연합에서의 공용어 개념도 유엔에서의 경우와 마찬가지로 여러 공용어 중 하나만 알아도 공식 업무상 불편이 없게끔 한다는 것이지 모든 유럽연합인들이 열 개가 넘는 공용어를 전부 다 배워야 하는 것은 아니다.

마찬가지 논리로 우리가 만일 한국어와 영어를 공용어로 지정한다면 이는 한국에서는 한국어와 영어 중 어느 하나를 알기만 하면 공식 업무상 불편이 없게끔 국가에서 보장한다는 뜻이지 모든 한국인들이 영어를 할 줄 알아야 된다는 뜻은 아니다. 따라서 우리가 영어를 한국어와 함께 공용어로 지정하기만 하면 모든 한국인이 영어를 잘할 수 있게 되리라는 믿음은 공용어의 개념을 제대로 이해하지 못한 데서 오는 망상에 불과하다.

01

다음 진술이 바르면 ○, 바르지 않으면 ✕하라.

(1) 유엔에서 근무하는 외교관들은 적어도 1개 이상의 공용어에 능통하다.   ○ ✕

(2) 글쓴이는 영어 공용화가 되면 한국인들이 영어에 능숙해지는 것을 두려워하고 있다.
○ ✕

01

(1) 1문단의 "여러 공용어 중 하나만 알아도 공식 업무상 불편이 없게끔 한다는 것" 부분을 볼 때, 유엔에서 근무하는 외교관이라면 적어도 1개의 공용어에는 능통할 것을 추론할 수 있다.
(2) 글쓴이가 부정적으로 바라보는 것은 우리나라의 '영어 공용화론'이다. 이것만 가지고 한국인들이 영어에 능숙해지는 것을 두려워한다는 내용은 추론할 수 없다.

🔍 정답 |
01 (1) ○
   (2) ✕

02

제시된 글의 내용을 표로 정리한 것이다. 빈칸에 알맞은 말을 넣으시오.

[영어 공용화에 대한 회의(懷疑)]		
1문단	'유엔'과 '유럽연합'	(　　　)를 사용하지만, 모든 공용어를 잘할 필요는 없다.
	공용어의 목적	여러 공용어 중 하나만 알아도 공식 (　　　)상 불편함이 없게끔 보장하기 위해
2문단	전제	'유엔'과 '유럽연합' 그리고 '공용어의 제정 목적'을 볼 때, 영어를 공용화한다고 해서 한국인들이 영어가 능숙해져야 하는 건 아니다.
	주장	(　　　)를 잘하기 위해 영어 공용화를 주장하는 것은 잘못된 생각이다.

03

제시된 글에 대한 이해로 적절한 것은?

2021년 지방직 9급

① 유엔에서 근무하는 외교관들은 유엔의 공용어를 다 구사하지 않으면 안 된다.
② 유럽연합은 복수의 공용어를 지정하여 공무상 편의를 도모하였다.
③ 한국에서 영어를 공용어로 지정하면 한국인들은 영어를 다 잘할 수 있을 것이다.
④ 한국에서 머지않아 영어가 공용어로 지정될 것이다.

03

선지에 '공용어'가 반복되는 것을 볼 때, 결국 글에 제시된 '공용어'에 대한 정보를 잘 이해하는지 묻는 것이다. 따라서 '공용어'에 대한 정보를 파악하면서 글을 읽어 나간다.

1문단의 "유럽연합에서의 공용어 개념도 유엔에서의 경우와 마찬가지로 여러 공용어 중 하나만 알아도 공식 업무상 불편이 없게끔 한다는 것" 부분을 볼 때 적절한 이해이다.

오답 체크 ✏

① 1문단에서 "그곳(유엔)에 근무하는 모든 외교관들이 이 공용어들을 전부 다 잘해야 하는 것은 아니다."라고 하였다. 따라서 유엔에서 근무하는 외교관들은 유엔의 공용어를 다 구사하지 않으면 안 된다는 이해는 적절하지 않다.

③ 2문단에서 "우리가 영어를 한국어와 함께 공용어로 지정하기만 하면 모든 한국인이 영어를 잘할 수 있게 되리라는 믿음은 ~ 망상에 불과하다."라고 하였다. 따라서 한국에서 영어를 공용어로 지정하면 한국인들은 영어를 다 잘할 수 있을 것이라는 이해는 적절하지 않다.

④ 제시된 글에서는 2문단 시작에 '우리가 만일~지정한다면'이라고 가정하고 있을 뿐, 머지않아 영어가 공용어로 지정될 것이라는 내용은 나와 있지 않다. 글쓴이는 영어 공용화를 주장하는 사람들을 "망상에 불과하다."라고 표현하면서 강하게 비판하고 있는 것을 볼 때, 한국에서 영어를 공용화하자는 주장을 하는 사람이 있다는 정도만 짐작할 수 있다.

🔍 정답 |
02 공용어, 업무, 영어
03 ②

기출 문제 **2** 독해 비법 익히기 　　　　　🕐 시간 ■■ 분

> ⓐ 'A마다 B가 있다.'는 '각각의 A는 B를 가진다.'라는 의미이다.
> ⓑ 'A에 따라 B가 달라진다.'는 'A가 다르면 B가 달라진다.'라는 의미이다. 따라서 'A'는 'B'를 나누는 기준이 될 수 있다.
> ⓒ 'A는 B를 의미한다.'는 'A = B'라는 의미로, A를 풀어서 B라고 설명할 때 쓴다.
> ⓓ 'A이다. 그 예로 B와 C가 있다.'는 A의 구체적인 예가 B와 C라는 의미이다.
> ⓔ 'A는 B이고 C이다.'는 'A'의 특징으로 'B'와 'C'가 있다는 의미이다.
> ⓕ 'A는 유사하지만, B에는 차이가 있다.'는 'A라는 공통점이 있지만, B라는 차이점도 있다.'라는 의미이다. 주로 비교나 대조의 내용에서 자주 쓰이는 표현이다.
> ⓖ 'A는 B에 더 의존하는 반면 C는 D에 더 의존한다.'는 'A'와 'C'가 의존하는 대상이 각각 'B'와 'D'라는 점에서 차이가 있다는 의미이다. 이처럼 두 개 이상의 대상을 비교나 대조하는 경우, 각각의 특징을 바꿔서 선지에 제시할 확률이 높다.

> 　언어마다 고유의 표기 체계가 있는데(ⓐ), 이는 읽기 과정에 영향을 미친다. 알파벳 언어는 **표기 체계에 따라 철자 읽기의 명료성 수준이 달라진다.**(ⓑ) 철자 읽기가 명료하다는 것은 한 글자에 대응되는 소리가 규칙적이어서 글자와 소리의 대응이 거의 일대일이라는 것을 의미한다.(ⓒ) 그 예로 이탈리아어와 스페인어가 있다.(ⓓ) 이 두 언어의 사용자는 의미를 전혀 모르는 새로운 단어를 발견하더라도 보자마자 정확한 발음을 할 수 있다. 이에 비해 영어는 철자 읽기의 명료성이 낮은 언어이다. **영어는 발음이 아예 나지 않는 묵음과 같은 예외도 많은 편이고 글자에 대응하는 소리도 매우 다양하다.**(ⓔ)
> 　한편 알파벳 언어를 읽을 때 사용하는 뇌의 부위는 유사하지만 뇌의 부위에 의존하는 방식에는 차이가 있다.(ⓕ) 영어와 이탈리아어를 읽는 사람은 동일하게 좌반구의 읽기 네트워크를 사용한다. 하지만 **무의미한 단어를 읽을 때 영어를 읽는 사람은 암기된 단어의 인출과 연관된 뇌 부위에 더 의존하는 반면 이탈리아어를 읽는 사람은 음운 처리에 연관된 뇌 부위에 더 의존한다.**(ⓖ) 왜냐하면 무의미한 단어를 읽을 때 이탈리아어를 읽는 사람은 규칙적인 음운 처리 규칙을 적용하는 반면에, 영어를 읽는 사람은 암기해 둔 수많은 예외들을 떠올리기 때문이다.

01

다음 진술이 바르면 ○, 바르지 않으면 ×하라.

(1) 읽기 과정은 언어의 표기 체계에 영향을 미친다.　　　　　　　　○ ×

(2) 무의미한 단어를 읽을 때 이탈리아어와 스페인어를 읽는 사람은 음운 처리에 연관된 뇌 부위에 더 의존한다.　　　　　　　　○ ×

01

(1) 선후 순서가 바뀌었다. 1문단의 "언어마다 고유의 표기 체계가 있는데, 이는 읽기 과정에 영향을 미친다." 부분을 볼 때, 영향을 받는 건 '읽기 과정'이다.

(2) 2문단에서 "이탈리아어를 읽는 사람은 음운 처리에 연관된 뇌 부위에 더 의존한다. 왜냐하면 무의미한 단어를 읽을 때 이탈리아어를 읽는 사람은 규칙적인 음운 처리 규칙을 적용하는"이라고 하였다. 1문단에서 이탈리아어와 스페인어를 철자 읽기가 명료한 언어의 대표적인 예로 들었다. 따라서 두 언어가 모두 음운 처리에 연관된 뇌 부위에 의존한다는 추론은 옳다.

🔍 정답 |
01 (1) ×
　　(2) ○

02

제시된 글의 내용을 표로 정리한 것이다. 빈칸에 알맞은 말을 넣으시오.

[철자 읽기의 명료성 수준별 특징]			
1문단	• 알파벳 언어는 ( )에 따라 철자 읽기의 명료성 수준이 달라진다. 　└ **예** 이탈리아어, 스페인어, 영어 • 명료성 수준별 특징		

1문단 (표)

( ) 수준	높음	낮음
대표적인 예	이탈리아어, 스페인어	영어
의미	글자와 소리의 대응이 거의 일대일 → ( )	( )가 많고, 대응도 다양함. → 덜 규칙적
새로운 글자 읽기	정확한 발음 가능	정확한 발음 불가능

2문단

• 알파벳 언어를 읽을 때 사용하는 뇌의 부위는 ( )하지만 뇌의 부위에 의존하는 방식에는 ( )가 있다.

무의미한 단어를 읽을 때	이탈리아어	영어
사용하는 뇌의 부위	좌반구의 읽기 네트워크	
더 의존하는 부위	음운 처리에 연관된 뇌 부위 → 규칙적인 음운 처리 규칙을 적용하기 때문에	( )된 단어의 인출과 연관된 뇌 부위 → 암기해 둔 수많은 예외들을 떠올리기 때문에

03

제시된 글에 대한 이해로 적절하지 않은 것은?

2021년 국가직 9급

① 알파벳 언어의 철자 읽기는 소리와 표기의 대응과 관련되는데 각 소리가 지닌 특성은 철자 읽기의 명료성을 판단하는 기준이 된다.

② 영어 사용자는 무의미한 단어를 읽을 때 좌반구의 읽기 네트워크를 활용하면서 암기된 단어의 인출과 연관된 뇌 부위에 더욱 의존한다.

③ 이탈리아어는 소리와 글자의 대응이 규칙적이어서 낯선 단어를 발음할 때 영어에 비해 철자 읽기의 명료성이 높다.

④ 영어는 음운 처리 규칙에 적용되지 않는 예외들이 많아서 스페인어에 비해 소리와 글자의 대응이 덜 규칙적이다.

03

선지가 주로 인과 관계의 서술로 이루어져 있다. 따라서 지문의 정보를 인과 관계 중심으로 정리하면서 읽는다.

1문단에서 "알파벳 언어는 '표기 체계에 따라' 철자 읽기의 명료성 수준이 달라진다."라고 하였다. 따라서 '각 소리가 지닌 특성'이 철자 읽기의 명료성을 판단하는 기준이라는 설명은 적절하지 않다.

오답 체크

② 2문단의 "영어와 이탈리아어를 읽는 사람은 동일하게 좌반구의 읽기 네트워크를 사용한다. 하지만 무의미한 단어를 읽을 때 영어를 읽는 사람은 암기된 단어의 인출과 연관된 뇌 부위에 더 의존하는" 부분을 통해 알 수 있다.

③ 1문단의 "철자 읽기가 명료하다는 것은 한 글자에 대응되는 소리가 규칙적이어서 글자와 소리의 대응이 거의 일대일이라는 것을 의미한다. 그 예로 이탈리아어와 스페인어가 있다." 부분을 통해 알 수 있다.

④ 1문단의 "철자 읽기가 명료하다는 것은 한 글자에 대응되는 소리가 규칙적이어서 글자와 소리의 대응이 거의 일대일이라는 것을 의미한다. 그 예로 이탈리아어와 스페인어가 있다." 부분과 "영어는 발음이 아예 나지 않는 묵음과 같은 예외도 많은 편이고 글자에 대응하는 소리도 매우 다양하다." 부분을 통해 알 수 있다.

정답 |
02 표기 체계, 명료성, 규칙적, 예외, 유사, 차이, 암기
03 ①

기출 문제 **3** 독해 비법 익히기

⏱ **시간** ███ 분

기억은 '서술 기억'과 '절차 기억'으로 분류할 수 있다.

우리가 흔히 기억이라고 부르는 것은 서술 기억이다. 서술 기억은 의미, 이해, 개념을 기반으로 하는 지식에 대한 기억인 '의미 기억'과, 일화에 대한 기억인 '일화 기억'으로 구성된다. 일화 기억은 우리 자신과 관련이 있을 때만 우리가 그것을 기억하므로 '자전 기억'이라고도 한다. 다른 누군가가 본 영화를 우리가 기억할 수는 없다. 의미 기억과 일화 기억에 대한 예를 들자면, 프랑스어 지식은 의미 기억이고, 프랑스어 수업은 일화 기억이다.

이와 달리, 감각 또는 운동 기능에 대한 기억은 절차 기억 또는 '습관'이라고 한다. 플루트 연주곡을 익히는 것은 의미 기억인 반면, 플루트 연주법을 배우는 것은 절차 기억이다.

대부분의 서술 기억은 해마라는 측두엽 영역에서 습득되고 형성된다. 해마는 내후각피질과 편도체에 연결되어 있다. 계통 발생학적으로 오래된 피질 조직인 해마는 훨씬 더 최근에 생겨난 조직인 내후각피질이나 편도체 등의 도움을 받아 모든 서술 기억을 여러 피질 영역에 저장한다.

절차 기억은 소뇌와 기저핵에서 만들어진다. 기저핵에서 가장 중요한 부위는 미상핵이다. 중독을 일으키는 기억은 중독 물질을 갈구하는 동안 망상이나 섬망을 일으키지만 절차 기억으로 여겨지며, 해부학적으로 기저핵과 연결된 측중격핵에서 형성되어 저장된다. 중독의 일부 측면에 일조하는 편도체 역시 개체 발생학적으로 그리고 해부학적으로 기저핵과 연결되어 있다.

01

다음 진술이 바르면 ○, 바르지 않으면 ✕하라.

(1) 운전하는 방법을 배우는 것은 의미 기억이다.   ○ ✕

(2) 해마는 내후각피질과 편도체로 구성된다.   ○ ✕

01
(1) '운전'은 감각 또는 운동 기능에 대한 기억이다. 3문단의 "감각 또는 운동 기능에 대한 기억은 절차 기억 ~ 이라고 한다."와 "플루트 연주법을 배우는 것은 절차 기억이다." 부분을 통해 운전하는 방법을 배우는 것은 '의미 기억'이 아니라 '절차 기억'임을 추론할 수 있다.
(2) 4문단에서 "해마는 내후각피질과 편도체에 연결되어 있다."라고 하였다. 연결되어 있다고만 했을 뿐, 구성된다고 하지 않았다.

🔍 정답 |
01 (1) ✕
　　(2) ✕

02

제시된 글의 내용을 표로 정리한 것이다. 빈칸에 알맞은 말을 넣으시오.

[기억의 분류]		

• 서술 기억

개념	• 우리가 흔히 기억이라고 부르는 것 • 의미 기억 + 일화 기억	
	의미 기억	**일화 기억(= 자전 기억)**
	의미, 이해, 개념을 기반으로 하는 지식에 대한 기억 예 프랑스어 지식	일화에 대한 기억 → 자신만 기억할 수 있다. 예 프랑스어 수업
특징	ⓐ ( )라는 측두엽 영역에서 습득되고 형성된다. ⓑ 해마는 내후각피질이나 ( ) 등의 도움을 받아 모든 서술 기억을 여러 피질 영역에 저장한다.	

• 절차 기억(=   )

개념	감각 또는 운동 기능에 대한 기억 예 플루트 연주법을 배우는 것 [비교] 플루트 연주곡을 익히는 것은 '의미 기억' └ ( )에 대한 기억
특징	ⓐ 소뇌와 기저핵에서 만들어진다. ⓑ 중독을 일으키는 기억은 절차 기억으로 여겨진다. └ ① 기저핵과 연결된 측중격핵에서 형성되어 저장된다. ② 중독의 일부 측면에 일조하는 편도체도 기저핵과 연결되어 있다.

03

제시된 글을 읽고 이해한 내용으로 옳지 않은 것은?   `2020년 국회직 9급`

① 일화에 대한 기억은 대부분 해마에서 형성된다.
② 내후각피질은 뇌에서 가장 나중에 생겨난 피질 조직이다.
③ 플루트 연주곡을 익히는 것은 지식에 대한 기억이다.
④ 중독을 일으키는 기억은 습관과 관련되어 있다.
⑤ 의미 기억과 일화 기억의 형성에는 모두 편도체가 관여한다.

03

선지에 각종 '기억'의 종류들이 나와 있다. 따라서 각각의 '기억'에 대한 정보를 정리하면서 글을 읽는다.

3문단의 "계통 발생학적으로 오래된 피질 조직인 해마는 훨씬 더 최근에 생겨난 조직인 내후각피질" 부분을 통해 '해마'에 비해서 '내후각피질'이 나중에 생겨난 조직이라는 것은 알 수 있다. 그러나 뇌에서 가장 나중에 생겨난 피질 조직이라는 근거는 제시된 글만으로는 찾을 수 없다.

오답 체크

① 2문단에서 '일화에 대한 기억'을 '서술 기억'이라 하였다. 4문단의 "대부분의 서술 기억은 해마라는 측두엽 영역에서 습득되고 형성된다." 내용을 볼 때, 일화에 대한 기억은 대부분 해마에서 형성된다는 이해는 옳다.

③ 1문단에서 서술 기억은 의미, 이해, 개념을 기반으로 하는 '지식'에 대한 기억인 '의미 기억'이라고 하였다. 또한 3문단에서 "플루트 연주곡을 익히는 것은 의미 기억"이라고 하였다. 이 둘을 볼 때, 플루트 연주곡을 익히는 것은 지식에 대한 기억이 맞다.

④ 3문단의 "감각 또는 운동 기능에 대한 기억은 절차 기억 또는 '습관'이라고 한다."와 마지막 문단의 "중독을 일으키는 기억은 중독 물질을 갈구하는 동안 망상이나 섬망을 일으키지만 절차 기억으로 여겨지며" 부분을 통해 중독을 일으키는 기억은 습관과 관련되어 있음을 확인할 수 있다.

⑤ 2문단의 내용을 참고할 때, 의미 기억과 일화 기억은 모두 '서술 기억'이다. 4문단의 "편도체 등의 도움을 받아 모든 서술 기억을 여러 피질 영역에 저장한다." 부분을 참고할 때, 의미 기억과 일화 기억의 형성에는 모두 편도체가 관여함을 확인할 수 있다.

정답 |
02 해마, 편도체, 습관, 지식
03 ②

💡 실전 문제

저작권은 저작자가 자신의 창작물에 대해 갖는 권리를 말한다. 우리나라는 저작권 발생과 관련하여 무방식주의를 따르고 있다. 무방식주의란 창작물이 저작권 보호의 대상이 되기 위해서 아무런 절차나 방식 또는 표시가 필요하지 않다는 것으로 대부분의 나라에서 채택하고 있는 방식이다.

저작권을 이야기하면 흔히 자신이 만든 저작물로 얻을 수 있는 경제적인 이익을 떠올린다. 이는 저작권의 일부인 저작재산권과 관련된 개념이다. 저작재산권은 저작자가 자신의 저작물에 대해 갖는 재산적인 권리로, 자신의 저작물을 독점적으로 이용할 수 있는 권리라고 할 수 있다. 그런데 실제로는 저작자가 자신의 저작물을 이용하는 경우보다는 타인이 이용하도록 허락하고 대가를 받는 경우가 대부분이다. 우리 법률에서는 저작재산권에 속하는 권리로 복제권, 공연권, 대여권 등 저작물의 이용 형태에 따른 일곱 가지 권리를 규정하고 있다.

저작재산권은 물건에 대한 소유권처럼 다른 사람에게 넘겨주거나 상속하는 것이 가능하다. 그러나 소유권과 달리 보호 기간이 한정되어 있다. 일반적인 저작재산권 보호 기간의 원칙은 작품이 발표된 때로부터 그 저작자가 살아 있는 동안과 사망한 후 50년 동안 저작재산권이 존속한다는 것이다.

저작권에는 저작재산권뿐만 아니라 저작인격권도 있다. 저작인격권은 저작자가 자신의 저작물에 대해 갖는 정신적, 인격적 이익을 보호받는 권리이며, 공표권, 성명표시권, 동일성유지권으로 구성된다.

저작인격권은 저작재산권과 달리 다른 사람에게 넘겨줄 수 없다. 만약 저작재산권을 상속받은 사람이라도 저작인격권까지 넘겨받은 것은 아니다. 저작인격권이 저작자에게만 속하므로 저작자가 사망하면 저작인격권이 소멸되는 것이 당연해 보이지만, 법률에서는 저작권자가 사망한 후에도 그의 저작인격권을 침해할 행위를 해서는 안 된다고 규정하고 있다.

01

다음 진술이 바르면 ○, 바르지 않으면 ✕하라.

(1) 저작권은 경제적 이익과는 무관한 개념이다.   ○ ✕

(2) 저작재산권은 저작권을 넘겨받은 날로부터 50년 동안 유효하다.   ○ ✕

01

(1) '저작권' 중 '저작재산권'은 경제적 이익과 관련이 있는 개념이다. 따라서 저작권 자체가 경제적 이익과 무관한 개념이라는 추론은 적절하지 않다.

(2) 3문단의 "저작자가 살아 있는 동안과 사망한 후 50년 동안 저작재산권이 존속한다" 부분을 볼 때, 넘겨받은 날로부터 50년이 아니라, 저작권자가 죽은 날로부터 50년 동안 유효하다고 해야 옳은 추론이다.

🔍 정답 |
01 (1) ✕
    (2) ✕

02

제시된 글의 내용을 표로 정리한 것이다. 빈칸에 알맞은 말을 넣으시오.

[저작권의 개념과 종류]			
1문단	개념	저작자가 자신의 창작물에 대해 갖는 권리 * 우리나라: 저작권 보호의 대상이 되기 위해 (　　　) 또는 표시가 따로 필요하지 않다. → 무방식주의	
2문단 3문단 4문단	종류		

		저작재산권	저작인격권
	개념	저작자가 자신의 저작물에 대해 갖는 재산적인 권리 자신의 저작물을 (　　　)으로 이용할 수 있는 권리	저작자가 자신의 저작물에 대해 갖는 정신적, 인격적 이익을 보호받는 권리
	특징	ⓐ 자신보다는 타인이 이용하는 경우가 多 ⓑ 양도나 (　　　)이 가능함. → 기간은 한정: 사후 50년	ⓐ 양도나 상속이 (　　　)함.
	권리	복제권, 공연권, 대여권 등 (　　　) 가지	공표권, 성명표시권, 동일성유지권

03

제시된 글을 이해한 내용으로 적절하지 않은 것은?　2011학년도 3월 고1 전국연합학력평가 변형

① 우리나라에서는 별도의 절차 없이도 창작물이 저작권의 보호 대상이 될 수 있다.
② 저작재산권에 속한 권리의 종류가 저작인격권에 속한 권리의 종류보다 더 많다.
③ 저작인격권은 가족에게는 넘겨줄 수 있지만 그 이외의 사람에게는 넘겨줄 수 없다.
④ 저작재산권과 저작인격권은 동일한 창작물에 대해서도 소유한 사람이 다를 수 있다.

03
선지에 '저작재산권'과 '저작인격권'이 반복되고 있다. 따라서 각각의 특성을 정리하면서 글을 읽어 나간다.

5문단에서 "저작인격권은 저작재산권과 달리 다른 사람에게 넘겨줄 수 없다."라고 하였다. '가족'도 '다른 사람'의 범주에 들어간다. 따라서 가족에게는 넘겨줄 수 있다는 이해는 적절하지 않다.

오답 체크

① 1문단에서 우리나라는 '무방식주의'를 따르고 있다고 했다. '무방식주의'는 창작물이 저작권 보호의 대상이 되기 위해서 아무런 절차나 방식 또는 표시가 필요하지 않다. 따라서 우리나라에서는 별도의 절차 없이도 창작물이 저작권의 보호 대상이 될 수 있다고 추론할 수 있다.

② 2문단에서 저작재산권에 속한 권리는 "복제권, 공연권, 대여권 등 저작물의 이용 형태에 따른 일곱 가지 권리를 규정하고 있다."라고 하였다. 한편, 4문단에서 저작인격권에 속한 권리는 "공표권, 성명표시권, 동일성유지권으로 구성된다."라고 하였다. 따라서 저작재산권에 속한 권리의 종류가 저작인격권에 속한 권리의 종류보다 더 많다는 이해는 옳다.

④ 3문단에서 '저작재산권'은 다른 사람에게 넘겨주거나 상속이 가능하다고 했다. 그런데 마지막 문단에서 '저작인격권'은 다른 사람에게 넘겨줄 수 없다고 하였다. 따라서 저작재산권만 타인에게 넘겨줬다고 가정할 때, 동일한 창작물에 대해서도 소유한 사람이 다를 수 있다고 추론할 수 있다.

정답 |
02 절차나 방식, 독점적, 상속, 불가능, 7
03 ③

레드오션은 존재하는 모든 산업을 뜻하며 이미 세상에 알려진 시장 공간이다. 블루오션은 현재 존재하지 않는 모든 산업을 나타내는 미지의 시장 공간이다. 레드오션에서는 산업 간의 경계선이 명확하게 그어져 있고 경영자는 이를 받아들이고 그 게임의 법칙 또한 알고 있다. 기업들은 기존 수요에서 보다 큰 점유율을 얻기 위해 경쟁자를 능가하려 애쓴다. 시장 참가자 수가 늘어남에 따라 수익과 성장에 대한 기대치는 낮아진다. 애써 개발한 상품은 흔한 일상품이 되고 목을 죄는 경쟁으로 시장은 유혈의 바다로 변한다. 이와는 대조적으로 블루오션은 미개척 시장 공간으로 새로운 수요 창출과 고수익 성장을 향한 기회로 정의된다. 블루오션은 기존 산업의 경계선 밖에서 완전히 새롭게 창출되기도 하고 기존 산업을 확장하여 만들기도 한다. 블루오션에서는 게임의 규칙이 정해지지 않았기 때문에 경쟁과는 무관하다.

레드오션에서는 경쟁자를 능가하기 위해 붉은 바다를 잘 헤쳐 나가는 것이 중요하다. 공급이 수요를 초과하는 대부분 산업의 경우 축소되는 시장 공간에서 점유율 경쟁이 필요한 것이 사실이다. 그러나 점유율에서 우위를 점한다고 하더라도 지속적으로 높은 실적을 내기는 어렵다. 기업은 이러한 한계를 뛰어넘어야 한다. 그리고 수익과 성장의 새로운 기회를 잡기 위해 블루 오션을 창출해야 한다. 그러나 아쉽게도 블루오션은 항해 지도에 잘 나타나 있지 않다. 지난 20년간 절대적 영향력을 미친 기업의 경영 전략 포커스는 경쟁을 바탕으로 한 레드오션이었다. 그 결과 우리는 경제 구조 분석에서부터 원가 절감, 품질의 차별화, 경쟁자 벤치마킹 등 여러 가지 효과적인 기술로 레드오션에서 경쟁하는 방법을 배워 왔다. 블루오션 창출은 가치 혁신의 패러다임 전환 없이는 실제 전략으로 추구하기에는 위험 부담이 커서 단순히 희망 사항으로만 머무를 가능성이 있다.

블루오션이란 용어는 분명 새로운 것이지만 블루오션 자체가 과거에 존재하지 않았던 것은 아니다. 그럼에도 불구하고 지금까지의 전략적 사고의 최우선 초점은 레드오션 전략이었다. 이제는 레드오션이냐 블루오션이냐 결론을 내려야 한다. 세계 시장에서 살아남기 위해서는 경쟁사를 이기는 데 포커스를 맞추지 말고 기업의 가치를 비약적으로 증대시키고 비용을 절감함으로써 시장 경쟁에서 자유로워지고 이를 통해 새로운 시장 공간을 창출하는 비즈니스 세계의 탁월한 힘을 발휘해야 할 때다.

01

다음 진술이 바르면 ○, 바르지 않으면 ✕하라.

(1) 시간이 지나면 블루오션도 레드오션으로 바뀔 수 있다.　　　○ ✕

(2) 레드오션 전략으로 원가 절감, 품질의 차별화, 경쟁자 벤치마킹 등이 있다.

　　　○ ✕

🔍 정답 |
01 (1) ○
　　(2) ○

02

제시된 글의 내용을 표로 정리한 것이다. 빈칸에 알맞은 말을 넣으시오.

<table>
<tr><td colspan="4" align="center">[블루오션으로 패러다임의 전환 요구]</td></tr>
<tr><td></td><td></td><td align="center">(　　　)</td><td align="center">블루오션</td></tr>
<tr><td>1문단</td><td>개념</td><td>존재하는 모든 산업을 뜻하며 이미 세상에 알려진 시장 공간</td><td>현재 존재하지 않는 모든 산업을 나타내는 미지의 시장 공간</td></tr>
<tr><td rowspan="2">2문단</td><td>특징</td><td>ⓐ 산업 간의 경계선이 명확함.
ⓑ 게임의 규칙이 정해짐.</td><td>ⓐ 경계선이 명확하지 않음.
　→ 창출, 확장
ⓑ 게임의 규칙이 안 정해짐.
　→ (　　　)과 무관</td></tr>
<tr><td>한계</td><td>점유율 경쟁이 필요함.
→ 지속적인 우위 어려움</td><td>실제 전략으로 추구하기에는 위험 부담이 큼.</td></tr>
<tr><td>3문단</td><td colspan="3">• 블루오션 자체는 (　　　)부터 존재했다.
주장: 기업이 살아남기 위해서는 레드오션에서 (　　　)으로의 전환이 필요하다.</td></tr>
</table>

03

제시된 글에 대한 이해로 적절하지 않은 것은? 2006학년도 11월 고1 전국연합학력평가 변형

① 블루오션은 21세기에 새롭게 등장한 경영 전략이다.
② 기업도 레드오션에서 블루오션으로 전환될 수도 있다.
③ 시간이 지나면 블루오션도 레드오션으로 바뀔 수가 있다.
④ 블루오션의 초기에는 해당 영역의 시장을 독차지할 수 있다.

03
선지에 '블루오션'과 '레드오션'이 반복되고 있다. 따라서 각각의 특성을 정리하면서 글을 읽어 나간다.

3문단에서 "블루오션이란 용어는 분명 새로운 것이지만 블루오션 자체가 과거에 존재하지 않았던 것은 아니다."라고 하였다. 즉 '용어' 자체는 새롭게 등장한 것이지만, '경영 전략' 자체는 예전부터 존재했던 것이다. 따라서 21세기에 새롭게 등장한 경영 전략이라는 이해는 적절하지 않다.

오답 체크
② 글쓴이는 3문단에서 지금까지는 레드오션 전략을 최우선으로 생각했지만, 이제는 선택이 필요하다고 말하고 있다. 이를 볼 때, 기업도 충분히 레드오션에서 블루오션으로 전환될 수도 있음을 짐작할 수 있다.
③ '레드오션'은 '이미 세상에 알려진 시장 공간'이고, '블루오션'은 '미지의 시장 공간'이다. 따라서 '블루오션'이라고 하더라도 일단 세상에 알려지고 얼마의 시간이 지나면 '레드오션'이 될 수밖에 없다.
④ 1문단에서 "블루오션에서는 게임의 규칙이 정해지지 않았기 때문에 경쟁과는 무관하다."라고 하였다. 경쟁과 무관하다는 의미는 초기에는 경쟁 상대가 없다는 의미이기 때문에, 해당 영역의 시장을 독차지할 수 있다는 이해는 적절하다.

🔍 정답 |
02 레드오션, 경쟁, 과거, 블루오션
03 ①

　　미학자 뒤프렌은 예술 작품은 감상자의 미적 지각이 시작될 때 비로소 미적 대상이 된다고 생각했다. 그는 미적 지각과 미적 대상의 관계에 주목하여, 감상자가 현전(現前), 표상(表象), 반성(反省)이라는 미적 지각의 단계를 거치면서 미적 대상을 점점 더 심오하게 이해한다고 보았다.

　　뒤프렌에 따르면 현전은 감상자가 작품의 감각적 특징에 신체적으로 반응하면서 주목하는 단계이다. 즉 색채, 명암, 질감 등에 매료되어 눈이 커지거나 고개를 내미는 등의 신체적 자세를 취하는 상태를 의미한다. 이렇듯 현전은 감상자가 예술 작품을 '감각적 소재'로 인식하게 한다. 그런 의미에서 현전은 미적 대상의 의미를 막연하게 파악하는 수준에 머무른다.

　　현전의 막연함은 표상을 통해 해소되기 시작한다고 그는 말한다. 표상은 작품을 상상력으로 지각하는 단계이다. 상상력은 감상자가 현전에서 파악한 것에 시공간적 내용과 구체적 상황을 추가해 풍부한 이미지를 떠올리는 것이다. 이러한 지각은 감상자가 작품을 특정 대상이나 현실이 묘사된 '재현된 세계'로 이해하게 한다. 예를 들어 푸른색이라는 감각물에 눈동자가 커지면서 주목하는 것이 현전이라면, 푸른색을 보고 '가을날 오후 한적한 시골의 맑고 넓은 창공'이라는 세계를 떠올리는 것이 표상이다. 하지만 표상은 환상을 만들게 된다.

　　표상이 만든 환상은 반성을 통해 극복된다고 뒤프렌은 생각했다. 반성에는 비평적 반성과 공감적 반성이 있다. 비평적 반성은 구도, 원근법, 형태 묘사와 같은 기법, 예술가의 제작 의도 등을 객관적으로 분석하여 상상력이 만든 감상자의 표상이 타당한 것인지를 검증하는 것이다. 비평적 반성을 통해 감상자는 작품의 의미를 표상의 단계보다 더 잘 이해할 수 있게 된다. 그러나 뒤프렌은 비평적 반성만으로는 작품에 대한 이해가 피상적 수준에 그친다고 보았다. 객관적인 분석만을 하다 보면 작품 속에 담긴 내면적 의미까지는 이해하지 못한다는 것이다. 따라서 그는 감상자의 미적 지각은 공감적 반성을 통해 완성된다고 하였다. 공감적 반성은 작품이 자아내는 내면적 의미를 감상자가 정서적으로 느끼면서 감동을 얻는 단계이다. 이 감동은 작품의 내면적 의미가 진실하다는 것을 확신하면서 정서적으로 공감하는 것이기도 하다. 이는 감상자가 예술가의 감정이 '표현된 세계'를 파악하는 것이면서, 그 세계와 자신의 내면세계가 일치함을 느끼는 것이다. 이를 두고 뒤프렌은 감상자가 작품의 의미를 진심으로 받아들이면서 비로소 작품 속에 직접 참여하는 것이라고 설명했다.

01

다음 진술이 바르면 ○, 바르지 않으면 ✕하라.

(1) 뒤프렌은 '현전'이나 '표상' 단계를 거치지 않고도 미적 대상에 대한 심오한 이해가 가능하다고 보았다. ○ ✕

(2) 뒤프렌은 반성을 둘로 나누고 둘 중에 미적 지각에 있어서 공감적 반성이 더 중요하다고 생각했다. ○ ✕

02

제시된 글의 내용을 표로 정리한 것이다. 빈칸에 알맞은 말을 넣으시오.

		[미적 지각의 변화 양상]	
1문단	미학자 뒤프렌	ⓐ 미적 지각을 강조함. ⓑ <u>미적 지각의 단계</u>를 거치며 미적 대상을 심오하게 이해하게 됨. └→ '현전(現前), 표상(表象), 반성(反省)'	
2문단	미적 지각의 단계	현전	감상자가 작품의 감각적 특징에 신체적으로 반응하면서 주목하는 단계 ⓐ 신체적 자세를 취하는 상태 ⓑ 예술 작품을 '감각적 소재'로 인식하게 함. ⓒ 미적 대상의 의미를 막연하게 파악하는 수준에 머무름. └→ (　　　)을 통해 해소
3문단		표상	작품을 (　　　)으로 지각하는 단계 └→ '현전'에 시공간적 내용과 구체적인 상황을 추가 ⓐ 환상을 만들게 됨. └→ (　　　)을 통해 극복
4문단		반성	<table><tr><td>비평적 반성</td><td>기법, 의도 등을 객관적으로 분석하여 표상이 (　　　)한지 검증하는 것 → '표상' 단계보다 더 잘 이해할 수 있게 됨.</td></tr><tr><td>공감적 반성</td><td>작품이 자아내는 내면적 의미를 감상자가 정서적으로 느끼면서 (　　　)을 얻는 단계 └→ 정서적 공감, 일치, 참여</td></tr></table> * 뒤프렌: '(　　　)'만으로는 이해가 피상적 수준에 그치고, 미적 지각은 '공감적 반성'으로 완성된다.

03

제시된 글에 대한 이해로 적절하지 않은 것은?

`2015학년도 11월 고2 전국연합학력평가 변형`

① 감상자가 작품의 의미를 진심으로 받아들일 때 감동을 얻을 수 있다.
② 상상력이 만든 환상은 객관적인 작품 분석을 통해 그 타당성이 검증된다.
③ 시공간적인 내용을 덧붙임으로써 감상자는 작품 속에 직접 참여하게 된다.
④ 예술가의 제작 의도에 대한 파악만으로는 작품의 내면적 의미를 이해할 수 없다.

03
지문에 '단계'가 나와 있다. 이 경우에는 단계별 특징을 중심으로 글을 읽어 나간다.

3문단에 따르면, 시공간적인 내용을 덧붙이는 것은 상상력에 의한 '표상'의 지각 단계이다. 그리고 4문단에 따르면 감상자가 작품 속에 직접 참여하는 것은 '공감적 반성'의 지각 단계이다. 따라서 시공간적인 내용을 덧붙임으로써 감상자는 작품 속에 직접 참여하게 된다는 이해는 적절하지 않다.

오답 체크

① 4문단에서 공감적 반성에서 작품의 의미를 진심으로 받아들이면서 감동을 얻는다고 하였기 때문에 올바른 이해이다.
② 3문단에서 객관적인 작품 분석을 통해 상상력이 만든 표상을 검증한다고 하였고, 2문단에서 표상의 상상력은 환상으로 이어진다고 하였으므로 올바른 이해이다.
④ 3문단에서 예술가의 제작 의도를 파악하는 비평적 반성만으로는 작품의 내면적 의미를 이해할 수 없다고 하였으므로 올바른 이해이다.

🔍 정답 |
02 표상, 상상력, 반성, 타당, 감동, 비평적 반성
03 ③

기출 + 실전 문제로 독해 비법 익히기

📖 기출 문제

기출 문제 ❶ 독해 비법 익히기

🕐 **시간** ⬛⬛ **분**

영문자와 달리 한글은 여러 가지 자모를 조합하여 글자를 만들기 때문에 다양한 인코딩(encoding)을 생각할 수 있으며 그만큼 그동안 많은 논의가 있었다. 한글의 코딩 방식, 다시 말해 컴퓨터에서의 한글 구현 방식은 크게 '조합형'과 '완성형'으로 구분할 수 있다. 조합형은 한글의 모든 자모(ㄱ, ㄴ, ㅏ, ㅓ …)에다 일련의 코드를 할당하고, 이를 불러와 조합하여 글자를 구현하는 방식임에 반해, 완성형은 이미 만들어진 글자(가, 각, 간, 갈 …) 자체에다 각각의 코드를 할당하여 그 글자를 불러오는 방식이다.

조합형으로는 한글의 구성 원리에 따라 19개의 초성, 21개의 중성, 그리고 28개의 종성을 조합하여 나올 수 있는 11,172자를 표현할 수 있다. 초기 완성형에서는 실제로 우리가 주로 사용하는 2,350개의 글자만을 코드에 반영하여 사용하였기 때문에 자주 사용하지 않는 '뜸', '햏', '뷁'과 같은 글자는 쓸 수 없었다. 이를 보완하기 위해 '확장 완성형'이 나왔고 이어서 '유니코드 2.0'이 개발되었다. 유니코드 2.0은 조합형에서 구현할 수 있는 11,172자 모두를 포함하고 있으며, 각각의 자모 또한 포함하여 조합까지 할 수 있다.

01

다음 진술이 바르면 ○, 바르지 않으면 ✕하라.

(1) 조합형은 한글로 표기할 수 있는 모든 글자를 적을 수 있다. ○ ✕

(2) '유니코드 2.0'이 개발되면서 완성형에서도 '뷁'을 쓸 수 있게 되었다. ○ ✕

02

제시된 글의 내용을 표로 정리한 것이다. 빈칸에 알맞은 말을 넣으시오.

[한글의 코딩 방식(= 컴퓨터에서의 한글 구형 방식)]		
	조합형	완성형
글자 구현 방식	한글의 모든 ( )에다 일련의 코드를 할당하고, 이를 불러와 조합하는 방식	이미 만들어진 ( )에다 각각의 코드를 할당하여 그 글자를 불러오는 방식

글자 수	한글의 초성, 중성, 종성을 조합하여 나올 수 있는 11,172자	초기 완성형	주로 사용하는 2,350개의 글자만 반영 → 한계: 자주 사용하지 않는 글자는 쓸 수 없었다.
		확장 완성형	( )을 보완한 것
		유니코드 2.0	( )에서 구현할 수 있는 11,172자 모두를 포함

03

제시된 글을 통해 추론한 생각으로 적절하지 않은 것은?   `2020년 국가직 7급`

① '똠', '헬', '뷁'과 같은 글자를 쓰려면 조합형 방식을 사용할 수밖에 없겠군.

② 유니코드 2.0을 사용하면 조합형 방식을 사용해 만들 수 있는 글자를 모두 표현할 수 있겠군.

③ 한글과 달리 영문자를 인코딩할 때에는 완성형 방식의 한계에 대해 고민할 필요가 없겠군.

④ 컴퓨터로 글자를 입력하기 전에 이미 컴퓨터에는 한글 자모나 글자 각각에 코드가 할당되어 있겠군.

03

컴퓨터에서 한글을 구현하는 방식인 '조합형'과 '완성형'을 중심으로 글이 전개되고 있다. 따라서 각각의 특징을 정리하면서 글을 읽는다.

2문단의 "초기 완성형에서는 ~ '똠', '헬', '뷁'과 같은 글자는 쓸 수 없었다. 이를 보완하기 위해 '확장 완성형'이 나왔고 이어서 '유니코드 2.0'이 개발되었다. 유니코드 2.0은 조합형에서 구현할 수 있는 11,172자 모두를 포함하고 있으며, 각각의 자모 또한 포함하여 조합까지 할 수 있다."라고 하였다. '완성형' 방식에서도 '똠', '헬', '뷁'과 같은 글자를 쓸 수 있게 되었다고 했기 때문에, 조합형 방식을 사용할 수밖에 없겠다는 추론은 적절하지 않다.

오답 체크

② 2문단의 "유니코드 2.0은 조합형에서 구현할 수 있는 11,172자 모두를 포함하고 있으며" 부분을 통해 추론할 수 있다.

③ 1문단에서 '완성형'은 "이미 만들어진 글자(가, 각, 간, 갈 …) 자체에다 각각의 코드를 할당하여 그 글자를 불러오는 방식이다."라고 하였다. 다시 말해 한글이 '초성+중성+종성'으로 결합한다는 점에서 한계가 있는 것이다. 따라서 여러 가지 자모를 조합하지 않는 영문자의 경우에는 완성형 방식의 한계에 대해 고민할 필요가 없을 것이다.

④ 1문단의 "조합형은 한글의 모든 자모(ㄱ, ㄴ, ㅏ, ㅓ …)에다 일련의 코드를 할당하고, 이를 불러와 조합하여 글자를 구현하는 방식임에 반해, 완성형은 이미 만들어진 글자(가, 각, 간, 갈 …) 자체에다 각각의 코드를 할당하여 그 글자를 불러오는 방식이다." 부분을 통해 한글 자모나 글자 각각에 코드가 할당되어 있음을 추론할 수 있다.

정답 |

02 자모, 글자 자체, 초기 완성형, 조합형

03 ①

자신의 신념과 일치하는 정보를 받아들이고 그렇지 않은 정보는 무시하는 경향을 확증 편향(confirmation bias)이라 한다. 자신의 믿음이나 견해와 일치하는 정보는 수용하고 그에 반대되는 정보는 무시하거나 부정하는 심리 경향이다. 사회 심리학자인 로버트 치알디니는 자신이 가진 기존의 견해와 일치하는 정보는 두 가지 이점을 가지고 있다고 한다. 첫째, 그러한 정보는 어떤 문제에 대해 더 이상 고민하지 않고 마음의 휴식을 취할 수 있게 해 준다. 둘째, 그러한 정보는 우리를 추론의 결과에서 자유롭게 해 준다. 즉 추론의 결과 때문에 행동을 바꿔야 할 필요가 없다. 첫째는 생각하지 않게 하고, 둘째는 행동하지 않게 함을 말한다.

일례로 특정 정치 성향을 가진 사람들을 대상으로 조사했을 때, 사람들은 반대당 후보의 주장에서는 모순을 거의 완벽하게 찾은 반면, 지지하는 당 후보의 주장에서는 모순을 절반 정도만 찾아냈다. 이 판단의 과정을 자기 공명 영상 장치로도 촬영했다. 그 결과, 자신이 동의하지 않는 정보를 접했을 때는 뇌 회로가 활성화되지 않았고, 자신이 동의하는 주장을 접했을 때는 긍정적인 반응을 보이면서 뇌 회로가 활성화되는 것을 확인할 수 있었다.

01

다음 진술이 바르면 〇, 바르지 않으면 ✕하라.

(1) '확증 편향'은 로버트 치알디니에 의해 처음 사용된 용어이다. 　 〇 ✕

(2) 자신의 신념과 일치하지 않는 정보를 접하게 되면 뇌 회로가 활성화된다. 　 〇 ✕

01
(1) 1문단에서 '확증 편향'의 이유를 설명하기 위해, 로버트 치알디니가 내세운 '이점'을 들고 있다. 제시된 글의 내용만으로는 '확증 편향'이라는 용어를 로버트 치알디가 처음 사용했는지 여부는 알 수가 없다.
(2) 2문단에서 "자신이 동의하지 않는 정보를 접했을 때는 뇌 회로가 활성화되지 않았고" 부분을 볼 때, 적절하지 않다.

🔍 정답 |
01 (1) ✕
　　(2) ✕

02

제시된 글의 내용을 표로 정리한 것이다. 빈칸에 알맞은 말을 넣으시오.

\['확증 편향'의 개념과 특성\]		
1문단	개념	ⓐ 자신의 신념과 (　　　)하는 정보를 받아들이고 그렇지 않은 정보는 무시하는 경향 ⓑ 자신의 믿음이나 견해와 일치하는 정보는 수용하고 그에 반대되는 정보는 (　　　)하거나 (　　　)하는 심리 경향
	이점	자신이 가진 기존의 견해와 일치하는 정보의 이점 ⓐ 어떤 문제에 대해 더 이상 고민하지 않고 마음의 휴식을 취할 수 있게 해 준다. → 생각하지 않게 한다. ⓑ 우리를 추론의 결과에서 자유롭게 해 준다. 즉 추론의 결과 때문에 (　　　)을 바꿔야 할 필요가 없다. → 행동하지 않게 한다.

2문단	사례		반대당	지지하는 당
		모순 찾기	거의 완벽하게 찾음.	절반 정도만 찾음.
		뇌 회로	활성화 ×	활성화 ○

03

제시된 글을 통해 추론할 수 없는 것은?

`2020년 지방직 9급`

① 사람에게는 자신의 신념이나 행동을 바꾸려 하지 않는 경향이 있다.
② 사람에게는 정보를 객관적으로 판단하지 못하는 심리적 특성이 있다.
③ 사람에게는 지지자들의 말만 듣고 자기 신념을 강화하는 경향이 있다.
④ 사람에게는 새로운 정보를 접했을 때 심리적 불안을 느끼는 특성이 있다.

03

'확증편향'에 대한 설명을 중심으로 글이 전개되고 있다. 따라서 '확증편향'의 의미와 특징을 중심으로 글을 읽어 나간다.

제시된 글에서 "자신의 믿음이나 견해와 일치하는 정보는 수용하고 그에 반대되는 정보는 무시하거나 부정하는 심리 경향"을 '확증 편향'이라고 하였다. '새로운 정보'를 자신의 믿음이나 견해와 일치하지 않는 정보라고 본다면, '확증 편향'에 따라 그 정보는 '무시'하거나 '부정'할 것이다. 따라서 제시된 글의 내용만으로는 새로운 정보를 접했을 때 '심리적 불안'을 느끼는 특성이 있다는 추론은 적절하지 않다.

오답 체크 ✏️

① '확증 편향'은 자신이 가진 기존의 견해와 일치하는 정보만 받아들이고 그 외의 것은 부정하는 경향이다. 1문단에서 기존의 견해와 일치하는 정보의 이점으로 "추론의 결과 때문에 행동을 바꿔야 할 필요가 없다."를 들고 있다. 따라서 사람에게는 자신의 신념이나 행동을 바꾸려 하지 않는 경향이 있음을 추론할 수 있다.
② 1문단에 제시된 '확증 편향'의 정의를 통해 사람은 정보를 객관적으로 판단하지 못하고, '자신'이 기준이 되는 '주관적' 심리 특성이 있음을 알 수 있다.
③ 1문단에서 "자신의 믿음이나 견해와 일치하는 정보는 수용하고" 부분을 통해 사람에게는 지지자들의 말만 듣고 자기 신념을 강화하는 경향이 있음을 추론할 수 있다.

🔍 정답 |
02 일치, 무시, 부정, 행동
03 ④

기출 문제 **3** 독해 비법 익히기

ⓛ 시간 ▮▮분

> 금융 회사와 은행 상당수가 파랑을 상징색으로 쓰고 있다. 파랑의 긍정적 속성에는 정직과 신뢰가 있다. 파랑을 사용한 브랜드는 친근성과 전문성이 높아 보인다. 또한 파랑은 테크놀로지 업계에서 선호하는 색이다. 파랑은 소통의 색으로서 소셜 미디어와 잘 어울린다. 페이스북, 트위터, 링크드인의 색을 생각해 보라. 파랑을 상징색으로 사용한 브랜드가 파랑의 긍정적인 가치로 드러날 경우도 있지만, 그렇지 못할 경우에 차갑고 불친절하고 무심한 느낌의 부정적인 가치로 나타나기도 한다.
>
> 파랑은 기업의 단체복에 자주 사용한다. 약간 어두운 톤의 파란색은 친근하고 진지하며 품위 있는 분위기를 전달한다. 어두운 파란색 단체복은 약간의 보수성과 전통을, 밝은 파란색 단체복은 친근한 소통과 창의적인 사고를 표현한다. 이 색은 교복에도 적합하다. 톤을 잘 선택하면 파랑은 집중에 도움을 주고 차분하게 해 주며 활발한 토론과 의견 교환에 도움을 준다.

01

다음 진술이 바르면 ○, 바르지 않으면 ✕하라.

(1) 정직과 신뢰를 중요시하는 모든 은행은 파랑을 상징색으로 쓴다.

(2) 회사가 지향하는 바를 단체복의 색으로도 표현할 수도 있다.   ○ ✕

02

제시된 글의 내용을 표로 정리한 것이다. 빈칸에 알맞은 말을 넣으시오.

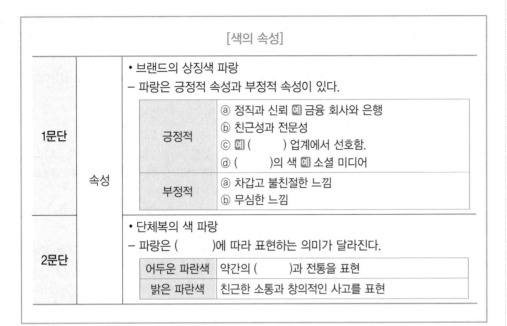

[색의 속성]

1문단	속성	• 브랜드의 상징색 파랑 – 파랑은 긍정적 속성과 부정적 속성이 있다.
		긍정적: ⓐ 정직과 신뢰 예 금융 회사와 은행 / ⓑ 친근성과 전문성 / ⓒ 예 (　　　　) 업계에서 선호함. / ⓓ (　　　　)의 색 예 소셜 미디어
		부정적: ⓐ 차갑고 불친절한 느낌 / ⓑ 무심한 느낌
2문단		• 단체복의 색 파랑 – 파랑은 (　　　　)에 따라 표현하는 의미가 달라진다. **어두운 파란색**: 약간의 (　　　　)과 전통을 표현 **밝은 파란색**: 친근한 소통과 창의적인 사고를 표현

03

제시된 글에서 추론한 내용으로 적절하지 않은 것은? `2020년 지방직 7급`

① 브랜드의 로고를 만들 때 색이 주는 효과를 고려해야 한다.
② 테크놀로지 업계에서 브랜드에 파란색을 써서 성공한 것은 우연한 선택의 결과로 봐야 한다.
③ 색을 효과적으로 사용하려면 색이 주는 긍정적 속성을 잘 파악해야 한다.
④ 색의 톤에 따라 전달하는 분위기가 다르니, 인테리어에 쓸 때 파랑이 지닌 다양한 톤을 알아봐야 한다.

03
'파란색'이 주는 이미지나 효과를 중심으로 글이 전개되고 있다. 주어진 정보를 가지고 추론한 내용이 타당한지 파악하면서 글을 읽어 나간다.

1문단에서 "파랑은 테크놀로지 업계에서 선호하는(의도가 담김) 색이다."라고 하였다. 따라서 테크놀로지 업계에서 브랜드에 파란색을 써서 성공한 것은 우연한 선택의 결과로 봐야 한다는 추론은 적절하지 않다.

오답 체크

① 1문단에서 "파랑을 사용한 브랜드는 친근성과 전문성이 높아 보인다."라고 한 것을 볼 때, 브랜드 로고를 만들 때 색이 주는 효과도 고려해야 함을 추론할 수 있다.
③ 1문단에서 "파랑을 상징색으로 사용한 브랜드가 파랑의 긍정적인 가치로 드러날 경우도 있지만, 그렇지 못할 경우에 차갑고 불친절하고 무심한 느낌의 부정적인 가치로 나타나기도 한다." 부분을 통해 추론할 수 있다.
④ 2문단의 내용을 통해 '파란색'이라도 '톤'에 따라 표현하는 것이 달라진다고 했다. 따라서 '인테리어'에 '파랑'을 쓸 때도 '톤'을 고려해야 함을 추론할 수 있다.

정답 |
02 테크놀로지, 소통, 톤, 보수성
03 ②

실전 문제

ⓐ 'A가 B일까?'가 첫 단락의 맨 앞에 나온다면, 90%는 A는 B가 아니라는 의미이다. 또 글쓴이가 글에서 관련된 내용을 다룰 것임을 암시하는 표지이기도 하다.

ⓑ 'A. 이에 비해 B.'는 A와 B를 비교할 때 쓰는 표현이다.

ⓒ 'A. 따라서 B'는 A의 내용을 근거로 B라는 결론을 내릴 수 있다는 의미이다.

ⓓ 'A거나 B를 포함하여 C를 D라고 한다.'를 간단히 하면, 'C를 D라고 한다.'라는 의미이다. 'A거나 B를 포함하여'는 'C'를 구체적으로 설명한 예시로 보면 된다. 따라서 'A거나 B를 포함하여 C를 D라고 한다.'라는 문장을 보면, '포함하여' 앞부분은 지우고 생각해 된다.

ⓔ 'A와 B는 모두 C에 해당한다.'는 A도 C이고, B도 C라는 의미로, A와 B를 C로 묶을 수 있다는 의미이다. 즉 C의 하위 항목에 A와 B가 있다는 의미이다.

ⓕ 'A 중에서 B는 C이다.'는 'A' 중의 하나인 B가 C라는 의미이다. 따라서 'B는 항상 C이다.'는 항상 옳은 진술이지만, 'A는 항상 C이다.'는 항상 옳은 진술은 아니다.

ⓖ 'A가 되려면, B 하고 이에 더하여 C를 해야 한다.'는 'A가 되기 위해서는 B와 C 모두가 있어야 한다.'는 의미이다.

물건을 사용하고 있는 사람이 그 물건의 주인일까?(ⓐ) 점유란 물건에 대한 사실상의 지배 상태를 뜻한다. 이에 비해 소유란 어떤 물건을 사용·수익·처분할 수 있는 권리를 가진 상태라고 정의된다.(ⓑ) 따라서 점유자와 소유자가 항상 일치하지는 않는다.(ⓒ)

물건을 빌려 쓰거나 보관하고 있는 것을 포함하여 물건을 물리적으로 지배하는 상태를 직접점유라고 한다.(ⓓ) 이에 비해 어떤 물건을 빌려 쓰거나 보관하는 사람에게 그 물건의 반환을 청구할 수 있는 권리를 가진 사람도 사실상의 지배를 한다고 볼 수 있다. 이와 같이 반환청구권을 가진 상태를 간접점유라고 한다. 직접점유와 간접점유는 모두 점유에 해당한다.(ⓔ) 점유는 소유자를 공시하는 기능도 수행한다. 공시란 물건에 대해 누가 어떤 권리를 가지고 있는지를 알려 주는 것이다. 물건 중에서 피아노, 금반지, 가방 등과 같은 대부분의 동산은 점유에 의해 소유권이 공시된다.(ⓕ) 물건의 소유권이 양도되려면, 소유자가 양도인이 되어 양수인과 유효한 양도 계약을 하고 이에 더하여 소유권 양도를 공시해야 한다.(ⓖ)

01

다음 진술이 바르면 ○, 바르지 않으면 ×하라.

(1) 점유자는 항상 소유자가 아니지만, 소유자는 항상 점유자이다. ○ ×

(2) 직접점유와 간접점유 모두 물건을 지배하는 상태라는 공통점이 있다. ○ ×

01

(1) 소유권은 있더라도, 점유하고 있지 않을 수 있다. 따라서 소유자가 항상 점유자라는 추론은 적절하지 않다.

(2) 2문단에서 "직접점유와 간접점유는 모두 점유에 해당한다."라고 했기 때문에, 모두 물건을 지배하는 상태라는 공통점이 있다는 설명은 옳다.

🔍 정답 |
01 (1) ×
　　(2) ○

02

제시된 글의 내용을 표로 정리한 것이다. 빈칸에 알맞은 말을 넣으시오.

['점유'의 의미와 종류]		
1문단	• 점유와 소유	
	점유	( )
	물건에 대한 사실상의 지배 상태	어떤 물건을 사용·수익·처분할 수 있는 권리를 가진 상태
	→ ( )와 소유자가 항상 일치하지는 않는다.	
2문단	• 점유의 종류	
		직접 점유	간접 점유
	개념	물건을 빌려 쓰거나 보관하고 있는 것을 포함하여 물건을 물리적으로 지배하는 상태	반환청구권을 가진 상태
	공통점	소유자를 ( )하는 기능도 수행한다. └ 물건에 대해 누가 어떤 권리를 가지고 있는지를 알려 주는 것 → 대부분의 동산은 점유에 의해 소유권이 공시된다.	
	• 소유권 양도 방법: 양도 계약 + ( )를 공시	

03

제시된 글을 이해한 내용으로 적절하지 않은 것은? `2020학년도 대학수학능력시험 9월 모의평가 변형`

① 가방을 사용하고 있는 사람은 그 가방의 점유자이다.
② 가방을 점유하고 있더라도 그 가방의 소유자가 아닐 수 있다.
③ 가방의 소유권을 양도하는 유효한 계약만 체결하면 소유권은 이전된다.
④ 가방에 대해 누가 소유권을 가지고 있는지를 알게 해 주는 방법은 점유이다.

03
'점유'의 개념과 종류를 중심으로 글이 전개되고 있다. 따라서 '점유'의 의미와 종류별 특징을 중심으로 글을 읽어 나간다.

3문단에서 물건의 소유권이 양도되려면 양도인과 양수인 사이에 유효한 계약이 있어야 하고, 또 소유권 양도를 공시해야 한다고 하였다. 따라서 계약이 체결되었더라도, 소유권 양도를 공시하지 않았다면, 소유권은 이전될 수 없다.

오답 체크 ✏️

① 1문단에서 점유는 물건에 대한 사실상의 지배 상태를 뜻한다고 하였다. 이 내용을 통해 가방을 사용하고 있는 사람이 그 가방의 점유자가 된다는 것을 알 수 있다.
② 1문단에서 점유자와 소유자가 항상 일치하지 않는다고 하였다. 따라서 가방을 점유하더라도 그 가방의 소유자가 아닐 수 있다는 것을 알 수 있다.
④ 2문단에서 피아노, 금반지, 가방 등과 같은 대부분의 동산은 점유에 의해 소유권이 공시된다는 것을 알 수 있다.

🔍 정답 |
02 소유, 점유자, 공시, 소유권 양도
03 ③

실전 문제 **2** 독해 비법 익히기

시간 ▨▨ 분

법률은 사회에서 발생하는 모든 법적 문제에 대한 해결 기준을 정하려고 한다. 하지만 다양한 사례를 모두 법률에 망라할 수는 없기에, 법조문은 그것들을 포괄할 수 있는 추상적인 용어로 구성될 수밖에 없다. 따라서 이러한 법률의 조항들이 실제 사안에 적용되려면 해석이라는 과정을 거쳐야 한다.

법조문도 언어로 이루어진 것이기에, 원칙적으로 문구가 지닌 보편적인 의미에 맞춰 해석된다. 일상의 사례로 생각해 보자. "실내에 구두를 신고 들어가지 마시오."라는 팻말이 있는 집에서는 손님들이 당연히 글자 그대로 구두를 신고 실내에 들어가지 않는다. 그런데 팻말에 명시되지 않은 '실외'에서 구두를 신고 돌아다니는 것은 어떨까? 이에 대해서는 금지의 문구로 제한하지 않았기 때문에, 금지의 효력을 부여하지 않겠다는 의미로 당연하게 받아들인다. 이처럼 문구에서 명시하지 않은 상황에 대해서는 그 효력을 부여하지 않는다고 해석하는 방식을 반대 해석이라 한다.

그런데 팻말에는 운동화나 슬리퍼에 대하여도 쓰여 있지 않다. 하지만 누군가 운동화를 신고 마루로 올라가려 하면, 집주인은 팻말을 가리키며 말릴 것이다. 이 경우에 '구두'라는 낱말은 본래 가진 뜻을 넘어 일반적인 신발이라는 의미로 확대된다. 이런 식으로 어떤 표현을 본래의 의미보다 넓혀 이해하는 것을 확장 해석이라 한다.

하지만 팻말을 비웃으며 진흙이 잔뜩 묻은 맨발로 들어가는 사람을 말리려면, '구두'라는 낱말을 확장 해석하는 것으로는 어렵다. 위의 팻말이 주로 실내를 깨끗이 유지하기 위하여 마련된 규정이라면, 마루를 더럽히며 올라가는 행위도 마찬가지로 금지된다고 보아야 할 것이다. 이렇게 해석하는 방식이 유추 해석이다. 규정된 행위와 동등하다고 평가될 수 있는 일에는 규정이 없어도 같은 효력이 주어져야 한다는 논리이다.

그런데 구두를 신고 마당을 걷는 것은 괜찮다고 반대 해석하면서도, 흙 묻은 맨발로 방에 들어가도 된다는 반대 해석은 왜 받아들이기 어려운가? 이것은 보편적인 상식이나 팻말을 걸게 된 동기 등을 고려하며 판단하기 때문일 것이다. 법률의 해석에서도 마찬가지로 그 법률의 목적, 기능, 입법 배경 등을 고려한다. 한 예로 형벌권의 남용으로부터 국민의 자유와 권리를 보호하려는 죄형법정주의라는 헌법상의 요청 때문에, 형법의 조문들에서는 유추 해석이 엄격히 배제된다.

01

다음 진술이 바르면 ○, 바르지 않으면 ✕하라.

(1) 법률의 조항들은 해석의 과정을 거치기 때문에 추상적일 수밖에 없다. ○ Ⅹ

(2) 영화관에서 술을 마시려는 사람을 보고, 직원이 "실내에서 음료수를 마시지 마시오."라는 팻말을 가리키며, 술을 못 마시게 했다면, 이는 확장 해석을 한 결과이다.
○ Ⅹ

02

제시된 글의 내용을 표로 정리한 것이다. 빈칸에 알맞은 말을 넣으시오.

[법률 해석 방식과 특징]			
1문단	역할	사회에서 발생하는 모든 법적 문제에 대한 해결 기준을 정하려고 한다.	
	한계	법조문은 다양한 사례를 포괄할 수 있는 (　　　)인 용어로 구성된다. → 실제 사안에 적용되려면 (　　　)이라는 과정을 거쳐야 한다.	
2문단	해석 방식	원칙적으로 문구가 지닌 보편적인 의미에 맞춰 해석된다.	
3문단		반대 해석	문구에서 명시하시 않은 상황에 대해서는 그 효력을 부여하 지 않는다고 해석하는 방식
		확장 해석	어떤 표현을 본래의 의미보다 넓혀 이해하는 것
4문단		유추 해석	규정된 행위와 동등하다고 평가될 수 있는 일에는 규정이 없어도 같은 효력이 주어져야 한다는 논리
5문단	특징	법률을 해석할 때, 법률의 (　　　), 기능, 입법 배경 등을 고려한다. → (　　　) 때문에 형법의 조문에서는 유추 해석이 엄격히 배제된다.	

03

2014학년도 대학수학능력시험 예비 시행 A형 변형

제시된 글에서 설명된 법률 해석에 대한 이해로 옳지 않은 것은?

① 죄형법정주의 때문에 형법에서는 유추 해석을 금지한다.
② 법률이 갖는 목적이나 성격은 그 법조문의 해석에 영향을 끼친다.
③ 법률과 현실 사이에 생길 수 있는 간극을 법률의 해석으로 메우려 한다.
④ 법률의 해석에서는 논리적 맥락보다 직관적 통찰을 통해 타당한 의미를 찾아낸다.

03
법조문의 한계와 해석 방식을 중심으로 글이 전개되고 있다. 따라서 각각의 특징을 파악하면서 글을 읽는다.

5문단의 "법률의 해석에서도 마찬가지로 그 법률의 목적, 기능, 입법 배경 등을 고려한다."는 내용으로 미루어 볼 때 법률 해석을 할 때 직관적 통찰을 통해 타당한 의미를 찾아낸다는 진술은 적합하지 않다.

오답 체크 ✏

① 5문단의 "죄형법정주의라는 헌법상의 요청 때문에, 형법의 조문들에서는 유추 해석이 엄격히 배제된다." 부분을 보아 형법에서 유추 해석을 금지한다는 진술은 적절하다.
② 5문단의 "법률의 해석에서도 마찬가지로 그 법률의 목적, 기능, 입법 배경 등을 고려한다." 부분을 보아 법률이 갖는 목적이나 성격이 법조문의 해석에 영향을 미친다는 것을 알 수 있다.
③ 1문단에서 법조문은 추상적인 용어로 구성되어 있기 때문에 이를 실제 생활에 적용하려면 해석이라는 과정을 거쳐야 한다고 언급하고 있다. 즉 법률 해석은 추상적인 법률과 구체적인 현실 사이의 간극을 메우는 과정이라고 할 수 있다.

Q 정답 |
02 추상적, 해석, 목적, 죄형법정주의
03 ④

아기 기저귀라는 상품을 예로 들어보면, 상품 특성상 소비자 수요는 일정한데 소매점 및 도매점 주문 수요는 들쑥날쑥했다. 그리고 이러한 주문 변동폭은 '최종 소비자－소매점 －도매점－제조업체－원자재 공급업체'로 이어지는 공급 사슬망에서 최종 소비자로부터 멀어질수록 더 증가하였다. 공급 사슬망에서 이와 같이 수요 변동폭이 확대되는 현상을 공급 사슬망의 '채찍 효과'라 한다. 이는 채찍을 휘두를 때 손잡이 부분을 작게 흔들어도 이 파동이 끝 쪽으로 갈수록 더 커지는 현상과 유사하기 때문에 붙여진 이름이다. 이런 변동 폭은 유통업체나 제조업체 모두 반길 만한 사항이 아니다. 왜냐하면 늘 수요가 일정하면 이를 기준으로 생산이나 마케팅의 자원을 적절히 분배하여 계획하고 효율적으로 운영할 수 있지만, 변동폭이 크면 계획이나 운영을 원활하게 수행하기 어렵기 때문이다.

그렇다면 이런 채찍 효과가 생기는 이유는 무엇일까? 여러 가지 이유가 있지만 첫 번째 는 수요의 왜곡이다. 소비자의 수요가 갑자기 늘면 소매점은 앞으로 수요 증가를 기대하 는 심리로 기존 주문량보다 더 많은 양을 도매점에 주문하게 된다. 그리고 도매점도 같은 이유로 소매점 주문량보다 더 많은 양을 제조업체에 주문한다. 즉, 공급 사슬망에서 최종 소비자로부터 멀어질수록 점점 더 심하게 왜곡되는 현상이 발생하는 것이다. 이러한 왜곡 현상은 공급자가 시장에서 제한적일 때 더 크게 발생한다. 즉 공급자가 한정된 상황에서 는 더 많은 양을 주문해야 제품을 공급받기가 수월하기 때문이다. 티셔츠를 공급하는 제 조업체에서 물량이 한정돼 있으면 한꺼번에 많은 양을 주문하는 도매업체에게 우선권을 주는 것은 당연하다. 결국 물건을 공급받기 위해서 업체들은 경쟁적으로 더 많은 주문을 해 공급을 보장받으려 한다. 결국 '수요의 왜곡'이 발생한다.

채찍 효과가 일어나는 두 번째 이유는 공급 사슬망에서 최종 소비자로부터 멀어질수록 대량 주문 방식을 요하기 때문이다. 예를 들면 소비자는 소매점에서 물건을 한두 개 단위 로 구입하지만 소매점은 도매상에서 물건을 박스 단위로 주문한다. 그리고 다시 도매점은 제조업체에 트럭 단위로 주문을 한다. 이처럼 최종 소비자로부터 멀어질수록 기본 주문 단위가 커진다. 그런데 이렇게 주문 단위가 커질수록 재고량이 증가하게 되고, 재고량 증 가는 변화에 민첩하게 대응하지 못하게 하는 원인이 된다.

01

다음 진술이 바르면 ○, 바르지 않으면 ×하라.

(1) 아기 기저귀는 수요가 일정하지 않은 대표 상품이다.   ○ ×

(2) 공급자가 시장에서 제한적일 때 '채찍 효과'가 더 발생할 것이다.   ○ ×

01
(1) 1문단의 "아기 기저귀라는 상품을 예로 들어보면, 상품 특성상 소비 자 수요는 일정한데" 부분을 볼 때, 적절하지 않은 이해이다.
(2) 2문단의 "왜곡 현상은 공급자가 시장에서 제한적일 때 더 크게 발 생한다." 부분을 볼 때, 공급자가 시장에서 제한적일 때 더 발생하 는 것은 '채찍 효과'가 아닌 '수요 의 왜곡'이다. 다만, '수요의 왜곡' 은 '채찍 효과'의 원인이 되므로 바 른 추론이다.

🔍 정답 |
01 (1) ×
    (2) ○

02

제시된 글의 내용을 표로 정리한 것이다. 빈칸에 알맞은 말을 넣으시오.

		[채찍 효과]
1문단	특성과 개념	📖 아기 기저귀 ⓐ 소비자 (　　　)는 일정한데, 소매점 및 도매점 주문 수요는 들쑥날쑥했다. ⓑ 주문 변동폭은 공급 사슬망에서 최종 소비자로부터 (　　　) 증가하였다. → 개념: 공급 사슬망에서 수요 변동폭이 (　　　)되는 현상
	이름의 유래	채찍을 휘두를 때 손잡이 부분을 작게 흔들어도 이 파동이 끝 쪽으로 갈수록 더 커지는 현상과 유사하기 때문에 붙여진 이름
	영향	유통업체와 제조업체에서는 반기지 않는다. → (　　　)이 크면 계획이나 운영을 원활하게 수행하기 어렵기 때문에
2문단		• (　　　)가 일어나는 원인
3문단		ⓐ 수요의 왜곡 ⓑ 최종 소비자로부터 멀어질수록 대량 주문 방식을 요함.

03

제시된 글에 대한 이해로 적절하지 않은 것은?　　2020학년도 6월 고1 전국연합학력평가 변형

① 주문 변동폭은 원자재 공급업체에 가까워질수록 커진다.

② 소비자의 수요가 일정한 상품에서는 채찍 효과가 나타나지 않는다.

③ 정밀한 수요 예측에 의한 주문이 아닌 경우 재고의 부담을 가질 수밖에 없다.

④ 수요의 변동폭이 적은 제품일수록 유통업체나 제조업체는 계획이나 운영이 용이하다.

기출 + 실전 문제로 독해 비법 익히기

신의 한 수

📖 기출 문제

기출 문제 ❶ 독해 비법 익히기   ⏱ 시간 ■■ 분

과학의 개념은 분류 개념, 비교 개념, 정량 개념으로 구분할 수 있다. 식물학과 동물학의 종, 속, 목처럼 분명한 경계를 가지고 대상들을 분류하는 개념들이 분류 개념이다. 어린이들이 맨 처음에 배우는 단어인 '사과', '개', '나무' 같은 것 역시 분류 개념인데, 하위 개념으로 분류할수록 그 대상에 대한 정보가 더 많이 전달된다. 또한, 현실 세계에 적용 대상이 하나도 없는 분류 개념도 있을 수 있다. 예를 들어 '유니콘'이라는 개념은 '이마에 뿔이 달린 말의 일종임' 같은 분명한 정의가 있기에 '유니콘'은 분류 개념으로 인정되는 것이다.

'더 무거움', '더 짧음' 등과 같은 비교 개념은 분류 개념보다 설명에 있어서 정보 전달에 더 효과적이다. 이것은 분류 개념처럼 자연의 사실에 적용되어야 하지만, 분류 개념과 달리 논리적 관계도 반드시 성립해야 한다. 예를 들면, 대상 A의 무게가 대상 B의 무게보다 더 무겁다면, 대상 B의 무게가 대상 A의 무게보다 더 무겁다고 말할 수 없는 것처럼 '더 무거움' 같은 비교 개념은 논리적 관계를 반드시 따라야 한다.

마지막으로 정량 개념은 비교 개념으로부터 발전된 것인데, 이것은 자연의 사실로부터 파악할 수 있는 물리량을 측정함으로써 만들어진다. 물리량을 측정하기 위해서는 몇 가지 규칙이 필요한데, 그 규칙에는 두 물리량의 크기를 비교하는 경험적 규칙과 물리량의 측정 단위를 정하는 규칙 등이 포함된다. 이러한 정량 개념은 자연에 의해서 주어지는 것이 아니라 우리가 자연현상에 수를 적용하는 과정에서 생겨나는 것이다. 정량 개념은 과학의 언어를 수많은 비교 개념 대신 수를 사용할 수 있게 하여 과학 발전의 기초가 되었다.

01

괄호 속에 알맞은 말을 넣으시오.

(1) '푸들'이 '개'보다 전달되는 정보가 더 (   ).

(2) **정량 개념의** (   ): 과학의 언어를 수많은 비교 개념 대신 수를 사용할 수 있게 하여 과학 발전의 기초가 되었다.

🔍 정답 |
01 (1) 많다
   (2) 의의

02

제시된 글의 내용을 표로 정리한 것이다. 빈칸에 알맞은 말을 넣으시오.

[과학의 개념]		
분류 개념	분명한 경계를 가지고 대상들을 분류하는 개념 예 사과, 개, 나무 ⓐ (　　　) 개념으로 분류할수록 그 대상에 대한 정보가 더 많이 전달된다. ⓑ 현실 세계에 적용 대상이 하나도 (　　　) 분류 개념도 있을 수 있다.	

비교 개념	예 더 무거운, 더 짧음 ⓐ 분류 개념보다 설명에 있어서 정보 전달에 더 효과적이다. ⓑ 분류 개념과의 공통점과 차이점

	분류 개념	(　　　)
공통점	자연의 사실에 적용되어야 함.	
차이점	논리적 관계가 반드시 성립할 필요 없음.	논리적 관계도 반드시 성립해야 함.

정량 개념	ⓐ 비교 개념으로부터 발전된 것 ⓑ (　　　)을 측정함으로써 만들어진다. 　└ 규칙: 두 물리량의 크기를 비교하는 경험적 규칙 　　　　물리량의 측정 단위를 정하는 규칙 ⓒ 우리가 자연현상에 (　　　)를 적용하는 과정에서 생겨나는 것이다. ⓓ 의의: 과학의 언어를 수많은 비교 개념 대신 수를 사용할 수 있게 하여 과학 발전의 기초가 되었다.

03

제시된 글에서 추론한 내용으로 적절하지 않은 것은?　2021년 국가직 9급

① '호랑나비'는 '나비'와 동일한 종에 속하지만, 나비에 비해 정보량이 적다.
② '용(龍)'은 현실 세계에 적용할 수 있는 지시물이 없더라도 분류 개념으로 인정된다.
③ '꽃'이나 '고양이'와 같은 개념은 논리적 관계를 따라야 하는 것은 아니기 때문에 비교 개념에 포함되지 않는다.
④ 물리량을 측정할 수 있는 'cm'나 'kg'과 같은 측정 단위는 자연현상에 수를 적용할 수 있게 해 주었다.

03
'과학의 개념'을 3가지로 구분하여 설명하고 있다. 선지에서는 내용을 적용할 수 있는지 묻고 있다. 따라서 각각 개념의 의미를 정리하면서 글을 읽어나간다.

1문단에서 "하위 개념으로 분류할수록 그 대상에 대한 정보가 더 많이 전달된다"고 하였다. '호랑나비'는 '나비'의 하위 개념이다. 따라서 '호랑나비'는 '나비'에 비해 정보량이 더 많다. 그런데 ①에서는 '호랑나비'가 '나비'에 비해 정보량이 적다고 하였다. 따라서 ①의 추론은 적절하지 않다.

오답 체크 ✏️

② 1문단에서 "현실 세계에 적용 대상이 하나도 없는 분류 개념도 있을 수 있다."라고 하면서, '유니콘'을 예로 들고 있다. '용'도 '유니콘'과 마찬가지로 현실 세계에 적용 대상이 없는 개념이다. 따라서 '유니콘'처럼 '용'도 현실 세계에 적용할 수 있는 지시물이 없더라도 분류 개념으로 인정된다는 추론은 적절하다.

③ 2문단의 "이것(비교 개념)은 분류 개념처럼 자연의 사실에 적용되어야 하지만, 분류 개념과 달리 논리적 관계도 반드시 성립해야 한다."라고 하였다. 그런데 '꽃'과 '고양이'는 논리적 관계를 따라야 하는 것은 아니기 때문에 비교 개념에 포함될 수 없다.

④ 3문단의 "정량 개념은 비교 개념으로부터 발전된 것인데, 이것은 자연의 사실로부터 파악할 수 있는 물리량을 측정함으로써 만들어진다. ~ 정량 개념은 과학의 언어를 수많은 비교 개념 대신 수를 사용할 수 있게 하여" 부분을 통해 물리량을 측정할 수 있는 단위가 자연현상에 수를 적용할 수 있게 해주었음을 추론할 수 있다.

🔍 정답 |
02 하위, 없는, 비교 개념, 물리량, 수
03 ①

현재 약 7,000개의 언어가 있지만, 그 본질은 다르지 않다. 인간이 언어를 가지게 된 것이 대략 6만 년 전인데, 그동안 많은 언어가 분기하고 사멸하였다. 오늘날의 모든 언어는 나름대로 특별한 역사를 갖는다. 언어는 살아 있는 생명체와 같아서 지금 이 시간에도 변화는 계속되고 있다. 개별 언어들은 발음과 규칙, 그리고 의미의 세밀한 변화를 현재 진행형으로 겪고 있다. 또한 '피진(pidgin)'과 같이 의사소통의 편의를 위해 급조된 언어도 있는데, 이 언어를 사용하는 집단의 후대는 자연스럽게 '크리올(creole)'과 같은 새로운 언어를 탄생시키기도 한다. 피진과 크리올은 비교적 근래에 형성된 것이므로 그 변화의 역사적 과정을 살필 수 있다. 이를 통해 고대의 언어들이 명멸하는 과정도 이와 유사했을 것이라고 짐작할 수 있다.

언어 중에는 영어와 같이 국제적으로 세력을 얻어 글로벌 시대에 의사소통의 가교 역할을 하는 언어도 있다. 이러한 언어들을 '링구아 프랑카(lingua franca)'라고 부른다. 과거에 서양에서는 그리스어나 라틴어가, 동양에서는 한자가 그 역할을 수행하기도 했다. 그러나 지금과 같은 글로벌 사회에서는 미디어나 교통수단의 발달에 힘입어 현재의 국제 통용어로 사용되는 영어가 과거의 국제 통용어들보다 훨씬 많은 힘을 발휘하고 있다.

01

다음 진술이 바르면 ○, 바르지 않으면 ×하라.

(1) 모든 언어는 자연적으로 발생한 것이다.　　　　　○ ×

(2) 과거 동양 문화권의 여러 나라들은 '한자'로 의사소통을 했다.　　　○ ×

01

(1) 1문단에서 '피진'은 의사소통을 목적으로 급조된 언어라고 했다. 따라서 모든 언어가 자연적으로 발생한 것이라는 추론은 적절하지 않다.

(2) 2문단에서 과거 동양에서 '한자'가 '링구아 프랑카(lingua franca)' 역할을 수행했다는 것을 볼 때, 적절한 추론이다.

🔍 정답 |
01 (1) ×
　　(2) ○

02

제시된 글의 내용을 표로 정리한 것이다. 빈칸에 알맞은 말을 넣으시오.

[언어의 변화]		
1문단	ⓐ 언어는 생명체처럼 계속 변화한다. ⓑ 피진과 크리올을 통해 언어의 명멸 과정을 짐작할 수 있다.	
	( )	크리올
	의사소통의 편의를 위해 급조된 언어	피진을 쓰는 집단의 후대의 새로운 언어

2문단	• ( )		
	개념	국제적으로 세력을 얻어 글로벌 시대에 의사소통의 가교 역할을 하는 언어	
	예	과거	오늘날
		ⓐ 서양: 그리스어나 라틴어 ⓑ 동양: 한자	( )

03

제시된 글에서 추론한 것으로 가장 적절한 것은?

2020년 지방직 7급

① 교류와 소통이 증가하면 언어의 분기와 사멸의 속도가 빨라질 것이다.
② 그리스어나 라틴어는 서양의 다른 언어보다 발음, 규칙, 의미가 쉽게 변하지 않는다.
③ 국제사회에서 영향력이 강한 나라가 등장하면 그 나라의 언어가 링구아 프랑카가 될 수 있다.
④ '어리다'의 의미가 '어리석다'에서 '나이가 적다'로 변화한 것은 피진에서 크리올로 변화한 사례이다.

03

'언어의 변화'와 관련하여 여러 용어를 설명하고 있다. 따라서 각각의 용어의 의미와 특징을 정리하면서 글을 읽어 나간다.

2문단에서 '링구아 프랑카'를 '국제적으로 세력을 얻어 글로벌 시대에 의사소통의 가교 역할을 하는 언어'라고 정의하고 있다. "과거에 서양에서는 그리스어나 라틴어가, 동양에서는 한자가 그 역할을 수행하기도 했다."와 현재는 '영어'가 그 역할을 수행한다는 내용에 비춰 볼 때, 영향력이 강한 나라가 등장하면, 그 나라의 언어가 링구아 프랑카가 될 거라는 추론은 적절하다.

오답 체크

① 언어의 '분기와 사멸'의 속도와 '교류와 소통'의 관계에 대한 내용은 제시된 글을 통해 알 수 없다.
② 제시된 글에서는 그리스어나 라틴어가 서양에서 '링구아 프랑카' 역할을 했다는 내용만 확인할 수 있을 뿐, 서양의 다른 언어보다 발음, 규칙, 의미가 쉽게 변하지 않는다는 내용은 알 수 없다.
④ 1문단에서 '피진(pidgin)'은 같이 의사소통의 편의를 위해 급조된 언어라고 했다. '어리다'는 급조된 언어는 아니기 때문에, 그 예로 적절하지 않다.

🔍 정답 |
02 피진, 링구아 프랑카, 영어
03 ③

> 자유지상주의자에게 있어서 사회는 개인의 자유가 극대화될 때 정의롭다. 그런데 자유에 대한 자유지상주의자의 입장을 명확하게 이해하기 위해서는 '제약으로부터의 자유'인 '프리덤(freedom)'과 '강제로부터의 자유'인 '리버티(liberty)'가 동의어가 아니라는 것을 알아야 한다. 프리덤이 강제를 비롯한 모든 제약의 전적인 부재라면, 리버티는 특정한 종류의 구속인 강제의 부재로 이해될 수 있다. 일반적으로 강제는 물리적 힘을 직접적으로 행사하거나 피해를 주겠다고 위협하는 형태로 나타난다.
>
> 프리덤과 리버티가 동의어일 수 없는 이유는 다음 사례에서 잘 드러난다. 일부 국가의 어떤 시민은 특정 도시에서 생활하고 일하기 위해서 정부의 허가를 받아야 한다. 이때 정부는 법률에 복종하지 않을 경우 피해를 주겠다고 위협하거나 직접적인 물리력을 행사해 해당 시민의 자유를 제한할 수 있다. 이와 달리 A국 시민은 거주지 이전의 허가가 필요 없어서 국가로부터의 어떠한 물리적 저지나 위협도 받지 않는다고 하자. 그렇다고 해서 모든 A국 시민이 원하는 곳에 실제로 이사 갈 수 있는 것은 아니다. 일부 시민은 이사 갈 수 있을 만큼의 돈이 없거나, 이사 가려는 곳에서 원하는 직업을 찾지 못할 수도 있다. 결과적으로 이런 경우는 그들이 원하는 바를 충분히 실현할 자유가 제한되는 것이다. 따라서 어떤 개인이 누릴 수 있는 자유는 국가로부터의 강제와 무관하게 다른 많은 방식으로 제한될 수 있다.
>
> 자유지상주의자들이 자유를 극대화해야 한다고 말할 때, 이들이 두 가지 자유를 모두 극대화해야 한다고 주장하는 것은 아니다. 자유지상주의자들은 강제를 극소화하는 것, 특히 정부의 강제적인 간섭을 최소화하는 것을 통해 얻는 자유에 초점을 맞추고 있다.

01

괄호 속에 알맞은 말을 넣으시오.

(1) 자유지상주의자가 말하는 '자유'는 (   )을/를 의미한다.

(2) (   )(으)로부터의 자유는 국가로부터의 강제와 무관하게 다른 많은 방식으로 제한될 수 있다.

🔍 정답 |
01 (1) 강제로부터의 자유(리버티)
   (2) 제약

02

제시된 글의 내용을 표로 정리한 것이다. 빈칸에 알맞은 말을 넣으시오.

[자유지상주의자들이 말하는 '자유'의 의미]		
1문단	• 자유지상주의자의 입장 → 사회는 개인의 (　　　)가 극대화될 때 정의롭다.	
2문단	• 프리덤과 리버티의 의미	

프리덤	리버티
ⓐ (　　　)으로부터의 자유 ⓑ 강제를 비롯한 모든 제약의 전적인 부재 → 강제와 무관하게 다른 많은 방식으로 제한	ⓐ (　　　)로부터의 자유 └ ⓐ 물리적 힘으로 직접적으로 행사 ⓑ 피해를 주겠다고 위협하는 형태 ⓑ 강제의 부재

3문단	• 자유지상주의자가 말하는 '자유' → 강제를 극소화하는 것, 특히 <u>정부의 강제적인 간섭을 최소화하는 것을 통해 얻는 자유</u> └ (　　　)

03

제시된 글에 대한 이해로 가장 적절한 것은?　　　2020년 국가직 7급

① 자유지상주의자들은 '제약으로부터의 자유'를 최대한 확보할 때 정의로운 사회가 된다고 주장한다.

② A국 시민들은 다양한 법률이나 제도를 통해 국가로부터 거주지 이전에 관한 '프리덤'을 보장받고 있다.

③ '리버티'에 대한 제한은 직접적인 물리적 힘보다 피해를 주겠다는 위협을 통해 이루어지는 경우가 더 많다.

④ 개인의 행동에 대해 정부 허가가 필요하다면, 그 개인의 '강제로부터의 자유'가 제한되는 것이라고 볼 수 있다.

실전 문제

실전 문제 **1** 독해 비법 익히기　　　　　　　　🕐 **시간** ▩▩ **분**

ⓐ 'A 때문에 B 할 수밖에 없다.'는 'A가 있으면 B는 필연적이다(당연하다).'라는 의미이다.
ⓑ 'A. 그래서 B를 만든다.'는 'A 때문에 B를 만든다.'는 의미이다.
ⓒ '여러 A 중 B와 C를 가진 A를 D라고 한다.'는 여러 A 중 B와 C의 특징을 모두 가지고 있는 것을 따로 D로 부른다는 의미이다. 따라서 B와 C는 결국 A가 D가 되기 위한 조건이다.
ⓓ 'A는 B할 때만 C한다.'는 A는 B하지 않으면, C하지 않는다는 의미이다. 결국 B는 A가 C를 하기 위한 전제, 조건이다.
ⓔ 'A는 몇 가지 특징이 있는데 먼저 B. 그리고 C, 마지막으로 D.'는 A의 특징은 B, C, D가 있다는 의미이다. '먼저', '그리고', '마지막'으로 대신에 '첫째', '둘째', '셋째' 등으로 표현될 수도 있다.
ⓕ 'A이다. 왜냐하면 B 때문이다.'에서 B는 A의 까닭, 이유이다. 이때, '왜냐하면'은 생략될 수도 있다.
ⓖ '만약 A라면, B일 것이다.'는 A의 상황이라면 B가 될 것이라는 의미이다.

인간은 집단생활을 하기 때문에 분쟁이 발생할 수밖에 없다.(ⓐ) 그래서 문제가 발생하는 것을 예방하거나 문제를 원만히 해결하기 위해 규칙을 만든다.(ⓑ) 여러 규칙 중 사회 구성원들의 합의에 따라 만들어지고 강제성을 가진 규칙을 법이라고 한다.(ⓒ) 이때 강제성은 공공의 이익을 실현하기 위해 사회 구성원들이 동의할 때만 발휘될 수 있다.(ⓓ) 이러한 법은 몇 가지 특징이 있는데 먼저 법은 행동의 결과를 중시한다. 왜냐하면 다른 사람이 행동을 평가할 수 있고 그 변화도 확인할 수 있어야 하기 때문이다.(ⓕ) 그리고 법은 국민의 자유와 권리를 보호한다. 만약 법이 없다면 권력자나 국가 기관이 멋대로 권력을 휘두를 수 있을 것이다.(ⓖ) 마지막으로(ⓔ) 법은 최소한의 간섭만 한다. 개인이 처리해도 되는 일까지 법이 간섭한다면 사람들은 숨이 막혀 평온하게 살기 힘들 것이다.

01

다음 진술이 바르면 ○, 바르지 않으면 ×하라.

(1) 규칙을 정하면 분쟁은 발생하지 않는다.　　　　　　　　○　×

(2) 법을 어긴 사람은 법으로부터 항상 간섭을 받는다.　　　　○　×

01

(1) "문제가 발생하는 것을 예방하거나 문제를 원만히 해결하기 위해 규칙을 만든다."에서 문제를 해결하기 위해 규칙을 만든다고 하였다. 따라서 규칙을 정해도 분쟁은 발생할 수 있다.

(2) 제시된 글에서는 '법'은 행동의 결과를 평가한다는 내용만 확인할 수 있을 뿐, 법을 어긴 사람이 법으로부터 간섭을 받는지 여부까지는 추론할 수 없다.

🔍 정답 |
01 (1) ×
　　 (2) ×

02

제시된 글의 내용을 표로 정리한 것이다. 빈칸에 알맞은 말을 넣으시오.

	[법의 개념과 특징]
개념	사회 구성원들의 합의에 따라 만들어지고 (_____)을 가진 규칙 　　　└▸ 발휘 조건 ⓐ 공공의 이익을 실현하기 위해 　　　　　　　　　ⓑ 사회 구성원들이 동의할 때 * 규칙을 만드는 목적 　ⓐ 문제가 발생하는 것을 (　　　)하기 위해 　ⓑ 문제를 원만히 해결하기
특징	ⓐ 행동의 결과를 중시한다. 　→ (　　　)하고 확인해야 하기 때문에 ⓑ 국민의 자유와 권리를 (　　　)한다. 　→ 권력자나 국가 기관이 멋대로 권력을 휘두르는 것을 막음. ⓒ 법은 최소한의 (　　　)만 한다.

03

제시된 글에 대한 이해로 가장 적절하지 않은 것은?　`2018학년도 6월 고1 전국연합학력평가 변형`

① 타인의 행동을 평가하고 그 변화를 확인하여야 하므로 법은 결과를 중시한다.
② 법은 문제가 발생하는 것을 예방하기 위해 사회 구성원의 의사를 반영하여 만든다.
③ 법은 권력자의 권력 행사를 제한하여 국민들의 자유와 권리를 지키는 역할을 한다.
④ 목적이 공익과 무관하더라도 사회 구성원의 동의가 있다면 강제성이 발휘될 수 있다.

03

법의 개념과 특징을 중심으로 글을 전개하고 있다. 또 특징이 있는 이유도 함께 제시되어 있다. 따라서 특징과 이유의 연결이 바른지 확인하면서 글을 읽어 나가면 된다.

"강제성은 공공의 이익을 실현하기 위해 사회 구성원들이 동의할 때만 발휘될 수 있다."라고 하였다. 따라서 공익과 무관할 경우에는 사외 구성원의 동의가 있더라도 강제성은 발휘될 수가 없을 것이다.

오답 체크 ✍

① "법은 행동의 결과를 중시한다. 왜냐하면 다른 사람이 행동을 평가할 수 있고 그 변화도 확인할 수 있어야 하기 때문이다." 부분을 볼 때, 적절한 이해이다.
② 인간은 문제가 발생하는 것을 예방하기 위해 '규칙'을 만든다고 했고, '법'도 '규칙' 중의 하나라고 하였다. 따라서 법은 문제가 발생하는 것을 예방하기 위해 사회 구성원의 의사를 반영하여 만든다는 이해는 옳다.
③ "만약 법이 없다면 권력자나 국가 기관이 멋대로 권력을 휘두를 수 있을 것이다." 부분을 볼 때, 적절한 이해이다.

🔍 정답 |
02 강제성, 예방, 평가, 보호, 간섭
03 ④

소비자들은 어떤 제품이나 서비스를 선택할 때 쉽사리 결정을 내리지 못한다. 이를테면 기능은 만족스럽지만 가격이 비싸거나, 반대로 가격은 만족스러운데 기능은 그렇지 않다거나 하는 경우를 들 수 있다. 이처럼 소비자들은 구매 과정에서 흔히 갈등을 겪게 되는데, 그중 가장 대표적인 것이 '접근−접근 갈등'이다. 이는 둘 이상의 바람직한 대안 중에서 하나만을 골라야 하는 경우에 어느 것을 선택해야 할지 결정하지 못해 발생하는 갈등이다. 이때 판매자는 대안들을 함께 묶어 제공함으로써 소비자가 겪는 '접근−접근 갈등'을 해소할 수 있다.

그런데 다른 대안들을 함께 묶어 제공받지 못한 상태에서 하나의 대안만을 선택해야 했던 경우, 소비자들은 선택하지 않은 대안에 대한 아쉬움 때문에 심리적으로 불편함을 느끼게 된다. 소비자들은 이러한 심리적 불편함을 없애려 하는데, 이는 인지 부조화 이론으로 설명할 수 있다. 이 이론에 따르면 사람들은 자신의 생각과 태도가 자신이 한 행동과 서로 일치하기를 바라는데, 그렇지 않으면 심리적 긴장 상태가 발생하게 된다는 것이다. 이런 경우 사람들은 긴장 상태를 해소하기 위해 생각과 행동을 일치시키려 한다. 그렇다면 제품을 구입한 행동과 제품 구입 후에 자신의 선택이 최선이 아닐지도 모른다는 생각 사이의 부조화는 어떻게 극복될 수 있을까?

인지 부조화 상태를 겪고 있는 소비자는 이를 해소하기 위해 선택하지 않은 제품의 단점을 찾아내거나 그 제품의 장점을 무시하기도 한다. 하지만 일반적으로는 자신의 구매 행동을 지지하는 부가 정보들을 찾아냄으로써 현명한 선택을 했다는 것을 스스로에게 확신시킨다. 특히 자동차나 아파트처럼 고가의 재화를 구매했을 경우에는 구매 직후의 인지 부조화가 심화되므로 이를 해소하려는 노력도 더 크게 나타난다. 이때 광고가 중요한 역할을 한다. 소비자들은 광고를 통해 자신이 선택한 제품의 장점을 재확인하거나 새로운 선택 이유를 찾아내려고 하는 것이다. 제품을 구매한 고객들을 대상으로 한 광고는 전달할 수 있는 정보가 제한적인 매체보다는 많은 정보를 담을 수 있는 매체를 활용하는 것이 효과적이다.

소비자들이 구매 후에 광고를 탐색하는 것은 인지 부조화를 감소시키고자 하는 노력인데, 기업 입장에서는 또 다른 효과들을 가져오기도 한다. 구매 후 광고는 제품을 구매한 소비자들에게 자신의 구매 행동이 옳았다는 확신이나 만족을 심어주기 때문에 회사의 이미지를 높이고 브랜드 충성심을 구축하는 데 크게 기여한다. 따라서 구매 후 광고는 재구매를 유도하거나 긍정적 입소문을 확산시켜 광고의 효과를 극대화할 수 있다. 따라서 기업은 제품을 판매한 이후에도 소비자와 제품의 우호적인 관계가 유지될 수 있도록 지속적으로 광고를 노출할 필요가 있다.

01

다음 진술이 바르면 ○, 바르지 않으면 ×하라.

(1) 자신이 구매한 제품에 대해 만족감이 높은 소비자일수록 인지 부조화가 발생할 가능성이 높다.

　　　　　　　　　　　　　　　　　　　　　　　　　　　　　○　×

(2) 가능한 한 많은 정보를 담을 수 있는 매체를 활용한 광고가 가장 효과적이다.

　　　　　　　　　　　　　　　　　　　　　　　　　　　　　○　×

01

(1) 인지 부조화는 자신의 생각과 태도가 자신이 한 행동과 서로 일치하지 않을 때 발생한다. 따라서 제품에 대한 만족감이 높은 소비자는 생각과 행동이 일치하는 경우이므로 인지 부조화가 발생할 가능성은 낮을 것이다.

(2) 3문단의 "제품을 구매한 고객들을 대상으로 한 광고는 전달할 수 있는 정보가 제한적인 매체보다는 많은 정보를 담을 수 있는 매체를 활용하는 것이 효과적이다." 부분을 볼 때, 제품을 구매한 고객들을 대상으로 한 광고는, 가능한 한 많은 정보를 담을 수 있는 매체를 활용한 광고가 가장 효과적일 수 있다. 그러나 광고는 제품을 구매할 고객들도 대상으로 해야 한다. 그 경우에까지 많은 정보를 담을 수 있는 매체가 효과적인지는 제시된 글의 내용만으로는 추론하기 어렵다.

🔍 **정답 |**
01 (1) ×
　　(2) ×

02

제시된 글의 내용을 표로 정리한 것이다. 빈칸에 알맞은 말을 넣으시오.

<table>
<tr><td colspan="5" style="text-align:center">[소비자의 인지 부조화를 감소하기 위한 판매자의 노력]</td></tr>
<tr>
<td>1문단
2문단</td>
<td rowspan="7">소비자의
특징</td>
<td colspan="3">• (　　　) 과정에서 흔히 갈등을 겪는다.
　접근 – 접근 갈등</td>
</tr>
<tr>
<td></td>
<td>개념</td>
<td colspan="2">둘 이상의 바람직한 대안 중에서 하나만을 골라야 하는 경우에
어느 것을 선택해야 할지 결정하지 못해 발생하는 갈등</td>
</tr>
<tr>
<td rowspan="6">3문단</td>
<td rowspan="2">해소
방법</td>
<td>판매자</td>
<td>대안들을 함께 묶어 제공함.</td>
</tr>
<tr>
<td>소비자</td>
<td>심리적 (　　　)을 없애려 함.
→ 인지 부조화 이론으로 설명 가능</td>
</tr>
</table>

<table>
<tr><td colspan="3">• (　　　) 이론</td></tr>
<tr><td></td><td>생각(태도)과 행동 일치</td><td>생각(태도)과 행동 불일치</td></tr>
<tr><td>심리적 긴장 상태</td><td>발생 ×</td><td>발생 ○</td></tr>
</table>

→ 생각(태도)과 행동 (　　　)할 때, 사람들은 긴장 상태를 해소하기 위해 생각과 행동을 일치시키려 한다.

<table>
<tr><td>선택하지 않은 제품에 대해</td><td>선택한 제품에 대해</td></tr>
<tr><td>ⓐ 제품의 단점 찾아내기
ⓑ 제품의 장점을 무시하기</td><td>ⓐ 부가 정보들을 찾아냄으로써 현명한 선택
을 했다는 것을 스스로에게 확신시키기
→ 고가의 재화일수록 더 (　　　)한다.</td></tr>
</table>

→ 부가 정보들을 찾아내는 경우에 '(　　　)'가 중요한 역할을 한다.

<table>
<tr><td>주장</td><td>제품을 구매한 고객을 대상으로 하는 광고는 '많은 정보'를 담을 수 있는
매체를 활용하는 게 효과적이다.</td></tr>
</table>

<table>
<tr>
<td rowspan="2">4문단</td>
<td rowspan="2">구매 후
광고
탐색의
효과</td>
<td>소비자</td>
<td>기업(판매자)</td>
</tr>
<tr>
<td>→ 인지 부조화를 감소</td>
<td>ⓐ 회사의 이미지를 제고
ⓑ 브랜드 (　　　)을 구축
ⓒ 재구매 유도
ⓓ 긍정적 입소문 확산
→ 광고 효과의 극대화</td>
</tr>
<tr>
<td></td>
<td>주장</td>
<td colspan="2">기업은 제품을 판매한 이후에도 소비자와 제품의 우호적인 관계가 유지될
수 있도록 지속적으로 광고를 노출할 필요가 있다.</td>
</tr>
</table>

03

제시된 글에 대한 이해로 적절한 것은?　2016학년도 3월 고1 전국연합학력평가 변형

① 제품을 구매한 소비자는 자신이 구매한 제품의 광고에 더 이상 주목하지 않는다.

② 구매 후 광고를 적극적으로 탐색하면 소비자의 브랜드 충성심이 형성되지 않는다.

③ 인지 부조화가 발생하게 되면 소비자가 어떤 제품을 구매할지 쉽게 결정하지 못한다.

④ 소비자는 자신의 구매 행위가 최선이었다는 확신이 없을 때 심리적 긴장 상태가 생긴다.

03

소비자의 특성을 고려해 기업이 광고를 어떻게 노출해야 하는지를 보여주고 있다. 따라서 소비자의 특성과 기업의 대처를 중심으로 글을 읽어 나가면 된다.

소비자는 자신의 구매 행위가 최선이었다는 확신이 없을 경우 자신의 행동과 자신의 생각이 일치하지 않는 인지 부조화를 겪게 된다. 2문단에서 "이 이론(인지 부조화 이론)에 따르면 사람들은 자신의 생각과 태도가 자신이 한 행동과 서로 일치하기를 바라는데, 그렇지 않으면 심리적 긴장 상태가 발생하게 된다는 것이다."를 볼 때, '심리적 긴장 상태'를 겪게 된다는 이해는 적절하다.

오답 체크

① 3문단과 4문단의 제품을 구매한 소비자라 할지라도 자신이 구매한 제품에 만족하지 못하게 되면 인지 부조화를 극복하기 위해 광고에 주의를 기울일 수 있다는 내용을 통해 알 수 있다.

② 4문단의 구매 후에 광고를 적극적으로 탐색하게 되면 광고를 통해 제품의 긍정적인 측면에 더욱 주목하게 됨으로써 브랜드 충성심이 형성되기 쉽다는 내용을 통해 확인할 수 있다.

③ 인지 부조화는 자신이 한 행동과 자신의 생각이 일치하지 않아 겪게 되는 심리적 불편함이므로 자신이 한 소비 행동과 소비 행동이 최선이 아닐지도 모른다는 생각 사이의 불일치로 인해 발생하는 것이다. 어떤 제품을 구매할지 결정을 내리지 못하는 것은 구매 행위가 일어나기 이전이므로 이를 인지 부조화의 관점으로 설명하는 것은 적절하지 않다.

정답 |
02 구매, 불편함, 인지 부조화,
　　불일치, 노력, 광고, 충성심
03 ④

과거에는 일반 시민들이 사회 문제에 관한 정보를 얻을 수 있는 수단이 거의 없었다. 따라서 일반 시민들은 신문과 같은 전통적 언론을 통해 정보를 얻었고, 전통적 언론은 주요 사회 문제에 대한 여론을 형성하는 데 강한 영향을 끼쳤다. 지금도 신문에서 물가 상승 문제를 반복해서 보도하면, 일반 시민들은 이를 중요하다고 생각하고 그와 관련된 여론도 활성화된다. 이처럼 전통적 언론이 여론을 형성하는 것을 '의제설정' 기능이라고 한다.

하지만 막강한 정보원으로 인터넷이 등장한 이후 전통적 언론의 영향력은 약화되고 있다. 그리고 인터넷을 통한 상호작용 매체인 소셜 네트워킹 서비스(이하 SNS)가 등장한 이후에는 그러한 경향이 더 강화되고 있다. 일반 시민들이 SNS를 통해 문제를 제기하고 많은 사람들이 그 문제에 대해 중요하다고 생각하면 역으로 전통적 언론에서 뒤늦게 그 문제에 대해 보도하는 현상이 생기게 된 것이다. 이러한 현상을 일반 시민이 의제설정을 주도한다는 점에서 '역의제설정' 현상이라고 한다.

전통적 언론은 사회 문제 중에서 일부만을 골라서 의제로 설정한다. 역의제설정 현상은 전통적 언론에 의해 주도되는 의제설정의 치우침, 즉 편향성을 보완할 수 있다는 점에서 사회적으로 중요한 의미가 있다. 일반 시민들이 SNS를 통해 전통적 언론에서 다루지 않은 문제에 대해 논의거리를 제기하고 그에 대해 다른 사람들의 호응을 얻어 사회적으로 의미 있는 여론을 형성할 수 있게 된 것이다.

하지만 역의제설정 현상이 긍정적인 면만 있는 것은 아니다. SNS에서는 진위 여부가 검증되지 못한 내용을 토대로 여론이 형성되는 경우도 있다. 이 때문에 SNS를 통해 형성되는 여론은 왜곡되거나 변형될 위험이 있다. SNS에서 때로 괴담과 같은 비합리적인 정보가 마치 사실처럼 간주되고 널리 확산되어 사회적 물의를 일으키는 것도 이 때문이다.

01

다음 진술이 바르면 ○, 바르지 않으면 ✕하라.

(1) 여론을 주도하는 주체는 달라질 수 있다.   ○ ✕

(2) '역의제설정' 현상은 인터넷의 발달과 관련이 있다.   ○ ✕

01
(1) 여론의 주도층이 '언론'에서 '시민들'로 바뀐 것을 볼 때 적절한 추론이다.
(2) 인터넷의 발달로, SNS가 등장하였고, 그 결과 '역의제설정' 현상도 나타난 것이므로 인터넷의 발달과 관련이 있다는 추론은 적절하다.

🔍 정답 |
01 (1) ○
     (2) ○

02

제시된 글의 내용을 표로 정리한 것이다. 빈칸에 알맞은 말을 넣으시오.

<table>
<tr><td colspan="3" style="text-align:center">[역의제설정 현상의 장점과 단점]</td></tr>
<tr><td>1문단</td><td colspan="2">• '의제설정'과 '역의제설정'</td></tr>
<tr><td rowspan="2">2문단</td><td colspan="1">(   )</td><td>역의제설정</td></tr>
<tr><td>전통적 언론이 여론을 형성하는 것</td><td>(   )이 여론을 주도하는 것
→ SNS를 통해 여론이 형성되면, 전통적 언론이 보도</td></tr>
<tr><td>3문단</td><td colspan="2">• '역의제설정'의 장점과 단점</td></tr>
<tr><td rowspan="2">4문단</td><td>장점</td><td>전통적 언론의 (   )을 보완할 수 있음.</td></tr>
<tr><td>단점</td><td>진위여부가 검증되지 못한 내용을 토대로 여론이 형성되기도 함.
→ 비합리적인 정보가 사실로 간주되고 확산되어 (   )를 일으킴.</td></tr>
</table>

03

제시된 글에 대한 이해로 가장 적절한 것은?

2013학년도 6월 고2 전국연합학력평가 A형 변형

① 여론은 전통적 언론에 의해 검증되어야 형성된다.
② 최근의 여론은 이전과는 달리 비밀스럽게 형성된다.
③ 역의제설정 현상은 사회적 물의를 최소화할 수 있다.
④ 주목받는 의제라도 내용의 사실 여부를 따져봐야 한다.

03
'역의제설정'의 탄생 배경과 장점과 단점을 다루고 있다. 따라서 각각의 내용을 정리하면서 글을 읽어 나간다.

4문단에서 '역의제설정' 현상의 부정적인 영향으로 "SNS에서는 진위 여부가 검증되지 못한 내용을 토대로 여론이 형성되는 경우도 있다."를 들고 있다. 따라서 주목받는 의제라고 하더라도 내용의 사실 여부를 따져볼 필요가 있다.

오답 체크 ✏️

① 최근에는 SNS를 통해서도 여론이 형성된다고 하였다. 따라서 전통적 언론의 검증이 있어야만 여론이라는 추론은 적절하지 않다.
② 최근에는 SNS에서 사람들과의 소통 과정에서 여론이 형성된다고 하였다. 따라서 비밀스럽게 여론이 형성된다는 추론은 적절하지 않다.
③ 4문단에서 비합리적인 정보가 사실로 간주되고 확산되어 사회적 물의를 일으켰다고 했다. 따라서 사회적 물의를 최소화할 수 있다는 추론은 적절하지 않다.

🔍 정답 |
02 의제 설정, 일반 시민, 편향성, 사회적 물의
03 ④

신(神)의 한 수 독해편

★ PART ★

III

주제 찾기

DAY 10 주제 찾기 유형

유형 분석

주어진 글을 읽고 '주제'를 파악했는지 확인하는 유형이다. '주제'는 '글쓴이가 글을 통해 독자에게 전달하고자 하는 내용'이다. 주제뿐만 아니라, 중심 내용, 중심 화제, 글쓴이의 주장이나 글의 결론 등을 묻는 형태로도 출제된다. 각기 다른 유형 같지만, 결국에는 '글쓴이가 말하고자 하는 바'를 묻는다는 점에서 동일하다. 따라서 글쓴이가 무엇에 대해, 어떻게 서술했는지를 찾으면 된다.

대표 발문

- 제시된 글의 주장으로 가장 적절한 것은?
- 제시된 글의 제목으로 가장 적절한 것은?
- 제시된 글의 주제로 가장 적절한 것은?

유형 정복 비법

비법 3. 삭제와 재구성의 법칙

주제 찾기 유형을 정복하기 위해서는 '삭제'와 '재구성'을 할 필요가 있다. 글쓴이는 글을 쓸 때, 자신이 말하고자 하는 바를 독자에게 쉽고 효과적으로 전달하기 위해서 여러 도구를 사용한다. 예를 들기도 하고, 질문을 던지기도 하고, 관련된 개념을 설명하기도 한다. '주제'를 찾는 우리의 입장에서 보자면, 글쓴이가 만들어 놓은 여러 장치들을 제거하면 '주제'를 찾을 수 있다는 의미이다. 부가적인 부분들을 삭제했을 때, '주제'가 겉으로 드러난 경우도 있지만, 그렇지 않은 경우도 있다. 그럴 때는 남은 뼈대들의 내용을 재구성하여 묶으면 그것이 주제가 된다. 문단이 여러 개일 때에는 각 문단의 관계를 도식화하면 주제를 이끌어내기 쉽다.

STEP1 다음 문장을 '삭제와 재구성'을 통해 주제를 찾아보자. 삭제해야 할 내용은 '——'를 통해 표시하고, 재구성한 내용은 '☑'에 적어라.

> 높은 휘발유세는 자동차를 사용함으로써 발생하는 다음과 같은 문제들을 줄이는 교정적 역할을 수행하고 있다. 첫째, 휘발유세는 사람들의 대중교통 수단 이용을 유도하고, 자가용 사용을 억제함으로써 교통 혼잡을 줄일 수 있다. 둘째, 휘발유세는 휘발유 소비를 억제함으로써 대기 오염을 줄이는 데 기여한다.

☑

> 납세자들은 정부에서 제공하는 각종 재정 활동, 즉 각종 공공시설, 보건 의료, 복지 및 후생 등의 편익에 대해서 더 큰 혜택을 원한다. 그러나 공공 서비스 확충을 위하여 세금을 더 많이 내겠다고 나서는 사람은 보기 드물다.

☑

> 우주에서 지구의 북극을 내려다보면 지구는 시계 반대 방향으로 빠르게 자전하고 있지만 우리는 그 사실을 인지하지 못한다. 지구의 자전 때문에 일어나는 현상 중 하나는 지구상에서 운동하는 물체의 운동 방향이 편향되는 것이다. 이러한 현상의 원인이 되는 가상적인 힘을 전향력이라고 한다.

☑

똑같이 할 필요는 없다. 불필요한 부분을 삭제했고, 남은 부분의 내용을 재구성했으면 그걸로 충분하다.

> 높은 휘발유세는 자동차를 사용함으로써 발생하는 다음과 같은 문제들을 줄이는 교정적 역할을 수행하고 있다. 첫째, 휘발유세는 사람들의 대중교통 수단 이용을 유도하고, 자가용 사용을 억제함으로써 교통 혼잡을 줄일 수 있다. 둘째, 휘발유세는 휘발유 소비를 억제함으로써 대기 오염을 줄이는 데 기여한다.

☑ 높은 휘발유세의 정당성(높은 휘발유세의 긍정적 역할)

> 납세자들은 정부에서 제공하는 각종 재정 활동, 즉 각종 공공시설, 보건 의료, 복지 및 후생 등의 편익에 대해서 더 큰 혜택을 원한다. 그러나 공공 서비스 확충을 위하여 세금을 더 많이 내겠다고 나서는 사람은 보기 드물다.

☑ 세금에 대한 납세자들의 입장

> 우주에서 지구의 북극을 내려다보면 지구는 시계 반대 방향으로 빠르게 자전하고 있지만 우리는 그 사실을 인지하지 못한다. 지구의 자전 때문에 일어나는 현상 중 하나는 지구상에서 운동하는 물체의 운동 방향이 편향되는 것이다. 이러한 현상의 원인이 되는 가상적인 힘을 전향력이라고 한다.

☑ 전향력의 개념

이번에는 'STEP 2'를 모방해서 '삭제와 재구성'을 통해 주제를 찾아보자.

개개인의 표현 욕구가 강해지면서 사람들 사이에 사회적 관계를 맺게 하고, 친분 관계를 유지하고 강화해 주며, 개인인 나 자신이 중심이 되어 자기 관심사와 개성을 함께 담아 갈 수 있는 SNS가 점점 발달하고 있다.

☑

외모 지상주의란 외모를 가장 중요한 가치로 보는 관점으로, 외모가 개인의 우열을 결정하며 인생에 큰 영향을 미친다고 생각하는 가치관이나 사회적 풍토를 의미한다. 외모 지상주의의 가장 큰 문제는 개인이 자신의 뜻으로 그것을 선택한 것처럼 보이지만, 실은 자본주의의 상품 논리가 이를 교묘하게 부추기고 있다는 점이다.

☑

최근 시청자들의 관심을 끌기 위해 비속어 등 규범에 맞지 않는 언어 표현을 하거나 선정적, 폭력적 내용을 담고 있는 1인 방송이 늘어나고 있다. 문제는 청소년은 모방 심리가 강하기 때문에 이러한 방송에 지속적으로 노출될 경우 언어생활이나 가치관에 부정적인 영향을 끼칠 수 있다는 것이다. 실제로 1인 방송 진행자가 사용하는 막말과 비속어 등이 청소년들 사이에서 유행어처럼 번지고, 1인 방송에서 본 잘못된 행동을 모방하는 사례가 늘고 있다.

☑

광고에서 배경 음악은 전체의 분위기를 이끌어 가는 매우 중요한 역할을 한다. 특히 최근의 광고에는 소리에 대한 비중이 점차 높아지고 있다. '그림보다 소리로 승부를 건다.'는 말이 나올 정도로, 강렬한 소리로써 소비자들의 마음을 현혹시키는 광고가 늘어나고 있다. 이른바 '사운드 마케팅'으로 불리는 이런 '소리 위주의 광고'는 소비자의 머리에 깊이 인식되어 소비를 이끌어 낼 수 있고, 기업의 이미지를 높일 수 있는 장점도 지녀, 더욱 주목받고 있다.

☑

농약은 언제부터, 왜 치기 시작했을까? 우리 선조들은 농약을 치지 않고도 채소를 가꾸고 과일도 심어 먹었다. 왜냐하면 내가 먹고, 식구들이 먹고, 이웃하고 나눠 먹으려고 농사를 지었기 때문이다. 그런데 시장에 내다 팔아 돈을 벌기 위한 목적으로 농사를 짓기 시작하면서부터 더 많은 양을 생산하기 위해 농약을 치게 되었다. 농약을 쳐도 아주 듬뿍 친다. 그래야 모양도 좋고, 크기도 크고, 벌레 먹은 자국도 없는 깨끗한 채소와 과일이 나와 잘 팔리기 때문이다.

☑

'삭제와 재구성'을 잘 했는지 확인해 보자.

> 개개인의 표현 욕구가 강해지면서 사람들 사이에 사회적 관계를 맺게 하고, 친분 관계를 유지하고 강화해 주며, 개인인 나 자신이 중심이 되어 자기 관심사와 개성을 함께 담아 갈 수 있는 SNS가 점점 발달하고 있다.

☑ SNS의 발달(SNS의 발달 원인)

> 외모 지상주의란 외모를 가장 중요한 가치로 보는 관점으로, 외모가 개인의 우열을 결정하며 인생에 큰 영향을 미친다고 생각하는 가치관이나 사회적 풍토를 의미한다. 외모 지상주의의 가장 큰 문제는 개인이 자신의 뜻으로 그것을 선택한 것처럼 보이지만, 실은 자본주의의 상품 논리가 이를 교묘하게 부추기고 있다는 점이다.

☑ 외모지상주의의 개념과 문제점

> 최근 시청자들의 관심을 끌기 위해 비속어 등 규범에 맞지 않는 언어 표현을 하거나 선정적, 폭력적 내용을 담고 있는 1인 방송이 늘어나고 있다. 문제는 청소년은 모방 심리가 강하기 때문에 이러한 방송에 지속적으로 노출될 경우 언어생활이나 가치관에 부정적인 영향을 끼칠 수 있다는 것이다. 실제로 1인 방송 진행자가 사용하는 막말과 비속어 등이 청소년들 사이에서 유행어처럼 번지고, 1인 방송에서 본 잘못된 행동을 모방하는 사례가 늘고 있다.

☑ 1인 방송의 문제점(1인 방송은 많은 문제점을 가지고 있다.)

> 광고에서 배경 음악은 전체의 분위기를 이끌어 가는 매우 중요한 역할을 한다. 특히 최근의 광고에는 소리에 대한 비중이 점차 높아지고 있다. '그림보다 소리로 승부를 건다.'는 말이 나올 정도로, 강렬한 소리로써 소비자들의 마음을 현혹시키는 광고가 늘어나고 있다. 이른바 '사운드 마케팅'으로 불리는 이런 '소리 위주의 광고'는 소비자의 머리에 깊이 인식되어 소비를 이끌어 낼 수 있고, 기업의 이미지를 높일 수 있는 장점도 지녀, 더욱 주목받고 있다.

☑ 광고에서 배경 음악의 역할

농약은 언제부터, 왜 치기 시작했을까? 우리 선조들은 농약을 치지 않고도 채소를 가꾸고 과일도 심어 먹었다. 왜냐하면 내가 먹고, 식구들이 먹고, 이웃하고 나눠 먹으려고 농사를 지었기 때문이다. 그런데 시장에 내다 팔아 돈을 벌기 위한 목적으로 농사를 짓기 시작하면서부터 더 많은 양을 생산하기 위해 농약을 치게 되었다. 농약을 쳐도 아주 듬뿍 친다. 그래야 모양도 좋고, 크기도 크고, 벌레 먹은 자국도 없는 깨끗한 채소와 과일이 나와 잘 팔리기 때문이다.

☑ 농약을 치기 시작한 때와 치는 이유

STEP 5 이번에는 조금 더 긴 문장을 '삭제와 재구성'해서 주제를 찾아보자.

사회 관계망 서비스(SNS)는 개인의 알 권리를 충족하거나 사회적 정의 실현을 위해 생각과 정보를 공유할 수 있도록 돕는다는 면에서 긍정적인 가치를 인정받는다. 그러나 도덕적 응징이라는 미명하에 개인의 신상 정보를 무차별적으로 공개하는 범법 행위가 확산되면서 심각한 사회 문제가 일고 있는 것이 사실이다. 법적 처벌이 어렵다면 도덕적으로 응징해서라도 죄를 물어야 한다는 누리꾼들의 요구가, '모욕죄'나 '사이버 명예 훼손죄' 등으로 처벌될 수 있는 범죄 행위 수준의 과도한 행동으로 이어지는 경우를 우려해야 하는 상황인 것이다.

☑

특히 사회적 비난이 집중된 사건의 경우, 공익을 위한다는 생각으로 사건의 사실 여부를 제대로 확인하지도 않은 채 개인 신상 정보부터 무분별하게 유출하는 행위가 끊이지 않고 있어 문제의 심각성이 커지고 있다. 그로 인해 개인의 사생활 침해와 인격 훼손은 물론, 개인 정보가 범죄에 악용되는 부작용이 발생하고 있다. 따라서 사회 관계망 서비스를 이용하여 정보를 공유할 때에는, 개인의 사생활을 침해하거나 인격을 훼손하는 정보를 유출하는 것은 아닌지 각별한 주의를 기울일 필요가 있다.

☑

'삭제와 재구성'을 잘 했는지 확인해 보자.

> 사회 관계망 서비스(SNS)는 개인의 알 권리를 충족하거나 사회적 정의 실현을 위해 생각과 정보를 공유할 수 있도록 돕는다는 면에서 긍정적인 가치를 인정받는다. 그러나 도덕적 응징이라는 미명하에 개인의 신상 정보를 무차별적으로 공개하는 범법 행위가 확산되면서 심각한 사회 문제가 일고 있는 것이 사실이다. 법적 처벌이 어렵다면 도덕적으로 응징해서라도 죄를 물어야 한다는 누리꾼들의 요구가, '모욕죄'나 '사이버 명예 훼손죄' 등으로 처벌될 수 있는 범죄 행위 수준의 과도한 행동으로 이어지는 경우를 우려해야 하는 상황인 것이다.

☑ SNS상 무차별적인 정보 공개가 사회 문제가 되고 있다.

> 특히 사회적 비난이 집중된 사건의 경우, 공익을 위한다는 생각으로 사건의 사실 여부를 제대로 확인하지도 않은 채 개인 신상 정보부터 무분별하게 유출하는 행위가 끊이지 않고 있어 문제의 심각성이 커지고 있다. 그로 인해 개인의 사생활 침해와 인격 훼손은 물론, 개인 정보가 범죄에 악용되는 부작용이 발생하고 있다. 따라서 사회 관계망 서비스를 이용하여 정보를 공유할 때에는, 개인의 사생활을 침해하거나 인격을 훼손하는 정보를 유출하는 것은 아닌지 각별한 주의를 기울일 필요가 있다.

☑ 정보를 공유할 때, 개인의 사생활 침해나 인격 훼손이 있어서는 안 된다.

'STEP 5'의 문장들은 2019년 지방직 7급에 나온 하나의 지문을 2개로 나눠 놓은 것이다. 내용을 모두 파악했기 때문에 어렵지 않게 문제를 해결할 수 있을 것이다. 2019년 지방직 7급의 문제를 풀어 보자.

🕐 시간 ⬛⬛ 분

ⓐ 'A는 B 면에서 C이다.'는 'A는 B라는 측면에서 보자면, C로 판단할 수 있다.'라는 의미이다. 따라서 주로 C에는 '좋다/나쁘다', '긍정적이다/부정적이다'처럼 판단이나 평가와 관련된 서술어가 온다.

ⓑ 'A. 그러나 B.'에서 A와 B에는 서로 상반된 내용이 온다. 이때 글쓴이의 초점은 '그러나' 뒤에 오는 B이다. '그러나' 자리에 '하지만'이 쓰일 때도 마찬가지이다.

ⓒ 'A 하면서 B가 일다.'는 'A의 영향으로 B가 생긴다.'는 의미이다.

ⓓ 'A가 어렵다면 B라도'는 'A가 안 된다면 B라도'라는 의미이다. 즉 'A가 되면 좋지만 그게 안 된다면 B라도'의 의미이다.

ⓔ 'A. 그로 인해 B가 발생한다.'는 'A 때문에 B가 발생한다.'는 의미이다.

ⓕ 'A는 물론, B.'는 'A와 B 모두'라는 의미이다.

ⓖ 'A에 주의를 기울일 필요가 있다.'는 'A에 주의해야 한다.'라는 의미이다. 이 표현이 단락의 마지막 부분에 오거나, 여러 단락 중 맨 끝 단락에 온다면 글쓴이의 주장일 가능성이 크다.

제시된 글에서 결론적으로 주장하는 바로 가장 적절한 것은?

2019년 지방직 7급

사회 관계망 서비스(SNS)는 개인의 알 권리를 충족하거나 사회적 정의 실현을 위해 생각과 정보를 공유할 수 있도록 돕는다는 면에서 긍정적인 가치를 인정받는다.(ⓐ) 그러나 도덕적 응징이라는 미명하에 개인의 신상 정보를 무차별적으로 공개하는 범법 행위가 확산되면서 심각한 사회 문제가 일고(ⓒ) 있는 것이 사실이다.(ⓑ) 법적 처벌이 어렵다면 도덕적으로 응징해서라도(ⓓ) 죄를 물어야 한다는 누리꾼들의 요구가, '모욕죄'나 '사이버 명예 훼손죄' 등으로 처벌될 수 있는 범죄 행위 수준의 과도한 행동으로 이어지는 경우를 우려해야 하는 상황인 것이다.

특히 사회적 비난이 집중된 사건의 경우, 공익을 위한다는 생각으로 사건의 사실 여부를 제대로 확인하지도 않은 채 개인 신상 정보부터 무분별하게 유출하는 행위가 끊이지 않고 있어 문제의 심각성이 커지고 있다. 그로 인해 개인의 사생활 침해와 인격 훼손은 물론(ⓕ), 개인 정보가 범죄에 악용되는 부작용이 발생하고 있다.(ⓔ) 따라서 사회 관계망 서비스를 이용하여 정보를 공유할 때에는, 개인의 사생활을 침해하거나 인격을 훼손하는 정보를 유출하는 것은 아닌지 각별한 주의를 기울일 필요가 있다.(ⓖ)

① 정보 공유를 통해 사회 정의를 실현할 수 있다.

② 정보 유출로 공공의 이익이 훼손되는 경우는 없다.

③ 공유된 정보는 사실 관계를 확인할 수 있어야 한다.

④ 정보 공유 과정에서 개인의 인권이 침해당해서는 안 된다.

🔍 정답 | ④

표로 구조화하면 주제(중심 내용)를 찾기 더 쉽다. 2019년 지방직 7급을 표로 구조화하면 다음과 같다. 괄호 속에 알맞은 말을 넣어라.

1문단	• SNS 정보 공유의 장점과 단점(문제점)	
	장점	ⓐ 개인의 알 권리를 충족 ⓑ 사회적 정의 실현
	단점 (문제점)	개인 신상 정보의 무차별적인 확산 → (　　　) 여부도 확인하지 않은 채 개인 신상이 무분별하게 유출되고 있다.
	• 글쓴이의 생각	
	범죄 행위 수준의 과도한 행동으로 이어지는 것을 우려해야 하는 상황이다.	
2문단	• 글쓴이의 주장: SNS에서 (　　　)를 공유할 때에는 주의해야 할 점	
	ⓐ (　　　)을 침해하면 안 된다. ⓑ (　　　)을 훼손하면 안 된다.	

🔍 정답 | 사실, 정보, 사생활, 인격

기출 + 실전 문제로
독해 비법 익히기

1회독 ___월 ___일
2회독 ___월 ___일
3회독 ___월 ___일

신의 한 수

📈 기출 문제

기출 문제 ① 독해 비법 익히기　　　　　🕐 시간 ■■ 분

> 신어(新語)에 대해 말할 때, 보통 유행어나 비속어, 은어와 같은 한정된 대상을 떠올리는 경우가 많습니다. 그런데 신어 연구의 대상은 특정한 범주의 언어, 소수 집단의 언어에 한정되지 않습니다. 어려운 전문 용어는 의사소통의 효율성이나 교육적 목적을 위해 순화된 신어로 대체할 필요가 있는데, 특히, 상당수의 전문 용어는 신어에 대한 정책적인 고려가 필요해 보입니다. 예를 들어 '좌창(痤瘡)'이라는 의학 용어를 대체한 '여드름'은 일상생활뿐만 아니라 전문 분야에서도 신어로 자리를 잡았습니다. 이와 같은 신어는 전문 용어의 순화에도 일정한 역할을 하고 있습니다. 이는 신어 연구가 단지 새로운 어휘와 몇 가지 주제를 나열하는 연구를 넘어서 한국어 조어론 전반에 대한 연구로 확장되어야 하는 이유이기도 합니다. 이러한 신어의 영역은 대중이 생산하는 '자연 발생적 신어'의 영역과 더불어 '인위적인 신어'의 영역으로 논의되어야 합니다.

01

(1) 글쓴이는 '유행어, 비속어, 은어'도 신어인 것은 맞지만, '신어'의 범위를 그것들에 한정해서는 안 된다는 입장이다.

(2) 마지막 문장 "신어의 영역은 대중이 생산하는 '자연 발생적 신어'의 영역과 더불어 '인위적인 신어'의 영역으로 논의되어야 합니다."를 볼 때, 적절하지 않은 진술이다.

01

다음 진술이 바르면 ○, 바르지 않으면 ✕하라.

(1) 글쓴이는 유행어나 은어는 신어가 아니라고 생각한다.　　　　○ ✕

(2) 글쓴이는 지금까지 신어의 연구 대상은 '인위적인 신어'에만 국한되어 왔다고 생각한다.　　　　○ ✕

🔍 정답 |
01 (1) ✕
　　(2) ✕

02

제시된 글의 내용을 표로 정리한 것이다. 빈칸에 알맞은 말을 넣으시오.

[중심 화제: (　　　)]		
신어 연구의 대상	**일반적인 생각** 한정된다. → 보통 유행어나 비속어, 은어와 같은 한정된 대상	**글쓴이의 생각** 한정되지 않는다. → 특정한 범주의 언어, 소수 집단의 언어에 (　　　)되지 않는다.
글쓴이의 생각	목적	ⓐ 의사소통의 효율성 ⓑ 교육적 목적
	생각	어려운 전문 용어는 순화된 신어로 대체할 필요가 있다.
	예시	좌창(痤瘡) → 여드름
	→ 신어는 전문 용어의 순화에도 일정한 역할을 하고 있다.	
신어 연구의 대상	**기존** ⓐ 새로운 어휘와 몇 가지 주제를 나열하는 연구 ⓑ 대중이 생산하는 '자연 발생적 신어'의 영역	**글쓴이의 주장** '(　　　)' 연구와 함께 ⓐ 한국어 조어론 전반에 대한 연구로 확장 ⓑ '인위적인 신어'의 영역까지 확대

03

제시된 발화에 나타난 주장으로 가장 적절한 것은?

2020년 지방직 7급

① 신어에서 비속어나 은어가 빠져야 한다.
② 신어는 연구 대상과 영역을 확장해야 한다.
③ 자연 발생적인 신어에 대한 정책적 고려가 필요하다.
④ 신어는 의사소통의 효율성을 위해 그 범주를 특정해야 한다.

03
"신어 연구의 대상은 특정한 범주의 언어, 소수 집단의 언어에 한정되지 않습니다." 부분을 통해 신어의 연구 대상을 확장해야 함을, "신어의 영역은 대중이 생산하는 '자연 발생적 신어'의 영역과 더불어 '인위적인 신어'의 영역으로 논의되어야 합니다." 부분을 통해 신어의 연구 영역을 확장해야 함을 주장하고 있다.

오답 체크
① 발화자도 신어에 비속어나 은어가 속한다는 것은 인정하고 있다.
③ 발화자가 정책적인 고려도 필요하다고 생각한 부분은 '인위적인 언어'이다.
④ 발화자는 범주를 한정하면 안 된다는 입장이다.

정답 |
02 신어(新語), 한정, 기존
03 ②

기출 문제 **2** 독해 비법 익히기

시간 ■■분

> 우리에게 친숙한 동물들의 사소한 행동을 살펴보면 그들이 자신의 환경을 개조한다는 것을 알 수 있다. 가장 단순한 생명체는 먹이가 그들에게 헤엄쳐 오게 만들고, 고등동물은 먹이를 구하기 위해 땅을 파거나 포획 대상을 추적하기도 한다. 이처럼 동물들은 자신의 목적을 위해 행동함으로써 환경을 변형시킨다. 이러한 생존 방식을 흔히 환경에 적응하는 것으로 설명한다. 그러나 이러한 설명은 생명체들이 그들의 환경 개변(改變)에 능동적으로 행동한다는 중요한 사실을 놓치고 있다.
>
> 가장 고등한 동물인 인간도 다른 생명체와 마찬가지로 생존이나 적응을 넘어서 환경에 대해 적극성을 보인다. 이는 인간의 세 가지 충동-사는 것, 잘 사는 것, 더 잘 사는 것-으로 인하여 가능하다. 잘 살기 위한 노력은 순응적이기보다는 능동적인 모습으로 나타나게 된다. 인간도 생명체이다. 더 잘 살기 위해서는 환경에 순응할 수만은 없다.

01

다음 진술이 바르면 ○, 바르지 않으면 ╳하라.

(1) 글쓴이는 환경에 대한 인간의 '능동성'을 강조하고 있다.　　　　○ ╳

(2) 글쓴이는 인간과 달리 동물은 더 잘 살기 위해 환경에 순응한다고 보고 있다.
　　　　　　　　　　　　　　　　　　　　　　　　　　　　　　○ ╳

01
(1) 1문단의 "생명체들이 그들의 환경 개변(改變)에 능동적으로 행동한다는 중요한 사실" 부분을 볼 때, 적절한 진술이다.
(2) 2문단의 "가장 고등한 동물인 인간도 다른 생명체와 마찬가지로 생존이나 적응을 넘어서 환경에 대해 적극성을 보인다." 부분에서 '인간'과 다른 생명체인 '동물'이 동일하다고 보았다. 따라서 '동물'이 환경에 순응한다는 것은 글쓴이의 입장이 아니다.

🔍 정답 |
01 (1) ○
　　(2) ╳

02

제시된 글의 내용을 표로 정리한 것이다. 빈칸에 알맞은 말을 넣으시오.

[중심 화제: 생명체와 (   )]

1문단	관찰 결과	동물은 자신의 환경을 개조한다.	
	예시	**단순한 생명체**	**고등동물**
		먹이가 그들에게 헤엄쳐 오게 만듦.	먹이를 구하기 위해 땅을 파거나 획 대상을 추적함.
	생존 방식	ⓐ 동물들은 자신의 ( )을 위해 행동함으로써 환경을 변형시키나. ⓑ 환경에 적응한다.	
	문제 제기	환경에 적응한다는 입장은, 생명체가 ( )으로 행동한다는 사실을 놓치고 있다.	
2문단	주장	인간도 생존이나 적응을 넘어서 환경에 대해 ( )을 보인다.	
	이유	ⓐ 인간의 세 가지 <u>충동</u>으로 인해 가능하다. └→ 사는 것, 잘 사는 것, 더 잘 사는 것 ⓑ 잘 살기 위한 노력은 순응적이기보다는 능동적인 모습으로 나타나게 된다. → 주장: 더 잘 살기 위해서는 환경에 순응할 수만은 없다. → ( )	

03

제시된 글의 주장으로 가장 적절한 것은?

2020년 지방직 9급

① 인간은 환경에 적응해 왔다.
② 삶의 기술은 생존을 위한 것이다.
③ 생명체는 환경을 능동적으로 변형한다.
④ 인간은 잘 사는 것을 삶의 목표로 한다.

03

제시된 글의 글쓴이는 생명체가 단순히 환경에 '적응(순응)'하는 것이 아니라, 적극적으로 환경을 '변형'한다고 말하고 있다. 따라서 제시된 글의 주장으로는 '생명체는 환경을 능동적으로 변형한다.'가 가장 적절하다.

오답 체크 🖍

① "이러한 생존 방식을 흔히 환경에 적응하는 것으로 설명한다. 그러나 ~ 환경 개변(改變)에 능동적으로 행동한다는 중요한 사실을 놓치고 있다." 부분을 볼 때 글쓴이의 생각과 일치하지 않는다.
② 2문단에서 "인간도 다른 생명체와 마찬가지로 생존이나 적응을 넘어서 환경에 대해 적극성을 보인다."라고 하였다. 따라서 '생존'을 위한 것이라는 것은 글쓴이의 주장이 되기 어렵다.
④ 인간이 환경에 적극성을 보이는 이유가 인간의 충동 중 하나인 '잘 사는 것' 때문이라고 말하고 있다. 따라서 잘 사는 것 자체가 목표라는 것을 제시된 글의 주장으로 보기 어렵다.

🔍 정답 |
02 환경, 목적, 능동적, 적극성
　　환경에 능동적이어야 한다.
03 ③

기출 문제 **3** 독해 비법 익히기

ⓐ 'A에도 불구하고 B'는 'A에도 거리끼지 않고 B'라는 의미이다.

ⓑ 'A의 이유는 무엇일까? B 때문이다.'는 'A는 B 때문이다.'라는 의미이다.

ⓒ 'A인지 B인지 중요하지 않다.'는 'A든 B든 상관없다.'는 의미이다.

ⓓ 'A는 B가 아니지만, C는 B이다.'는 'A와 C는 B라는 점에서 차이가 있다.'라는 의미이다.

ⓔ 'A. 그러나 이러한 B는 잘못이다.'에서 '이러한 B'는 사실상 'A'의 내용이다. 따라서 'A는 잘못이다.' 라는 의미이다. '옳다', '잘못이다'처럼 판단의 서술어가 쓰일 경우, 글쓴이의 판단일 가능성이 높다.

ⓕ 'A와 달리 B의 경우, C이다.'는 'A는 C가 아니지만, B는 C이다.'라는 의미이다. 따라서 'B는 C이다.' 로 이해하면 된다.

예술 작품의 복제 기술이 좋아지고 있음에도 불구하고(ⓐ) 원본을 보러 가는 이유는 무엇인가? 예술 작품의 특성상 원본 고유의 예술적 속성을 복제본에서는 느낄 수 없다고 생각하는 경향이 강하기 때문이다.(ⓑ) 사진은 원본인지 복제본인지 중요하지 않지만(ⓒ), 회화는 붓 자국 하나하나가 중요하기 때문에 복제본이 원본을 대체할 수 없다고 생각하는 사람들이 많다.(ⓓ)

그러나 이러한 생각은 잘못이다.(ⓔ) 회화와 달리 사진의 경우, 보통은 '그 작품'이라고 지칭되는 사례들이 여러 개 있을 수 있다.(ⓕ) 20세기 위대한 사진작가 빌 브란트가 마음만 먹었다면, 런던에 전시한 인화본의 조도를 더 낮추는 방식으로 다른 곳에 전시한 것과 다른 예술적 속성을 갖게 할 수 있었을 것이다. 이것은 사진의 경우, 작가가 재현적 특질을 선택하고 변형할 수 있는 방법이 다양함을 의미한다.

01

다음 진술이 바르면 ○, 바르지 않으면 ×하라.

(1) 일반적으로 사람들은 회화의 경우 원본과 복제품의 가치가 다르다고 생각한다.

○ ×

(2) 글쓴이는 사진의 경우 복제품도 예술적 가치를 가진다고 생각한다.

○ ×

01

(1) 1문단의 "회화는 ~ 복제본이 원본을 대체할 수 없다고 생각하는 사람들이 많다."를 볼 때 적절한 진술이다.

(2) 2문단의 "그러나 이러한 생각은 잘못이다. 회화와 달리 사건의 경우~여러 개 있을 수 있다."와 마지막 "사건의 경우~의미한다."를 볼 때 적절한 진술이다.

🔍 정답 |

01 (1) ○

(2) ○

02

제시된 글의 내용을 표로 정리한 것이다. 빈칸에 알맞은 말을 넣으시오.

[중심 화제: ( )의 예술성]			
1문단	문답	질문	복제 기술이 좋아졌음에도 사람들이 예술 작품의 원본을 보러 가는 이유는 무엇일까?
		답변	예술 작품의 특성상 원본 고유의 예술적 속성을 복제본에서는 느낄 수 없다고 생각하는 경향이 강하기 때문에
	( )	( )	회화
		원본인지 복제본인지 중요하지 않다.	복제본이 원본을 대체할 수 없다
2문단	( )	"원본인지 복제본인지 중요하지 않다."라는 생각은 잘못이다.	
	근거	인화본의 조도를 변경함으로써 다른 예술적 속성을 갖게 할 수 있다. → ( )은 작가가 재현적 특질을 선택하고 변형할 수 있는 방법이 다양하다.	

03

제시된 글의 주장으로 가장 적절한 것은?

`2020년 지방직 9급`

① 복제본의 예술적 가치는 원본을 뛰어넘을 수 없다.
② 복제 기술 덕분에 예술의 매체적 특성이 비슷해졌다.
③ 복제본의 재현적 특질을 변형하는 방법은 제한적이다.
④ 복제본도 원본과는 다른 별개의 예술적 특성을 담보할 수 있다.

03

1문단의 "복제본이 원본을 대체할 수 없다고 생각하는 사람들이 많다."에 대해서, 2문단에서 "그러나 이러한 생각은 잘못이다."라고 하면서, "다른 곳에 전시한 것과 다른 예술적 속성을 갖게 할 수 있었을 것이다."라고 하였다. 즉 제시된 글의 글쓴이는 복제본도 별개의 예술적 속성을 가진다고 생각하고 있다. 따라서 제시된 글의 주장으로 가장 적절한 것은 ④이다.

오답 체크

① 1문단의 "복제본이 원본을 대체할 수 없다고 생각하는 사람들이 많다."에 대해서, 2문단에서 "그러나 이러한 생각은 잘못이다."라고 하였다. 따라서 복제본의 예술적 가치는 원본을 뛰어넘을 수 없다는 글쓴이의 주장이 아니다.
② 1문단의 "예술 작품의 복제 기술이 좋아지고" 부분을 통해 복제 기술이 좋아졌음은 알 수 있다. 그러나 그 덕분에 예술의 매체적 특성이 비슷해졌다는 내용은 제시된 글을 통해 알 수 없다.
③ 2문단의 "작가가 재현적 특질을 선택하고 변형할 수 있는 방법이 다양함을 의미한다."를 볼 때, 복제본의 재현적 특질을 변형하는 방법은 제한적이라는 진술은 제시된 글의 주장과 상반된다.

정답 |
02 복제본, 통념(일반적인 생각), 사진, 주장, 사진

03 ④

실전 문제

🕐 **시간** ▨▨ **분**

한(漢)나라가 번성하던 시절에 유향(劉向)과 반고(班固)가 읽은 책이 대개 13,269권이다. 옛 사람들은 대나무를 편철하여 책을 만들었으므로 10여 권이라야 지금의 1권에 해당하니 실제로는 수천 권에 불과하다. 그러므로 그 무렵에는 비록 천하의 책을 다 보는 것이라도 힘이 드는 일이라고 말할 수 없다. 후세에 오면서 갈수록 문식(文飾)이 더욱 승하게 되니, 학문을 하는 사람은 점차 근본에서 이탈하여 부질없는 말로 서로 다투어 자랑하고, 책에 실린 것이 날마다 더욱 많아졌다. 그래서 박학(博學)에 힘쓰는 사람 가운데는 밤낮을 더하고 정신을 폐하며 오직 기록하고 암송하는 일에만 전념하는 사람도 있었다. 그러므로 독서를 많이 할수록 마음은 더욱 흩어지고 지식이 넓어질수록 어진 성정은 더욱 황폐해졌다. 아! 공자께서 이른바 "널리 배우고 많이 들으라."라고 한 말씀이 어찌 이것을 말한 것이란 말인가!

나는 여섯 살 때부터 독서할 줄을 알아 이제 30여 년이 되었다. 대개 일찍이 널리 배우고 많이 듣는 일에 뜻을 두었으나 그 요령을 얻지 못하여 무릇 제자백가, 술수서(術數書)에 패관잡기(稗官雜記)와 황당무계하고 자질구레하며 불경스러운 이야기에 이르기까지 마구 읽었다. 그러다 보니 오히려 옛 것을 상고하는 경전과 세상을 다스리는 업무에 대해서는 공부할 겨를이 없었다. 중도에 그러한 사실을 깨달아 비로소 점차로 간략함을 따랐다. 그러나 총명함이 미치지 못함이 개탄스럽고 나이가 따르기 어려움을 느꼈다. 매양 꼿꼿이 앉아서 책을 어루만질 때마다 멍하게 회한이 남지 않은 적이 없었다.

01

다음 진술이 바르면 ○, 바르지 않으면 ✕하라.

(1) 글쓴이는 가능한 한 많은 책을 읽어야 한다고 주장한다. ○ ✕

(2) 글쓴이는 어린 시절 다양한 책들을 읽지 못한 경험을 후회하고 있다. ○ ✕

02

제시된 글의 내용을 표로 정리한 것이다. 빈칸에 알맞은 말을 넣으시오.

[중심 화제: (　　　　)]			
1문단	독서	한나라	10여 권이 지금의 1권에 해당한다. → 천하의 책을 다 보는 것도 힘이 드는 일이 아니었다.
		후세	갈수록 문식이 승하게 되어, 책에 실린 것이 날마다 많아졌다. → 독서를 많이 할수록 마음은 더욱 흩어지고 지식이 넓어질수록 어진 성정은 더욱 황폐해졌다.
	주장		아! 공자께서 이른바 "널리 배우고 많이 들으라."라고 한 말씀이 어찌 이것을 말한 것이란 말인가!
2문단	독서 경험		독서 요령을 몰라서 (　　　　)을 마구 읽었다. └→ ⓐ 제자백가 ⓑ 술수서(術數書) 　　ⓒ 패관잡기(稗官雜記) 　　ⓓ 황당무계하고 자질구레하며 불경스러운 이야기
	영향		잡다한 책을 읽다 보니, 옛 것을 상고하는 경전과 세상을 다스리는 업무에 대해서는 (　　　)할 겨를이 없었다. → 회한이 남는다.

03

제시된 글의 글쓴이의 주장으로 가장 적절한 것은? 2014학년도 6월 고2 전국연합학력평가 B형 변형

① 모름지기 세상에는 잡다한 책도 많으니 가치 있는 책을 가려서 읽어야 한다.
② 독서를 할 때는 행간에 숨은 참된 의미를 깨달을 때까지 반복하여 읽어야 한다.
③ 책에는 옛 사람의 지혜가 담겨 있으니 종류를 따지지 말고 두루 섭렵해야 한다.
④ 효과적인 독서를 위해서는 필요한 부분만을 발췌하여 읽는 지혜부터 길러야 한다.

03
제시된 글은 글쓴이가 자신의 무분별했던 독서 태도를 반성하면서 좋은 책을 가려서 읽는 독서 태도가 중요하다는 것을 일깨우고 있다. 따라서 글쓴이의 주장은 '가치 있는 책을 가려서 읽어야 한다.'는 것이다.

오답 체크 ✏️

② 제시된 글에 글을 반복하여 읽어서 숨은 의미를 찾아야 한다는 내용은 없다.
③ 모든 책을 두루 읽어야 한다는 것은 글쓴이의 주장과 상반된다.
④ 제시된 글에 발췌독을 강조한 내용은 없다.

🔍 정답 |
02 독서(讀書), 잡다한 책, 공부
03 ①

문화주의자들은 문화를 가치, 신념, 인식 등의 총체로서 정치적 행동과 행위를 특정한 방향으로 움직여 일정한 행동 양식을 만들어내는 것으로 정의한다. 이러한 문화에 대한 정의를 바탕으로 이들은 국민이 정부에게 하는 정치적 요구인 투입과 정부가 생산하는 정책인 산출을 기반으로 정치 문화를 편협형, 신민형, 참여형의 세 가지로 유형화하였다.

편협형 정치 문화는 투입과 산출에 대한 개념이 모두 존재하지 않는 정치 문화이다. 투입이 없으며, 정부도 산출에 대한 개념이 없어서 적극적 참여자로서의 자아가 있을 수 없다. 사실상 정치 체계에 대한 인식이 국민들에게 존재할 수 없는 사회이다. 샤머니즘에 의한 신정 정치, 부족 또는 지역 사회 등 전통적인 원시 사회가 이에 해당한다.

다음으로 신민형 정치 문화는 투입이 존재하지 않으며, 따라서 적극적 참여자로서의 자아가 형성되지 못한 사회이다. 이런 상황에서 산출이 존재한다는 의미는 국민이 정부가 해주는 대로 받는다는 것을 의미한다. 이들 국민은 정부에 복종하는 성향이 강하다. 하지만 편협형 정치 문화와 달리 이들 국민은 정치 체계에 대한 최소한의 인식은 있는 상태이다. 일반적으로 독재 국가의 정치 체계가 이에 해당한다.

마지막으로 참여형 정치 문화는 국민들이 자신들의 요구 사항을 표출할 줄도 알고, 정부는 그러한 국민들의 요구에 응답하는 사회이다. 따라서 국민들은 적극적인 참여자로서의 자아가 형성되어 있으며, 그러한 적극적 참여자들로 형성된 정치 체계가 존재하는 사회이다. 이는 선진 민주주의 사회로서 현대의 바람직한 민주주의 사회상이다.

정치 문화 유형 연구는 어떤 사회가 민주주의를 제대로 구현하기 위해서 우선적으로 필요한 것이 무엇인가 하는 질문에 대한 답을 제시하고 있다. 문화주의자들은 국가를 특정 제도의 장단점에 의해서가 아니라 국가의 구성 요소들이 민주주의라는 보편적인 목적을 위해 얼마나 잘 기능하고 있는가를 기준으로 평가하고 있는 것이다.

01

다음 진술이 바르면 ○, 바르지 않으면 ×하라.

(1) 글쓴이는 참여형 정치 문화를 바람직한 민주주의 사회라고 생각한다.   ○ ×

(2) 글쓴이는 정치 문화 유형 연구는 무용하다고 생각한다.   ○ ×

01

(1) 4문단의 "이(참여형 정치 문화)는 선진 민주주의 사회로서 현대의 바람직한 민주주의 사회상이다." 부분을 통해 알 수 있다.

(2) 마지막 문단에서 '정치 문화 유형 연구'의 의의를 밝히고 있는 것을 볼 때, 글쓴이는 정치 문화 유형 연구가 의미가 있다고 생각한다.

🔍 정답 |

01 (1) ○

(2) ×

02

제시된 글의 내용을 표로 정리한 것이다. 빈칸에 알맞은 말을 넣으시오.

<table>
<tr><td colspan="5" align="center">[중심 화제: (　　　) 유형]</td></tr>
<tr><td rowspan="4">1문단</td><td colspan="4">• 문화주의자</td></tr>
<tr><td>문화의 정의</td><td colspan="3">가치, 신념, 인식 등의 총체로서 정치적 행동과 행위를 특정한 방향으로 움직여 일정한 행동 양식을 만들어내는 것</td></tr>
<tr><td rowspan="2">정치 문화의 유형</td><td>기준</td><td colspan="2">ⓐ 투입
↳ 국민이 정부에게 하는 정치적 요구
ⓑ (　　　)
↳ 정부가 생산하는 정책</td></tr>
<tr><td>유형</td><td colspan="2">ⓐ 편협형　　　ⓑ 신민형　　　ⓒ 참여형</td></tr>
<tr><td rowspan="4">2문단</td><td rowspan="15">유
형</td><td colspan="3">ⓐ 편협형 정치 문화</td></tr>
<tr><td>의미</td><td colspan="2">투입과 산출에 대한 개념이 모두 존재하지 않는 정치 문화</td></tr>
<tr><td>특징</td><td colspan="2">정치 체계에 대한 인식이 국민들에게 존재할 수 없다.</td></tr>
<tr><td>예시</td><td colspan="2">샤머니즘에 의한 신정 정치, 부족 또는 지역 사회 등 전통적인 원시 사회</td></tr>
<tr><td rowspan="5">3문단</td><td colspan="3">ⓑ 신민형 정치 문화</td></tr>
<tr><td>의미</td><td colspan="2">투입이 존재하지 않으며, 따라서 적극적 참여자로서의 자아가 형성되지 못한 사회</td></tr>
<tr><td rowspan="3">특징</td><td colspan="2">국민은 정부에 복종하는 성향이 강하다.
• '편협형'과의 차이점</td></tr>
<tr><td>편협형</td><td>신민형</td></tr>
<tr><td>국민은 정치 체계에 대한 인식이 아예 없는 상태</td><td>국민은 정치 체계에 대한 최소한의 인식은 있는 상태</td></tr>
<tr><td></td><td>예시</td><td colspan="2">독재 국가의 정치 체계</td></tr>
<tr><td rowspan="4">4문단</td><td colspan="3">ⓒ (　　　) 정치 문화</td></tr>
<tr><td>의미</td><td colspan="2">• 국민들이 자신들의 요구 사항을 표출할 줄도 알고, 정부는 그러한 국민들의 요구에 응답하는 사회
• 적극적 참여자들로 형성된 정치 체계가 존재하는 사회</td></tr>
<tr><td>특징</td><td colspan="2">국민들은 적극적인 참여자로서의 자아가 형성되어 있다.</td></tr>
<tr><td>예시</td><td colspan="2">선진 민주주의 사회로서 현대의 바람직한 민주주의 사회상</td></tr>
<tr><td rowspan="2">5문단</td><td colspan="4">• 정치 문화 유형 연구</td></tr>
<tr><td>(　　　)</td><td colspan="3">어떤 사회가 민주주의를 제대로 구현하기 위해서 우선적으로 필요한 것이 무엇인가 하는 질문에 대한 답을 제시하고 있다.
→ 문화주의자들은 국가의 구성 요소들이 민주주의라는 보편적인 목적을 위해 얼마나 잘 기능하고 있는가를 기준으로 평가하고 있다.</td></tr>
</table>

03

2014학년도 9월 고1 전국연합학력평가 변형

제시된 글을 통해 글쓴이가 궁극적으로 말하고자 하는 것은?

① 정치 발전을 위해서는 국민이 적극적으로 정치에 참여해야 한다.
② 정치 제도보다 정치 제도를 운영하는 운영자의 가치관이 중요하다.
③ 정치 문화의 유형을 구분하는 기준을 투입에서 산출로 바꾸어야 한다.
④ 정치에 정부가 과도하게 개입하는 것은 정치 발전에 도움이 되지 않는다.

03
마지막 문단에서 정치 문화 유형 연구는 어떤 사회의 민주주의 구현에 필요한 것이 무엇인가에 대한 답을 제시하고 있다고 하였다. 제시된 글은 국민의 정치 참여 정도를 주요 변인으로 하여 정치 문화 유형에 대해 변화를 기술하고 있다. 따라서 글쓴이는 바람직한 민주주의 사회가 되기 위해서는 '참여자'인 '국민'이 적극적으로 정치에 참여해야 한다는 것을 말하고 있다.

🔍 정답 |
02 정치 문화, 산출, 참여형, 의의
03 ①

우리는 한 분의 조상으로부터 퍼져 나온 단일 민족일까? 고대부터 고려 초에 이르기까지 대규모로 인구가 유입된 사례는 수없이 많다. 또 거란, 몽골, 일본, 만주족 등의 대대적인 외침 역시 무시할 수 없다.

고조선의 건국 시조로서의 단군을 인정할 수는 있지만, 한민족 전체의 공통 조상으로서의 단군을 받드는 것은 옳지 않다. 각 성씨의 족보를 보더라도 자기 조상이 중국으로부터 도래했다고 주장하는 귀화 성씨가 적지 않다. 또 한국의 토착 성씨인 김 씨나 박 씨를 보더라도 그 시조는 알에서 태어났지 단군의 후손임을 표방하지는 않는다. 이는 대부분의 족보가 처음 편찬된 조선 중기나 후기까지는 적어도 '단군'이라는 공통의 조상을 모신 단일 민족이라는 의식이 별로 없었다는 증거가 된다. 또 엄격한 신분제가 유지된 전통 사회에서 천민과 지배층이 같은 할아버지의 자손이라는 의식은 존재할 여지가 없다.

공통된 조상으로부터 뻗어 나온 단일 민족이라는 의식이 처음 출현한 것은 우리 역사에서 아무리 올려 잡아도 구한말(舊韓末) 이상 거슬러 올라갈 수 없고, 이런 의식이 전 국민적으로 보편화된 것은 1960년대에 들어와서일 것이다.

제국주의의 침탈과 분단을 겪은 20세기에 단일 민족 의식은 민족의 단결을 고취하고, 신분 의식 타파에 기여하는 등 긍정적인 역할을 수행했다. 그래서 아직도 단일 민족을 내세우는 것의 순기능이 필요하다고 생각할지도 모른다. 특히 이주노동자들보다 나은 대접을 받고 있다고 할 수 없는 조선족 동포들의 처지를 보면, 그리고 출신에 따라 편을 가르고 차별하는 지역감정을 떠올리면 같은 민족끼리 왜 이러나 하는 생각을 하게 된다. 갈라진 민족의 통일을 생각하면 우리는 한겨레라고 외치고 싶어진다. 그러나 우리는 지난 수십 년간 단일 민족임을 외쳐 왔지만 이런 문제들은 오히려 더 악화돼 왔다는 것을 기억해야 할 것이다.

이제 우리는 좀 다른 식으로 생각해야 한다. 같은 민족이기 때문에 차별해서는 안 된다는 논리는 유감스럽게도 다른 민족이라면 차별해도 괜찮다는 길을 열어 두고 있다. 하나의 민족, 하나의 조국, 하나의 언어를 강하게 내세운 나치 독일은 600여 만 명의 유대인 학살과 주변 국가에 대한 침략으로 나아갔다. 물론 이런 가능성들이 늘 현재화 되는 것은 아니지만, 단일 민족 의식 속에는 분명 억압과 차별과 불관용이 숨어 있다.

01
(1) 2문단과 3문단의 내용을 고려할 때, 글쓴이는 조선 시대까지는 단일 민족이라는 의식이 없었을 거라 생각하고 있다.
(2) 4문단에서 글쓴이는 단일 민족이라는 의식의 '긍정적인 역할'을 인정하고는 있지만, 그것이 가진 문제점이 있기 때문에 지나치게 강조하면 안 된다고 생각하고 있다.

🔍 정답 |
01 (1) ○
    (2) ✕

01

다음 진술이 바르면 ○, 바르지 않으면 ✕하라.

(1) 글쓴이는 조선 시대까지는 단일 민족이라는 의식이 없었을 거라 생각한다.
           ○ ✕

(2) 글쓴이는 단일 민족이라는 의식이 가진 긍정적인 역할을 강조하고 있다. ○ ✕

02

제시된 글의 내용을 표로 정리한 것이다. 빈칸에 알맞은 말을 넣으시오.

[중심 화제: (   ) 의식]

| 1문단 | 질문 | 우리는 한 분의 조상으로부터 퍼져 나온 단일 민족일까? |
| | 답변 | ⓐ 대규모로 인구가 유입된 사례는 수없이 많다.
ⓑ 대대적인 외침도 많았다.
→ 우리는 한 분의 조상으로부터 퍼져 나온 (   )이 아니다. |

| 2문단 | 주장 | 한민족 전체의 공통 조상으로서의 단군을 받드는 것은 옳지 않다. |
| | 근거 | ⓐ 중국에서 온 귀화 성씨가 많다.
ⓑ 한국 토착 성씨도 단군의 후손임을 표방하지 않는다.
ⓒ 전통 사회는 엄격한 신분제 사회였다.
　　→ 같은 할아버지의 자손이라는 의식 × |

| 3문단 | • 단일 민족 의식 | |
| | 기원 | ⓐ 아무리 올려 잡아도 구한말(舊韓末)
ⓑ 전 국민적으로 보편화된 것은 1960년대에 들어와서 |

| 4문단 | 긍정적 역할 | ⓐ 민족의 단결을 고취
ⓑ 신분 의식 타파에 기여 |

		일부의 생각	글쓴이의 생각
		순기능이 있으니 필요하다. 예 조선족 동포, 지역감정, 통일	지금까지 ( ) 없었다.

| 5문단 | 주장 | 단일 민족에 대한 의식에 대해 다른 식으로 생각해야 한다. |
| | 이유 | ⓐ 다른 민족이라면 차별해도 괜찮다는 논리로 이어질 수 있다.
　　예 나치의 유대인 학살과 주변국 침략
ⓑ 단일 민족의식 속에는 분명 억압과 (   )과 불관용이 숨어 있다. |

03

제시된 글의 핵심 논지로 가장 적절한 것은?

2013학년도 3월 고1 전국연합학력평가 변형

① 나치의 민족주의에는 유대인에 대한 억압이 숨어 있다.
② 단일 민족 의식은 신분 의식을 타파하는 데 가치가 있다.
③ 민족의 단결 의식을 고취하는 데 단일 민족 의식은 유용하다.
④ 단일 민족이라는 의식을 지나치게 강조하는 것은 바람직하지 않다.

03

제시된 글은 우리는 단일 민족이라는 주장, 단군은 한민족의 공동 조상이라는 주장, 단일 민족의식은 긍정적 기능이 있다는 통념에 대해 각각 근거를 들어 비판하고, 나치 독일의 예를 들면서 단일 민족의식 속에는 억압, 차별, 불관용이 숨어 있기 때문에 바꿔야 한다고 말한다.

오답 체크 ✏

① 다른 민족이라면 차별해도 괜찮다는 논리로 이어질 수 있기 때문에, 단일 민족에 대한 의식을 바꿔야 한다고 말하면서 '나치'를 근거로 들고 있다. 주장이라기보다는 근거이기 때문에 '핵심 논지'로 보기 어렵다.

② 단일 민족 의식의 긍정적인 역할이 존재하는 것은 맞지만, 글쓴이는 '단일 민족 의식'의 긍정적인 역할을 강조하고 있지는 않다. 따라서 핵심 논지로 적절하지 않다.

③ 단일 민족 의식의 긍정적 기능으로 소개는 했지만, 핵심 주장은 아니다.

🔍 정답 |
02 단일 민족, 단일 민족, 효과, 차별
03 ④

기출 + 실전 문제로
독해 비법 익히기

신의 한 수

📈 기출 문제

기출 문제 **1 독해 비법 익히기**  ⏱ **시간** ■■ 분

어느 대학의 심리학 교수가 그 학교에서 강의를 재미없게 하기로 정평이 나 있는, 한 인류학 교수의 수업을 대상으로 실험을 계획했다. 그 심리학 교수는 인류학 교수에게 이 사실을 철저히 비밀로 하고, 그 강의를 수강하는 학생들에게만 사전에 몇 가지 주의 사항을 전달했다. 첫째, 그 교수의 말 한 마디 한 마디에 주의를 집중하면서 열심히 들을 것. 둘째, 얼굴에는 약간 미소를 띠면서 눈을 반짝이며 고개를 끄덕이기도 하고 간혹 질문도 하면서 강의가 매우 재미있다는 반응을 겉으로 나타내며 들을 것.

한 학기 동안 계속된 이 실험의 결과는 흥미로웠다. 우선 재미없게 강의하던 그 인류학 교수는 줄줄 읽어 나가던 강의 노트에서 드디어 눈을 떼고 학생들과 시선을 마주치기 시작했고 가끔씩은 한두 마디 유머 섞인 농담을 던지기도 하더니, 그 학기가 끝날 즈음엔 가장 열의 있게 강의하는 교수로 면모를 일신하게 되었다. 더욱 더 놀라운 것은 학생들의 변화였다. 처음에는 실험 차원에서 열심히 듣는 척하던 학생들이 이 과정을 통해 정말로 강의에 흥미롭게 참여하게 되었고, 나중에는 소수이긴 하지만 아예 전공을 인류학으로 바꾸기로 결심한 학생들도 나오게 되었다.

01

01
(1) 실험 사실을 몰랐던 사람은 인류학 '교수'뿐이다.
(2) 2문단의 내용을 볼 때, 인류학 '교수'뿐만 아니라 강의를 수강했던 '학생들'의 변화도 확인할 수 있다.

다음 진술이 바르면 ○, 바르지 않으면 ✕하라.

(1) 교수와 학생들은 모두 실험 사실을 알지 못했다. ○ ✕

(2) 실험의 결과 교수의 변화만 확인할 수 있다. ○ ✕

🔍 **정답 |**
01 (1) ✕
　　(2) ✕

02

제시된 글의 내용을 표로 정리한 것이다. 빈칸에 알맞은 말을 넣으시오.

[중심 화제: ( ) 듣기]		
실험 대상		강의를 재미없게 하기로 정평이 나 있는, 한 인류학 교수의 수업
실험 내용	인류학 교수	실험 사실 자체를 알지 못함.
	( )	ⓐ 교수의 말 한 마디 한 마디에 주의를 집중하면서 열심히 들을 것 ⓑ 얼굴에는 약간 미소를 띠면서 눈을 반짝이며 고개를 끄덕이기도 하고 간혹 질문도 하면서 강의가 매우 재미있다는 반응을 겉으로 나타내며 들을 것
실험 결과	인류학 교수	( ) 있게 강의하는 교수로 변함.
	학생	ⓐ 정말로 강의에 ( )를 가지게 됨. ⓑ 소수는 전공까지 인류학으로 바꾸게 됨.

03

제시된 글의 제목으로 가장 적절한 것은?

2016년 지방직 9급

① 학생 간 의사소통의 중요성
② 교수 간 의사소통의 중요성
③ 언어적 메시지의 중요성
④ 공감하는 듣기의 중요성

03
제시된 글은 '공감적 듣기'에 대한 실험으로 나타난 긍정적인 변화를 설명한 것이다. 학생들이 '공감적 듣기'를 한 결과 교수의 수업이 변했고, 그 결과 학생들의 수업 태도도 변하게 되었다. 이를 통해 '공감적 듣기'가 중요하다는 것을 확인할 수 있기 때문에 제목으로 ④가 가장 적절하다.

오답 체크 ✏

①, ② 학생끼리, 또는 교수끼리의 의사소통에 대한 것이 아니라 교수와 학생 사이에서 일어나는 의사소통을 다루고 있다.
③ 언어적 메시지가 아닌 약간의 미소, 고개 끄덕임, 시선 맞춤 같은 '비언어적 메시지'의 중요성에 대해 더 강조하고 있다.

🔍 정답 |
02 공감적, 학생, 열의, 흥미
03 ④

기출 문제 2 독해 비법 익히기 🕒 시간 ▨▨ 분

ⓐ 'A는 B에서 비롯되었다.'는 'A는 B에서 시작되었다.'라는 의미이다. 즉 A의 기원이 B에 있다는 의미이다.

ⓑ 'A이다. B이다. 이들은 모두 C를 의미한다.'는 'A와 B는 모두 C를 의미한다.'라는 의미이다.

ⓒ 'A는 B와 C를 모두 포괄하고 있다.'는 A는 B와 C 모두 포함한다는 의미이다.

ⓓ 'A에 들어와서 B하기 시작했다.'는 'A 시기에 이르러서 B라는 변화가 생겼다.'의 의미이다. A에 오는 시기나 시점은 변화가 나타난 '기준점'이다.

ⓔ 'A를 위해 B를 했다.'는 'A 때문에 B를 했다.'는 의미이다. 결국 B를 한 이유나 목적이 A인 것이다.

ⓕ 'A 이외의 B, C, D, E 등을 포함한'은 'A, B, C, D, E 등'의 의미이다.

ⓖ '좁은 의미의 A는 B이기도 하지만, 일반적으로는 C이다.'는 'A의 좁은 의미는 B이고, A의 일반적인 의미는 C이다.'라는 의미이다.

　예술에 해당하는 '아트(art)'는 '조립하다', '고안하다'라는 의미를 가진 라틴어의 '아르스(ars)'에서 비롯되었고, 예술을 의미하는 독일어 '쿤스트(Kunst)'는 '알고 있다', '할 수 있다'라는 의미의 '퀜넨(können)'에서 비롯되었다.(ⓐ) 이러한 의미 모두 일정한 목적을 가진 일을 잘 해낼 수 있는 숙련된 기술을 의미한다.(ⓑ) 따라서 이들 용어는 예술뿐만 아니라 수공이나 기타 실용적인 기술들을 모두 포괄하고(ⓒ) 있다고 볼 수 있다.

　미적인 의미로 한정해서 쓰이는 예술의 개념은 18세기에 들어와서야 비로소 두드러지게 나타나기 시작했으며(ⓓ) 예술을 일반적인 기술과 구별하기 위하여 특별히 '미적 기술(영어: fine arts, 프랑스어: beaux-arts)'이라고 하는 표현이 사용되었다.(ⓔ) 생활에 유용한 것을 만들기 위한 실용적인 기술과 구별되는 좁은 의미의 예술은 조형 예술에 국한되기도 하지만, 일반적으로는 조형 예술 이외의 음악, 문예, 연극, 무용 등을 포함한(ⓕ) 미적 가치의 실현을 본래의 목적으로 하는 기술을 가리키는 것으로 이해된다.(ⓖ)

01

다음 진술이 바르면 ○, 바르지 않으면 ✕하라.

(1) '예술'의 어원을 보면, 본래 예술과 기술을 포괄하는 의미였다. ○ ✕

(2) 18세기 이후에는 '예술'은 좁은 의미에서 실용적인 기술을 가리켰다. ○ ✕

01

(1) 1문단의 "따라서 이들 용어는 예술뿐만 아니라 수공이나 기타 실용적인 기술들을 모두 포괄하고 있다고 볼 수 있다." 부분을 통해 알 수 있다.

(2) 2문단의 내용을 볼 때, 18세기 이후 '예술'은 실용적인 기술과 구별되는 '미적 기술'의 의미로 쓰였다고 했다.

🔍 정답 |
01 (1) ○
　　(2) ✕

02

제시된 글의 내용을 표로 정리한 것이다. 빈칸에 알맞은 말을 넣으시오.

[중심 화제: ( )]		
1문단	• '예술'의 어원	

영어 '아트(art)'	독일어 '쿤스트(Kunst)'
'조립하다', '고안하다'라는 의미를 가진 라틴어의 '아르스(ars)'	'알고 있다', '할 수 있다'라는 의미의 '퀸넨(können)'

• 공통점: 일정한 목적을 가진 일을 잘 해낼 수 있는 (   ) 기술을 의미
→ 예술뿐만 아니라 수공이나 기타 실용적인 기술들을 모두 포괄하고 있다.

2문단
• '예술'의 의미

18세기 이전	18세기 이후
• '예술 + 기술'의 의미	• 미적인 의미로 한정 • '기술'과 구별하기 위해 '( )'이라는 표현이 사용됨.

→ '(   )'은 일반적으로 조형 예술 이외의 음악, 문예, 연극, 무용 등을 포함한 미적 가치의 실현을 본래의 목적으로 하는 (   )을 가리킨다.

03

제시된 글의 제목으로 가장 적절한 것은?

`2014년 지방직 9급`

① '예술'과 '기술'의 차이
② '예술'의 변천과 그 원인
③ '예술'의 속성과 종류
④ '예술'의 어원과 그 의미의 변화

03
1문단에서는 '예술'의 어원을 밝히고, 2문단에서 18세기에 들어와 '미적 기술'로 한정된 예술의 개념이 나타나기 시작한 것을 설명하고 있다. 따라서 제시된 글의 제목으로 "'예술'의 어원과 그 의미의 변화"가 가장 적절하다.

오답 체크 ✎

① '예술'이 '예술'과 '기술'을 포괄하는 의미로 쓰였다가, 18세기 이후에는 구별되어 쓰였다는 내용이다. '예술'과 '기술'의 차이를 다룬 글이 아니다.
② '예술'의 변천은 2문단에서 확인할 수 있다. 그러나 그 원인은 찾을 수 없고 무엇보다 전체 내용을 아우르지 않았기에 제목으로 적절하지 않다.
③ 2문단에서 예술을 '미적 기술'로 표현한 것과 종류로 '조형 예술 이외의 음악, 문예, 연극, 무용 등'을 제시하고 있으나 전체를 아우르는 내용은 아니다. 따라서 제목으로 적절하지 않다.

🔍 정답 |
02 예술, 숙련된, 미적 기술, (좁은 의미의) 예술, 기술
03 ④

소설가는 자신이 인생에서 발견한 것을 이야기로 풀어 쓰는 사람이다. 그가 발견하는 것은 사회의 모순일 수도 있고 본능의 진실이거나 영혼의 전율일 수도 있다. 어쨌든 소설가는 그것을 써서 발견자로서의 책임을 짊어진다.

인터넷 시대의 디지털 환경은 이 같은 발견자의 자신감을 뒤흔들어 놓았다. 심란한 얼굴로 소설의 위기를 말하는 작가들이 늘어났다. 멀티미디어의 등장으로 독자들의 관심이 문학에서 멀어져 가는 현상은 차라리 표면적인 위기라고 한다. 정보 혁명이 초래한 현실의 복잡성 때문에 인생을 관찰하고 뭔가를 발견하기 힘들다는 무력감이야말로 한층 더 심층적인 위기라는 것이다.

누구나 자유롭게 자기를 표현할 수 있는 인터넷의 쌍방향성은 독자와 작가의 구별을 없애 버렸다. 또 독자 스스로 이야기의 중요 지점에 개입하여 뒷이야기를 선택할 수 있는 하이퍼텍스트 픽션이 등장했다. 미국에서 CD로 출판된 셸리 잭슨의 하이퍼텍스트 픽션 《패치워크 걸(Patchwork Girl)》은 상업적으로 성공했을 뿐만 아니라 다중 인격의 역동성과 여성적인 몸의 상징성을 잘 표현한 걸작이라는 찬사를 받고 있다. 소설은 빠른 속도로 시뮬레이션 게임에 가까워지고 있는 것이다.

언어에 대한 날카로운 감수성으로 삶의 궁극적인 의문들을 다뤄 온 소설가들에게 작품이 네트워크 위에 떠서 음악, 사진, 동영상과 결합돼 가는 이런 변화는 확실히 당혹스럽다. 그러나 이것이 과연 소설가의 존재 이유를 뒤흔들 만큼 본질적인 변화일까. 단연코 아니라고 말하고 싶다.

01

다음 진술이 바르면 ○, 바르지 않으면 ✕하라.

(1) 인터넷 환경은 소설과 소설가에게 많은 변화를 가져 왔다.   ○ ✕

(2) 글쓴이는 '하이퍼텍스트 픽션'이 소설의 위기를 가지고 왔다고 생각하고 있다.

○ ✕

01
(1) 2문단과 3문단에서 '소설'과 '소설가'의 변화를 확인할 수 있다.
(2) 마지막 문단에서 글쓴이는 '변화'에 대해 당혹감을 인정하지만, 소설가의 존재를 뒤흔들 만큼의 본질적인 변화는 아니라고 한 것을 볼 때, '변화' 자체에 대해 부정적인 시선으로 보지 않았음을 짐작은 할 수 있다. 그러나 제시된 글 내용만으로는 '하이퍼텍스트 픽션'이 소설의 위기를 가지고 왔다고 생각하는지 여부는 확인할 수 없다.

🔍 정답 |
01 (1) ○
　　(2) ✕

02

제시된 글의 내용을 표로 정리한 것이다. 빈칸에 알맞은 말을 넣으시오.

[중심 화제: ( )]			
1문단	• 소설가: 자신이 <u>인생에서 발견한 것</u>을 이야기로 풀어 쓰는 사람 └ ⓐ 사회의 모순 ⓑ 본능의 진실 ⓒ 영혼의 전율 → 발견자로서의 책임을 짊어진다.		
2문단	인터넷 시대의 영향	ⓐ ( )의 위기	
		표면적 위기	( ) 위기
		독자들의 관심이 문학에서 멀어져 감.	정보 혁명이 초래한 현실의 복잡성 때문에 인생을 관찰하고 뭔가를 발견하기 힘듦.
3문단		ⓑ ( )의 쌍방향성은 독자와 작가의 구별이 없어짐. ⓒ 하이퍼텍스트 픽션이 등장함. → 소설은 빠른 속도로 시뮬레이션 게임에 가까워지고 있음.	
4문단	• 변화에 대한 반응		
	소설가	당혹스러움.	
	글쓴이	당혹스러움은 이해하지만, 소설가의 존재 이유를 뒤흔들 만큼 ( ) 변화는 아니다.	

03

제시된 글의 제목으로 가장 적절한 것은?

2014년 국가직 7급

① 정보 혁명과 소설의 몰락
② 디지털 시대와 소설가의 변화
③ 소설가의 사명과 소설의 본질
④ 소설과 하이퍼텍스트 픽션의 대결

03

제시된 글은 디지털 시대가 되면서 소설가에게 여러 위기와 변화가 찾아왔지만, 그 변화가 소설가의 존재를 뒤흔들 만큼 본질적이지는 않다는 것이 중심 내용이다. 따라서 이를 모두 반영할 수 있는 ② '디지털 시대와 소설가의 변화'가 제목으로 적절하다.

오답 체크 ✏

① '인터넷 시대와 소설가의 위기' 정도의 내용이 제시되어 있긴 하지만, '정보 혁명'이 중심 내용이 아닐뿐더러, 환경에 맞게 '소설'도 변화를 꾀하고 있으므로 '소설의 몰락'을 제목으로 보기 어렵다.
③ '소설가의 사명'과 '소설의 본질'에 대한 내용이 아주 없는 것은 아니나 범주가 너무 넓고, 제시된 인터넷과 디지털 환경에 대한 내용을 나타낼 수 없다.
④ '하이퍼텍스트 픽션의 등장'에 관한 내용이 잠깐 언급되긴 했으나 주된 내용은 아니다.

🔍 정답 |
02 디지털시대의 소설가, 소설, 심층적, 인터넷, 본질적인
03 ②

실전 문제

실전 문제 **1** 독해 비법 익히기

⏱ 시간 ▢▢분

유성영화가 등장했던 1920년대 후반에 유럽의 표현주의나 형식주의 감독들은 영화 속의 소리에 대한 부정적인 견해가 컸다. 그들은 가장 영화다운 장면은 소리 없이 움직이는 그림으로만 이루어진 장면이라고 믿었다. 그래서 그들은 영화 속 소리가 시각 매체인 영화의 예술적 효과와 영화적 상상력을 빼앗을 것이라고 내다보았다.

영화의 소리에는 대사, 음향 효과, 음악 등이 있으며, 이러한 소리들은 영화에서 다양한 기능을 수행한다. 우선, 영화 속 소리는 다른 예술 장르의 표현 수단보다 더 구체적이고 분명하게 내용을 전달하는 데 도움을 줄 수 있다. 그리고 줄거리 전개에 도움을 주거나 작품의 상징적 의미를 전달하는 역할뿐만 아니라 주제 의식을 강조하는 역할을 하기도 한다. 또 영상에 현실감을 줄 수 있으며, 영상의 시·공간적 배경을 확인시켜 주는 역할도 한다. 가령 현대인의 일상적인 삶을 표현하기 위해 영화 속 소리로 일상생활의 소음을 사용한다면 영상의 사실성을 높일 수 있다.

또한 영화 속 소리는 영화의 분위기를 조성하고 인물의 내면 심리도 표현할 수 있다. 예를 들어 소리는 높낮이와 빠르기에 따라 분위기나 인물의 내면 심리를 표현하는 데 큰 영향을 미친다. 높은 소리는 대개 불안감이나 긴박감을 자아내는 데 사용하며, 낮은 소리는 두려움이나 장엄함 등을 표현할 때 사용한다. 그리고 소리가 빨라질수록 긴장감은 고조되고 반대로 느려지면 여유롭고 부드러운 분위기를 연출할 수 있다.

이와 같이 영화 속 소리는 다양한 기능을 수행하기 때문에 영화의 예술적 상상력을 빼앗는 것이 아니라 오히려 더 풍부하게 해 준다. 그래서 현대 영화에서 소리를 빼고 작품을 완성한다는 것은 생각하기 어려운 일이 되었다.

01

다음 진술이 바르면 ○, 바르지 않으면 ✕하라.

(1) 1920년대의 형식주의 감독들은 소리를 빼고도 작품을 완성할 수 있다고 생각했다.
○ ✕

(2) 감독은 인물의 내면 심리를 표현할 때 소리를 활용하기도 한다.
○ ✕

01
(1) 1문단의 "1920년대 후반에 유럽의 표현주의나 형식주의 감독들은 영화 속의 소리에 대한 부정적인 견해가 컸다." 부분을 볼 때, 옳은 진술이다.
(2) 3문단의 "영화 속 소리는 영화의 분위기를 조성하고 인물의 내면 심리도 표현할 수 있다." 부분을 통해 알 수 있다.

🔍 정답 |
01 (1) ○
(2) ○

02

제시된 글의 내용을 표로 정리한 것이다. 빈칸에 알맞은 말을 넣으시오.

[중심 화제: (　　　　)에서의 소리]

1문단	• 1920년대 후반에 유럽의 표현주의나 형식주의 감독들		
	생각	영화의 '(　　　)'에 대해 부정적인 견해를 가짐.	
	이유	가장 영화다운 장면은 소리 없이 움직이는 그림으로만 이루어진 장면이라고 믿었기 때문에	
	선방	영화 속 소리가 시각 매체인 영화의 예술적 효과와 영화적 상상력을 빼앗을 것이다.	

2문단	• '영화 속 소리'의 종류와 역할		
	(　　)	ⓐ 대사 ⓑ 음향 효과 ⓒ 음악	

| 3문단 | (　　) | ⓐ 내용을 전달하는 데 도움을 준다.
ⓑ 줄거리 전개에 도움을 준다.
ⓒ 작품의 상징적 의미를 전달한다.
ⓓ 주제 의식을 강조한다.
ⓔ 영상에 현실감을 줄 수 있다.
ⓕ 영상의 시·공간적 배경을 확인시켜 준다.
ⓖ 영화의 분위기를 조성한다.
ⓗ 인물의 내면 심리도 표현할 수 있다.
예 소리의 높낮이와 빠르기 | | |

높낮이	높은 소리	낮은 소리
	불안감이나 긴박감	두려움이나 장엄함

빠르기	빠름	느림
	긴장감 고조	여유롭고 부드러움

4문단	• 글쓴이	
	생각	영화의 '소리'에 대해 긍정적인 견해를 가짐. → 현대 영화에서 소리를 빼고 작품을 완성한다는 것은 생각하기 어렵다.
	이유	영화 속 소리는 다양한 기능을 수행한다. → 예술적 (　　　)을 더 풍부하게 해 준다.

03

제시된 글의 제목으로 가장 적절한 것은?

2011학년도 3월 고1 전국연합학력평가 변형

① 영화 속 소리의 역할
② 영화 속 소리의 편집 기법
③ 영화 장르에 따른 소리의 종류
④ 영화에서 소리와 영상을 연결하는 방법

03
제시된 글은 영화 속의 소리가 지닌 다양한 기능에 대해 설명하고 있다. 따라서 제목으로 '영화 속 소리의 역할'이 가장 적절하다.

오답 체크
② 제시된 글에서 소리의 '편집 기법'에 대한 언급은 확인할 수 없다.
③ 2문단의 "영화의 소리에는 대사, 음향 효과, 음악 등이 있으며" 부분에서 영화 속 '소리의 종류'를 언급하고 있다. 그러나 영화 장르에 따른 소리의 종류는 알 수 없다.
④ 제시된 글에서 '영화에서 소리와 영상을 연결하는 방법'에 대한 언급은 확인할 수 없다.

🔍 정답 |
02 영화, 소리, 종류, 역할, 상상력
03 ①

요즘에는 방송이나 잡지 등의 대중매체를 통해 비전문가들이 쏟아 내는 현대사 연구물을 흔히 볼 수 있다. 이러한 연구들은 대중에게 현대사에 관심을 갖게 하고 역사 연구의 저변을 확대한다는 점에서 긍정적이다. 그러나 사실에 입각해 역사를 서술해야 한다는 기본 명제에 충실하지 못해 문제가 되는 경우도 많다. 이를 해결하고 올바른 현대사 연구로 나아가기 위해 보완해야 할 점이 있다면 무엇일까?

우선 말하고 싶은 것은 수집한 문헌 자료에 대해 철저한 사실 검증의 절차를 거쳐야 한다는 점이다. 현재의 연구들은 대중들의 기호나 연구자의 이해관계에 의해 선택된 자료들이 자의적으로 활용되어 문제가 되는 경우가 많다. 따라서 다루고자 하는 현대사 분야와 관련하여 자신이 수집하고 검토한 문헌 자료의 사실 여부를 철저히 확인하고 이에 대한 전문가의 의견을 수렴하는 절차를 거쳐 자료의 공정성과 신뢰성 등을 검증할 필요가 있다. 이런 과정을 소홀히 한 현대사 연구는 대중이 역사를 올바르게 인식하는 데 장애가 될 수 있을 것이다.

다음으로는 사건을 바라보는 광각적 시야를 갖출 필요가 있다는 점이다. 현재 비전문가들에 의해 이루어진 현대사 연구를 보면 역사적 사건을 특정한 시각에서 지엽적으로 서술하는 경우가 많다. 하지만 현대사 연구는 어느 한 나라의 테두리를 벗어나 세계사의 영역에 속하는 종합적인 분야로 다루어져야 한다. 따라서 이러한 특성을 고려하여 지역적으로 국한된 사건에 대한 연구라 하더라도 그것을 포괄하는 넓은 시각으로 바라보는 태도가 요구된다.

마지막으로는 구술사(口述史)의 활용에 대한 부분이다. 현대사는 특정 사건과 관련된 당사자들이 생존해 있는 경우, 문헌 자료를 보충할 수 있는 구술사를 활용함으로써 진실에 더욱 접근하기 쉬울 때가 있다. 이런 이유로 현대사의 많은 부분들이 참여자의 경험담, 목격자의 증언, 관련자들의 진술을 토대로 계속 보완되고 있다. 하지만 비전문가들에게 구술사는 여전히 전문가의 영역으로 인식되어 그 중요성에 대한 자각이 상대적으로 낮은 편이다. 이를 보완하여 비전문가들도 사건과 관련된 사람들을 찾아가 관련 내용을 채록하고 연구에 활용하는 노력을 병행할 필요가 있다. 이런 노력들이 이어질 때 더욱 올바른 현대사 연구가 가능할 것이다.

01

다음 진술이 바르면 ○, 바르지 않으면 ×하라.

(1) 글쓴이는 현대사 전문가들이 대중매체에 많이 얼굴을 비춰야 한다고 주장한다.

○ ×

(2) 글쓴이는 비전문가들도 올바른 현대사 연구가 가능할 것이라고 생각하고 있다.

○ ×

01

(1) 비전문가들의 현대사 연구를 보완할 필요가 있다고 하면서, 구체적인 방안을 제시하고 있다. 그러나 전문가들이 대중매체에 나가야 한다는 주장은 하지 않았다.

(2) 4문단의 "이런 노력들이 이어질 때 더욱 올바른 현대사 연구가 가능할 것이다." 부분을 볼 때, 글쓴이는 가능할 것이라고 보고 있음을 짐작할 수 있다.

🔍 정답 |
01 (1) ×
　　(2) ○

02

제시된 글의 내용을 표로 정리한 것이다. 빈칸에 알맞은 말을 넣으시오.

[중심 화제: ( )의 ( ) 연구]			
1문단	현황		대중매체를 통해 ( )의 현대사 연구물이 쏟아지고 있다.
	영향	( )	ⓐ 대중에게 현대사에 관심을 갖게 함. ⓑ 역사 연구의 저변을 확대함.
		부정적	사실에 입각해 역사를 서술해야 한다는 기본 명제에 충실하지 못함.
	→ 문제점을 해결하고 올바른 현대사 연구로 나아가기 위해 보완해야 할 점이 있다.		
2문단	보완해야 할 점		ⓐ 자료의 공정성과 신뢰성 등을 ( )할 필요가 있다. ⓑ 넓은 시각으로 바라보는 태도가 필요하다. ⓒ 구술사를 활용할 필요가 있다.
3문단			
4문단	보완의 결과		비전문가도 올바른 현대사 연구가 가능할 것이다.

03

제시된 글의 글의 제목으로 가장 적절한 것은?

2013학년도 9월 고1 전국연합학력평가 변형

① 현대사 연구의 활성화를 위한 대책과 지원 방안
② 매체의 발달이 가져온 현대사 연구 분야의 성과
③ 현대사 연구의 발전을 위한 통시적 관점의 필요성
④ 비전문가들이 현대사를 연구할 때 고려해야 할 점

03
제시된 글은 비전문가들의 현대사 연구가 지닌 문제점을 언급한 후, 이를 해결하고 올바른 현대사 연구로 나아가기 위해 보완해야 할 점을 세 가지로 나누어 말하고 있다. 따라서 제목으로는 '비전문가들이 현대사를 연구할 때 고려해야 할 점'이 가장 적절하다.

오답 체크 ✏

① 제시된 글은 비전문가들이 현대사 연구를 할 때, 어떤 점을 고려해야 하는지를 설명하고 있다. 그러나 '현대사 연구의 활성화를 위한 대책과 지원 방안'은 언급하고 있지 않다.
② 제시된 글에 '매체의 발달이 가져온 현대사 연구 분야의 성과'에 대한 언급은 없다.
③ 제시된 글에 '현대사 연구의 발전을 위한 통시적 관점의 필요성'에 대한 언급은 없다.

🔍 정답 |
02 비전문가, 현대사, 비전문가들, 긍정적, 검증
03 ④

상담은 심리적 어려움을 겪고 있는 사람의 문제를 해결해 주는 전문적 과정으로, 그 이론은 250여 개에 이른다. 이 중 정신분석적 상담, 인간중심적 상담, 인지 행동적 상담이 대표적이라 할 수 있다.

1890년대에 프로이트는 사람의 감정과 행동을 어떤 원인이 작용한 결과로 보고, 그 원인을 정신적인 것에서 찾으려 했다. 프로이트는 정신적 원인의 실체를 과거의 경험들로부터 형성된 '무의식'에 두는 정신분석적 상담을 시도하였다. 이에 따르면 상담자와 내담자가 오랜 시간 관계를 맺으며 과거의 경험과 감정을 거리낌 없이 털어놓고 상담자가 그것에 담긴 의미를 해석해 주면, 내담자가 자신의 무의식을 이해하고 받아들이게 되어 심리적 문제를 해결할 수 있다는 것이다.

1940년대에 로저스는 프로이트가 인간을 과거의 경험에 의해 형성되는 수동적인 존재로 파악한 것에 반발하여 인간을 '자신의 가능성과 잠재력을 발견하고 실현할 수 있는 존재'로 간주하는 인간중심적 상담을 주장했다. 인간중심적 상담에서는 사람은 외적으로 부여된 가치에 맞추어 살려고 하기 때문에 자기가 타고난 가능성과 잠재력을 발견하지 못하고 심리적 문제를 겪는다고 보았다. 따라서 상담자는 내담자를 대할 때 가식이나 걸치레 없는 진솔한 태도를 보이며, 어떠한 전제나 조건을 달지 않고 이야기를 들어주고 세심하고 정확하게 이해해 주는 공감적 태도를 취한다. 상담자가 이러한 태도를 일관되게 유지하면, 내담자가 자기 자신을 의미 있게 만드는 것은 바로 자신이라는 것을 깨닫게 되어 외적으로 부여된 가치들을 스스로 해체하여 심리적 문제를 해결할 수 있다는 것이다. 인간중심적 상담은 이전의 상담과 달리 상담 기법보다는 상담 태도에, 문제 해결보다는 내담자 자체에 초점을 두었다.

그런데 정신분석적 상담은 장기적으로 진행되어 비효율적이고, 인간중심적 상담은 심리적 문제 자체에 초점을 맞추지 못했다. 그래서 1960년대에 엘리스는 심리적 문제 그 자체에 초점을 맞추면서도 단기적인 해결을 중요시하는 인지 행동적 상담을 제안했다. 인지 행동적 상담에서는 인간의 인지 방식에 초점을 맞춘다. 그래서 사람은 감정이나 행동을 어떻게 인지하고 받아들이느냐에 따라 영향을 받는다고 주장한다. 엘리스에 따르면 정서적 문제를 겪는 이유는 구체적인 사건들 때문이 아니라 그 사건을 인지하고 받아들이는 방식이 잘못되었기 때문이다. 이 잘못된 사고방식의 뿌리에는 '비합리적 신념'들이 깔려 있다. 비합리적 신념이란 '반드시 ~ 해야 한다.'나 '결코 ~ 할 수 없다.'와 같이 융통성이 없거나 현실적으로 실현 불가능한 생각을 말한다. 따라서 상담자는 상담 과정에서 내담자의 비합리적 신념을 찾아 그 부당성을 적극적으로 논박하여 합리적인 신념으로 변환시키게 된다. 이런 과정을 통해 내담자는 정서적 건강을 되찾게 되는 효과를 얻는다는 것이다.

01

다음 진술이 바르면 ○, 바르지 않으면 ×하라.

(1) 프로이트와 로저스는 심리적 원인을 '무의식'에 있다고 생각하였다. ○ ×

(2) 엘리스의 이론에 따르면, 상담자는 내담자의 비합리적 신념을 찾아야 한다.

 ○ ×

01
(1) 심리적 원인을 '무의식'에 있다고 생각한 사람은 '프로이트'뿐이다.
(2) 마지막 문단의 "상담자는 상담 과정에서 내담자의 비합리적 신념을 찾아 그 부당성을 적극적으로 논박하여 합리적인 신념으로 변환시키게 된다." 부분을 볼 때, 옳은 진술이다.

🔍 정답 |
01 (1) ×
(2) ○

02

제시된 글의 내용을 표로 정리한 것이다. 빈칸에 알맞은 말을 넣으시오.

[중심 화제: (　　　) 이론]

1문단	• 상담의 개념과 대표 예시		
	개념	(　　　) 어려움을 겪고 있는 사람의 문제를 해결해 주는 전문적 과정	
	대표 예시	ⓐ 정신분석적 상담　　ⓑ 인간중심적 상담　　ⓒ 인지 행동적 상담	

2문단	ⓐ 1890년대 정신분석적 상담		
	문제의 원인	과거의 경험들로부터 형성된 '(　　　)'	
	상담 방법	**상담자**	**내담자**
		② 경험과 감정의 의미를 해석함.	① 과거의 경험과 감정을 털어놓음. ③ 자신의 무의식을 이해하고 받아들이게 됨. → 심리적 문제 해결

3문단	ⓑ 1940년대 인간중심적 상담		
	문제의 원인	사람은 외적으로 부여된 가치에 맞추어 살려고 하기 때문에 자기가 타고난 가능성과 잠재력을 발견하지 못함.	
	상담 방법	**상담자**	**내담자**
		① 진술한 태도, 공감적 태도를 일관되게 취함.	② 자기 자신을 의미 있게 만드는 것은 바로 자신이라는 것을 깨닫게 되어 외적으로 부여된 가치들을 스스로 해체함. → 심리적 문제 해결

4문단	ⓒ 1960년대 인지 행동적 상담		
	문제의 원인	구체적인 사건들 때문이 아니라 그 사건을 인지하고 받아들이는 방식이 잘못됨.	
	상담 방법	**상담자**	**내담자**
		① 상담 과정에서 내담자의 (　　　) 신념을 찾아 그 부당성을 적극적으로 논박함.	② 합리적인 신념으로 변환됨. → 심리적 문제 해결

03

제시된 글의 제목으로 가장 적절한 것은?　　2014학년도 3월 고2 전국연합학력평가 B형 변형

① 상담 이론의 발전 과정과 전망　　② 대표적 상담 이론의 흐름과 특징
③ 세 가지 상담 이론의 신뢰도와 정확도　　④ 다양한 상담 이론의 공통점과 차이점

03
다양한 상담 이론 중 대표적인 3개의 상담 이론을 다루고 있다. 각 상담 이론을 시대 순으로 나열하여 현재까지 어떻게 흘러왔는지 보여 주며, 각 이론에서 인간을 어떻게 바라보고, 어떻게 치료하는지 기술되어 있다. 따라서 제시된 글의 제목으로 '대표적 상담 이론의 흐름과 특징'이 가장 적절하다.

오답 체크 ✏
① 시대 순으로 배열되었다는 점에서 '발전 과정'으로 볼 수도 있다. 그러나 '전망'은 따로 나타나지 않기 때문에 제목으로 적절하지 않다.
③ 세 가지 상담 이론을 다루고는 있지만, 각각의 신뢰도와 정확도에 대한 언급은 없다. 따라서 제목으로 적절하지 않다.
④ 세 가지 상담 이론 특징이 제각기 다르다는 점에서 '차이점'이 있다고 할 수 있다. 그러나 공통점에 대한 언급은 없다.

🔍 정답 |
02 상담, 심리적, 무의식, 비합리적
03 ②

DAY
13

기출 + 실전 문제로
독해 비법 익히기

1회독 ____월____일
2회독 ____월____일
3회독 ____월____일

신의 한 수

📖 기출 문제

기출 문제 **1** 독해 비법 익히기 　　　⏱ 시간 ▢▢ 분

> 옛 학자는 반드시 스승이 있었으니, 스승이라 하는 것은 도(道)를 전하고 학업(學業)을 주고 의혹을 풀어 주기 위한 것이다. 사람이 나면서부터 아는 것이 아닐진대 누가 능히 의혹이 없을 수 있으리오. 의혹하면서 스승을 따르지 않는다면 그 의혹된 것은 끝내 풀리지 않는다. 나보다 먼저 나서 그 도(道)를 듣기를 진실로 나보다 먼저라면 내 좇아서 이를 스승으로 할 것이요, 나보다 뒤에 났다 하더라도 그 도(道)를 듣기를 또한 나보다 먼저라고 하면 내 좇아서 이를 스승으로 할 것이다. 나는 도(道)를 스승으로 하거니, 어찌 그 나이의 나보다 먼저 나고 뒤에 남을 개의(介意)하랴! 이렇기 때문에 귀한 것도 없고 천한 것도 없으며, 나이 많은 것도 없고 적은 것도 없는 것이요, 도(道)가 있는 곳이 스승이 있는 곳이다.

01

다음 진술이 바르면 ○, 바르지 않으면 ×하라.

(1) 글쓴이는 나이가 많은 사람을 '스승'으로 삼을 확률이 더 높다고 생각한다.

　　　　　　　　　　　　　　　　　　　　　　　　　　○ ×

(2) 글쓴이는 '스승'으로 삼는 데 있어서 신분은 중요하지 않다고 생각한다.　○ ×

01
(1) 글쓴이는 '스승'으로 삼는 데 있어서 '나이'는 중요하지 않다고 생각한다. 따라서 적절하지 않은 진술이다.
(2) "이렇기 때문에 귀한 것도 없고 천한 것도 없으며" 부분을 볼 때, 적절한 진술이다.

🔍 정답 |
01 (1) ×
　　(2) ○

02

제시된 글의 내용을 표로 정리한 것이다. 빈칸에 알맞은 말을 넣으시오.

[중심 화제: ( )]	
스승의 역할	ⓐ 도(道)를 전함. ⓑ 학업(學業)을 줌. ⓒ 의혹을 풀어 줌.
스승이 필요한 이유	의혹이 없는 사람은 없다. 따라서 ( )을 풀기 위해 스승이 필요하다.
스승에 대한 생각	나는 도(道)를 스승으로 한다. → 나이, 신분 상관없이 '( )'가 있으면 스승으로 삼는다.

03

제시된 글의 주제로 가장 적절한 것은?

2019년 경찰 1차

① 스승은 도(道)를 전하고 의혹을 풀어 주는 사람이다.
② 도(道)가 있는 사람이면 나이에 관계없이 스승으로 삼을 수 있다.
③ 의혹되는 바가 있으면 스승을 좇아서 그 의혹된 것을 풀어야 한다.
④ 나보다 먼저 난 이가 도(道)를 듣지 못했다면 그는 생이지지자(生而知之者)가 아니다.

03
※ 단락이 하나이므로 '첫 문장'이나 '마지막 문장'이 주제일 확률이 높다.

제시된 글의 중심 문장은 마지막의 "나는 도(道)를 스승으로 하거니, 어찌 그 나이의 나보다 먼저 나고 뒤에 남을 개의(介意)하랴!"이다. 따라서 주제로 가장 적절한 것은 ②이다.

오답 체크
① '스승'이 어떤 사람인지 설명한 내용으로, 글쓴이의 생각과 일치는 한다. 그러나 중심 내용은 아니기 때문에 '주제'로 적절하지 않다.
③ 글쓴이는 의혹을 풀기 위해 스승이 필요하다고 생각은 하고 있지만, 중심 내용은 아니다. 따라서 '주제'로 적절하지 않다.
④ 제시된 글은 '스승'에 대한 글쓴이의 생각에 대한 것이다. 따라서 주제로 적절하지 않다.
 ※ 생이지지자(生而知之者)
  태어나면서부터 아는 사람

🔍 정답 |
02 스승, 의혹, 도(道)
03 ②

　　합리성이 인간의 본래적인 특성이기는 하지만, 더 나아가 이러한 합리성을 표현할 줄 알아야 한다. 인간은 사회적인 동물이기 때문에 나와 다른 관점을 지닌 무수한 사람들과 부딪히며 어울려 살아야 하기 때문이다. 합리적인 공동체의 합리적인 시민이 되고자 한다면, 단순히 합리적으로 사고하는 것을 넘어 다른 사람들이 자신의 견해를 수용할 수 있을 만큼 타당한 논리를 제시할 줄 알아야 한다. 그러한 주장에 사람들이 동의하지 않는다 하더라도 최소한 존중해 줄 수 있을 정도는 되어야 한다. 합리적으로 보이는 근거를 제시하고 진정으로 사려 깊게 논증한다면 상대방은 입장을 바꿔서 생각해 볼 것이고, 이로써 당신의 생각을 인정할 수도 있다. 어떤 사람의 논증이 일관되고 견고해 보일 때 사람들은 그 사람을 생각이 깊은 올바른 사람이라고 기억할 것이다.

01

다음 진술이 바르면 ○, 바르지 않으면 ✕하라.

⑴ 인간은 합리성을 가지고 있다.　　　　　　　　　　　　　　○　✕

⑵ 합리적인 자신의 의견을 표현한다면, 상대방의 생각을 바꿀 수도 있다.　○　✕

01
⑴ "합리성이 인간의 본래적인 특성이기는 하지만" 부분을 통해 알 수 있다.
⑵ "합리적으로 보이는 근거를 제시하고 진정으로 사려 깊게 논증한다면 상대방은 입장을 바꿔서 생각해 볼 것이고, 이로써 당신의 생각을 인정할 수도 있다." 부분을 통해 알 수 있다.

🔍 정답 |
01 ⑴ ○
　　⑵ ○

02

제시된 글의 내용을 표로 정리한 것이다. 빈칸에 알맞은 말을 넣으시오.

	[중심 화제: ( ) 논증]
주장	인간은 ( )을 표현할 줄 알아야 한다.
이유 (근거)	인간은 무수한 사람들과 부딪히며 어울려 살아야 하기 때문이다.
주장	합리적인 공동체의 합리적인 시민이 되고자 한다면, ⓐ 다른 사람들이 자신의 견해를 수용할 수 있을 만큼 ( ) 논리를 제시할 줄 알아야 한다. ⓑ 동의하지 않는다 하더라도 최소한 존중해 줄 수 있을 정도는 되어야 한다.
이유 (근거)	ⓐ 상대방은 입장을 바꿔서 생각해 볼 것이고, 이로써 당신의 생각을 인정할 수도 있다.
주장	( )이 일관되고 견고해야 한다.
이유 (근거)	사람들은 그 사람을 생각이 깊은 올바른 사람이라고 기억할 것이다.

03

제시된 글의 주제로 가장 적절한 것은?

2017년 서울시 7급

① 합리적인 공동체의 미래
② 합리적 사고의 의미
③ 인간의 사회적 특성
④ 합리적 논증의 필요성

03

제시된 글의 글쓴이는 다른 사람들이 자신의 견해를 수용할 수 있을 만큼 타당한 논리, 즉 '합리적 논증'을 제시하면 상대가 자신의 견해를 수용하거나, 최소한 존중할 것이라고 말하고 있다. 따라서 제시된 글의 주제로 '합리적 논증의 필요성'이 가장 적절하다.

오답 체크

① 제시된 글에 '합리적인 공동체의 미래'에 대한 언급은 없다.

② "단순히 합리적으로 사고하는 것을 넘어 다른 사람들이 자신의 견해를 수용할 수 있을 만큼 타당한 논리를 제시할 줄 알아야 한다." 부분에 '합리적 사고'에 대한 내용이 나오기는 하지만, 제시된 글에서는 '합리적 사고'를 뛰어넘어 합리적으로 표현하는 합리적 논증의 필요성을 강조하고 있다. 따라서 주제로 '합리적 사고의 의미'는 적절하지 않다.

③ 제시된 글에서 인간이 사회적 동물이라고 언급했기 때문에, 인간의 사회적 특성이 제시된 것은 맞다. 그러나 제시된 글은 '인간의 사회적 특성'이 아닌 인간이 사회적 동물이기에 '합리성을 표현할 줄 알아야 한다'고 말하며 '합리적 논증의 필요성'에 초점을 맞추고 있다.

🔍 정답 |
02 합리적, 합리성, 타당한, 논증
03 ④

기출 문제 **3** 독해 비법 익히기 　　　🕐 **시간** ▢▢ **분**

　　신문에 실려 있는 사진은 기사의 사실성을 더해 주는 보조 수단으로 활용된다. 어떤 사실을 사진 없이 글로만 전할 때와 사진을 곁들여 전하는 경우에 독자에 대한 기사의 설득력에는 큰 차이가 있다. 이 경우 사진은 분명 좋은 의미에서의 영향력을 발휘한 것에 해당할 것이다. 그러나 사진은 대상을 찍기 이전과 이후에 대해서 알려 주지 않는다. 어떤 과정을 거쳐 그 사진이 있게 됐는지, 그 사진 속에 어떤 속사정이 숨어 있는지에 대해서는 침묵한다. 분명히 한 장의 사진에는 어떤 인과 관계가 있음에도 그것에 관해 자세히 설명해 주지 못한다. 이러한 서술성의 부족으로 인해 사진은 사람을 속이는 증거로 쓰이는 경우도 있다. 사기꾼들이 권력자나 얼굴이 잘 알려진 사람과 함께 사진을 찍어서, 자신이 그 사람과 특별한 관계가 있는 것처럼 보이게 하는 경우가 그 예이다.

01

다음 진술이 바르면 ○, 바르지 않으면 ✕하라.

(1) 글쓴이는 글만 실린 기사보다 사진과 글이 함께 실린 기사가 더 설득력이 있다고 생각한다.　　　○ ✕

(2) 사진의 특성을 악용하는 사람들도 있다.　　　○ ✕

01
(1) "어떤 사실을 사진 없이 글로만 전할 때와 사진을 곁들여 전하는 경우에 독자에 대한 기사의 설득력에는 큰 차이가 있다." 부분을 볼 때, 옳은 진술이다.
(2) "서술성의 부족으로 인해 사진은 사람을 속이는 증거로 쓰이는 경우도 있다. 사기꾼들이 권력자나 얼굴이 잘 알려진 사람과 함께 사진을 찍어서, 자신이 그 사람과 특별한 관계가 있는 것처럼 보이게 하는 경우가 그 예이다." 부분을 볼 때, 옳은 진술이다.

🔍 정답 |
01 (1) ○
　　(2) ○

02

제시된 글의 내용을 표로 정리한 것이다. 빈칸에 알맞은 말을 넣으시오.

[중심 화제: ( )]		
사진의 특성	장점	( )을 더해 준다. → ( )에 큰 차이 예 신문 기사의 사진
	단점	ⓐ 사진을 찍게 된 과정, 사진의 숨은 속사정을 알 수 없다. ⓑ ( )이 부족하다. 　→ 사람을 속이는 증거로 쓰이는 경우도 있다. 예 사기를 목적으로 유명인과 찍은 사기꾼의 사진

03

제시된 글의 요지를 가장 잘 정리한 것은?　　`2018년 국회직 8급`

① 사진은 신문 기사의 사실성을 강화시켜 주며 보도 대상의 이면에 대한 이해를 돕는다.

② 사진은 사실성의 강화라는 장점을 지니지만 서술성의 부족이라는 단점도 지닌다.

③ 사진은 신문 기사의 사실성을 더해 주는 보조 수단으로서 항상 좋은 의미에서의 영향력을 발휘한다.

④ 사진은 사실성이 높기 때문에 그 서술성의 부족에도 불구하고 사람을 속이는 증거로 잘못 쓰이는 경우가 있다.

⑤ 사진은 서술성이 부족하지만 객관적인 증거로서의 가치가 크다.

03

※ 한 단락의 구성에 '그러나'가 있다. 앞, 뒤가 역접 관계이고 '그러나' 뒤가 더 중요하다.

제시된 글에서는 사진이 첨부되었을 때의 장점과 단점을 소개하고 있다. "사진은 기사의 사실성을 더해 주는 보조 수단으로 활용된다.", "사진은 대상을 찍기 이전과 이후에 대해서는 알려 주지 않는다.", "이러한 서술성의 부족으로 인해 사진은 사람을 속이는 증거로 쓰이는 경우도 있다."를 볼 때, ②가 제시된 글의 요지를 가장 잘 정리한 것이다.

오답 체크

① 신문 기사에서의 '사진'의 긍정적 효과만을 언급하고 있다. 또한 '사진'이 '보도 대상의 이면에 대한 이해'를 돕는다고 했는데, '이면'은 '겉으로 나타나거나 눈에 보이지 않는 부분'을 의미하는 것으로, "어떤 과정을 거쳐 그 사진이 있게 됐는지, ~ 숨어 있는지에 대해서는 침묵한다."를 통해 보도 대상의 이면에는 도움이 되지 않으므로, 이 부분은 잘못된 유추이다.

③ 신문 기사에서 '사진'의 긍정적 효과만을 언급하고 있다. 또한 '사진'이 '항상' 좋은 영향력을 발휘한다고는 할 수 없으므로, 요지로 적절하지 않다.

④ "이러한 서술성의 부족으로 인해 사진은 사람을 속이는 증거로 쓰이는 경우도 있다."를 볼 때, '서술성'의 부족 때문에 속이는 증거가 되는 것이므로 사진이 사실성이 높기 때문에 사람을 속이는 증거로 사용되는 경우가 있다고 하는 것은 옳지 않다.

⑤ "이러한 서술성의 부족으로 인해 사진은 사람을 속이는 증거로 쓰이는 경우도 있다."를 볼 때, 사진이 서술성이 부족하다는 것은 맞다. 그러나 객관적인 증거로서의 가치가 크다는 것은 옳지 않다.

정답 |
02 사진, 사실성, 설득력, 서술성
03 ②

실전 문제

⏱ **시간** ■■ 분

경제학에서는 한 재화나 서비스 등의 공급이 기업에 집중되는 양상에 따라 시장 구조를 크게 독점시장, 과점시장, 경쟁시장으로 구분하고 있다. 소수의 기업이 공급의 대부분을 차지할수록 독점시장에 가까워지고, 다수의 기업이 공급을 나누어 가질수록 경쟁시장에 가까워진다. 이렇게 시장 구조를 구분하기 위해서 사용하는 지표 중의 하나가 바로 '시장 집중률'이다.

시장집중률을 이해하기 위해서는 먼저 '시장점유율'에 대한 이해가 있어야 한다. 시장점유율이란 시장 안에서 특정 기업이 차지하고 있는 비중을 의미하는데, 생산량, 매출액 등을 기준으로 측정할 수 있다. Y 기업의 시장점유율을 생산량 기준으로 측정한다면 '(Y 기업의 생산량/시장 내 모든 기업의 생산량의 총합) × 100'으로 나타낼 수 있다.

시장점유율이 시장 내 한 기업의 비중을 나타내 주는 수치라면, 시장집중률은 시장 내 일정 수의 상위 기업들이 차지하는 비중을 나타내 주는 수치, 즉 일정 수의 상위 기업의 시장점유율을 합한 값이다. 산출된 시장집중률을 통해 시장 구조를 구분해 볼 수 있는데, 시장집중률이 높으면 그 시장은 공급이 소수의 기업에 집중되어 있는 독점시장으로 구분하고, 시장집중률이 낮으면 공급이 다수의 기업에 의해 분산되어 있는 경쟁시장으로 구분한다. 한국개발연구원에서는 어떤 산업에서의 시장집중률이 80% 이상이면 독점시장, 60% 이상 80% 미만이면 과점시장, 60% 미만이면 경쟁시장으로 구분하고 있다.

이처럼 시장집중률은 시장 구조를 구분하는 데 매우 유용한 지표이며, 이를 통해 시장 내의 공급이 기업에 집중되는 양상을 파악해 볼 수 있다.

01

다음 진술이 바르면 ○, 바르지 않으면 ×하라.

(1) '시장 구조'를 통해 '시장집중률'을 구분할 수 있다. 　○ ×

(2) 시장집중률이 높을수록 공급이 다수의 기업에 의해 분산되어 있다. 　○ ×

01
(1) 1문단의 "시장 구조를 구분하기 위해서 사용하는 지표 중의 하나가 바로 '시장집중률'이다."를 볼 때, '시장 구조'를 통해 '시장집중률'을 구분할 수 있는 게 아니라 '시장집중률'을 통해 '시장 구조'를 구분할 수 있다.
(2) 3문단의 "시장집중률이 높으면 그 시장은 공급이 소수의 기업에 집중되어 있는 독점시장으로 구분하고, 시장집중률이 낮으면 공급이 다수의 기업에 의해 분산되어 있는 경쟁시장으로 구분한다."를 볼 때, 적절하지 않은 진술이다.

🔍 정답 |
01 (1) ×
　　(2) ×

02

제시된 글의 내용을 표로 정리한 것이다. 빈칸에 알맞은 말을 넣으시오.

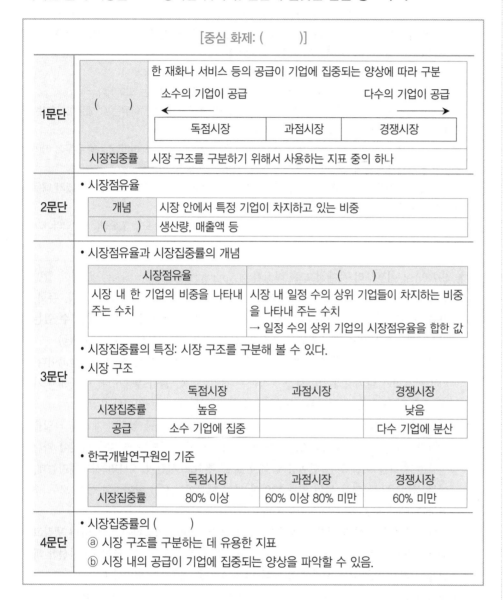

[중심 화제: (　　　　)]

1문단	(　)	한 재화나 서비스 등의 공급이 기업에 집중되는 양상에 따라 구분 소수의 기업이 공급 ← → 다수의 기업이 공급 독점시장 | 과점시장 | 경쟁시장
	시장집중률	시장 구조를 구분하기 위해서 사용하는 지표 중이 하나

2문단

• 시장점유율

개념	시장 안에서 특정 기업이 차지하고 있는 비중
(　)	생산량, 매출액 등

3문단

• 시장점유율과 시장집중률의 개념

시장점유율	(　　)
시장 내 한 기업의 비중을 나타내 주는 수치	시장 내 일정 수의 상위 기업들이 차지하는 비중을 나타내 주는 수치 → 일정 수의 상위 기업의 시장점유율을 합한 값

• 시장집중률의 특징: 시장 구조를 구분해 볼 수 있다.
• 시장 구조

	독점시장	과점시장	경쟁시장
시장집중률	높음		낮음
공급	소수 기업에 집중		다수 기업에 분산

• 한국개발연구원의 기준

	독점시장	과점시장	경쟁시장
시장집중률	80% 이상	60% 이상 80% 미만	60% 미만

4문단

• 시장집중률의 (　　)
  ⓐ 시장 구조를 구분하는 데 유용한 지표
  ⓑ 시장 내의 공급이 기업에 집중되는 양상을 파악할 수 있음.

03

제시된 글의 중심 화제로 가장 적절한 것은? 2014학년도 3월 고2 전국연합학력평가 A형 변형

① 시장 구조의 변천사
② 시장집중률의 개념과 의의
③ 독점시장과 경쟁시장의 비교
④ 시장집중률을 확대하기 위한 방안

03
제시된 글은 '시장집중률'의 개념을 제시하고 있다. 그리고 이를 통해 시장 구조를 구분하고, 시장 내의 공급이 기업에 집중되는 양상을 파악할 수 있다고 의의를 밝히고 있다.

오답 체크
① '시장 구조'를 언급은 하고 있으나, 변천사는 다루고 있지 않다.
③ 공급이 기업에 집중되는 양상에 따라 시장 구조를 구분하면서 독점시장과 경쟁시장을 언급하고 있지만 이들 간의 비교가 제시된 글의 핵심은 아니다.
④ '시장집중률을 확대하기 위한 방안'은 중심 내용이 아니다.

정답 |
02 시장집중률, 시장 구조, 측정 기준, 시장집중률, 의의
03 ②

실전 문제 **2** 독해 비법 익히기 　　　　　　　　　　🕐 시간 ⬛⬛⬛ 분

ⓐ 'A는 B이다. C이다.'는 'A는 B이다. 그리고 A는 C이다.'라는 의미이다. 주어가 동일하다면, 두 번째 문장의 주어는 생략될 수 있다. 따라서 접속어 '그리고'에 의해 연결된 두 번째 문장에 주어가 없다면, 당황하지 말고 바로 앞 문장의 주어를 살피면 된다.

ⓑ 'A의 대표적 사례는 B이다.'는 'B가 A의 대표적인 예이다.'라는 의미이다.

ⓒ 'A 중의 하나는 B이다.'는 A가 여러 개가 있는데, 그중에 하나가 B라는 의미이다.

ⓓ 'A면 B가 되는데, 이는 C 때문이다.'는 'A면 B가 되는데, A면 B가 되는 이유는 C 때문이다.'라는 의미이다. 즉 C 앞의 '이'는 바로 앞 문장 전체를 의미한다.

ⓔ 'A 없이 B이지만, A 있으면 C이다.'는 'A가 있어야 C가 가능하다.'라는 의미이다. A의 유무에 따라 결과가 달라지기 때문에, 글쓴이의 초점은 '있는 경우'일 확률이 크다.

ⓕ 'A. 이 덕분에 B.'는 'A 때문에 B라는 결과가 생겼다.'의 의미이다. '덕분에'라는 말이 쓰였기 때문에, B의 결과는 '긍정적'일 것임을 짐작할 수 있다.

ⓖ 'A를 위해서는 B 이외에도 C까지도 필요하다.'는 'A를 위해서는 B와 C 모두 필요하다.'는 의미이다.

(가) 1970년대 이후부터 세계적으로 '적정기술(Appropriate Technology)'에 대한 활발한 논의가 있어 왔다. 넓은 의미로 적정기술은 인간 사회의 환경, 윤리, 도덕, 문화, 사회, 정치, 경제적인 측면들을 두루 고려하여 인간의 삶의 질을 향상시킬 수 있는 기술이다. 좁은 의미로는 가난한 자들의 삶의 질을 향상시키는 기술이다.(ⓐ)

(나) 적정기술이 사용된 대표적 사례는 아바(Abba, M. B.)가 고안한 항아리 냉장고이다. (ⓑ) 아프리카 나이지리아의 시골 농장에는 전기, 교통, 물이 부족하다. 이곳에서 가장 중요한 문제 중의 하나는 곡물을 저장할 시설이 없다는 것이다.(ⓒ)

(다) 이를 해결하기 위해 그는 항아리 두 개와 모래흙 그리고 물만 있으면 채소나 과일을 장기간 보관할 수 있는 저온조를 만들었다. 이것은 물이 증발할 때 열을 빼앗아 가는 간단한 원리를 이용했다. 한여름에 몸에 물을 뿌리고 시간이 지나면 시원해지는데, 이는 물이 증발하면서 몸의 열을 빼앗아 가기 때문이다.(ⓓ) 항아리의 물이 모두 증발하면 다시 보충해서 사용하면 된다.

(라) 토마토의 경우 항아리 냉장고 없이 2 ~ 3일 정도 저장이 가능하지만, 항아리 냉장고를 사용하면 21일 정도 저장이 가능하다.(ⓔ) 이 덕분에 이 지역 사람들은 신선한 과일을 장기간 보관해서 시장에 판매해 많은 수익을 올릴 수 있었다.(ⓕ)

(마) 적정기술은 새로운 기술이 아니다. 우리가 알고 있는 여러 기술 중의 하나로, 어떤 지역의 직면한 문제를 해결하는 데 적절하게 사용된 기술이다. 1970년 이후 적정기술을 기반으로 많은 제품이 개발되어 현지에 보급되어 왔지만 그 성과에 대해서는 여전히 논란이 있다. 이는 기술의 보급만으로는 특정 지역의 빈곤 탈출과 경제적 자립을 이룰 수 없기 때문이다. 빈곤 지역의 문제 해결을 위해서는 기술 개발 이외에도 지역 문화에 대한 이해와 현지인의 교육까지도 필요하다.(ⓖ)

01

다음 진술이 바르면 ○, 바르지 않으면 ×하라.

(1) 적정기술의 의미는 나라마다 다르다.   ○ ×

(2) 적정기술은 1970년 이후에 나타난 새로운 기술이다.   ○ ×

02

제시된 글의 내용을 표로 정리한 것이다. 빈칸에 알맞은 말을 넣으시오.

[중심 화제: ( )]		
(가)	• 적정기술의 개념	
	넓은 의미	**좁은 의미**
	인간 사회의 환경, 윤리, 도덕, 문화, 사회, 정치, 경제적인 측면들을 두루 고려하여 인간의 삶의 질을 향상시킬 수 있는 기술	( )의 삶의 질을 향상시키는 기술
(나)	• 적정기술이 사용된 대표적 ( ): 항아리 냉장고	
(다)	배경	나이지리아의 시골 농장에는 곡물을 저장할 시설이 없었다. → 채소나 과일을 장기간 보관하기 위해
	원리	물이 증발할 때 열을 빼앗아 가는 원리
(라)	( )	신선한 과일을 장기간 보관 → 판매를 통해 수익을 올릴 수 있음.
(마)	( )	기술의 보급만으로는 특정 지역의 빈곤 탈출과 경제적 자립을 이룰 수 없기 때문에 성과에 대해서는 논란이 있다.
	보완	빈곤 지역의 문제 해결을 위해서 ⓐ 기술 개발 필요 ⓑ 지역 문화에 대한 이해 필요 ⓒ 현지인의 교육 필요

03

(나)~(마)의 중심 내용으로 적절하지 않은 것은?   2013학년도 3월 고1 전국연합학력평가 변형

① (나): 항아리 냉장고가 나오게 된 배경
② (다): 항아리 냉장고에 적용된 원리
③ (라): 항아리 냉장고의 효과
④ (마): 적정기술의 전망

01
(1) '적정기술'의 넓은 의미와 좁은 의미를 (가)에서 언급하고는 있지만, 나라마다 그 의미가 다르다는 내용은 언급되어 있지 않다.
(2) (마)의 "적정기술은 새로운 기술이 아니다."를 볼 때, 적절하지 않은 진술이다.

03
(마)는 적정기술의 특성과 한계에 대해서 그리고 이런 한계를 극복하기 위한 보완책에 대해 제시하고 있을 뿐 적정기술의 '전망'은 나타나 있지 않다.

🔍 정답 |
01 (1) ×
　　(2) ×
02 적정기술, 가난한 자들, 사례, 효과, 한계
03 ④

　　우리나라 도자기에는 전통 예술의 아름다움이 담겨 있다. 도자기는 수요자의 요구에 따라, 혹은 그것을 만든 장인의 예술 감각에 따라 다양한 형태와 문양을 갖게 된다. 도자기 가운데 고려청자는 매우 귀족적이며 장식적이다. 그 수요자가 왕실과 중앙 귀족이었으므로 도자기 형태나 문양에 그들의 취향이 반영되었기 때문이다. 이에 반해, 조선 분청사기는 왕실에서 일반 백성에 이르기까지 전 계층이 사용하였다. 물론 수요층에 따라 도자 양식에는 차이가 있었지만 대체로 분청사기는 일상생활 용기로 널리 사용되었으므로 순박하고 서민적이었다.

　　고려청자의 아름다움은 흔히 형태, 색, 문양 등 세 가지 측면에서 얘기되곤 한다. 흐르는 듯한 형태의 유려함, 비취옥과 같은 비색(翡色), 그리고 자연에서 소재를 얻은 문양이 그것이다. 귀족들의 취향을 반영한 고려청자에는 세련된 곡선미가 담겨 있다. 여기에 학이 창공을 날아가는 모습과 같은 우아하고 섬세한 문양이 신비한 비색과 잘 어우러져 있다. 그런데 고려청자에는 도공의 창조적 개성미는 드러나지 않았다. 왜냐하면 고려청자는 서남해안 일부 지역에 설치되었던 관요(官窯)에서 국가의 강력한 보호와 규제 속에서 이름 없는 도공들에 의해 만들어졌기 때문이다.

　　분청사기는 '청자 태토(胎土)로 빚은 몸체에 분을 바르듯이 백토를 입힌 사기그릇'을 말한다. 분청사기는 고려 말 귀족이 몰락하고 지방의 중소 지주였던 사대부 성리학자가 등장하던 시기에 제작되기 시작했다. 그러다가 점차 서민층에까지 쓰임이 확대되면서 형태도 매우 안정되고 튼튼하게 변해갔고, 문양도 활달하고 자유분방하게 변해가게 되었다. 또한 여기에 도공의 독창적 개성미가 더해져 자유롭고 생동감 넘치는 분청사기가 만들어지게 되었다. 왜냐하면 분청사기는 전국에 흩어져 있는 민간 가마인 민요(民窯)에서 이전보다 자유로운 여건에서 만들어졌기 때문이다.

　　분청사기에서는 고려청자가 갖는 깔끔하고 이지적인 느낌과는 다른 수더분함과 숭늉 맛 같은 구수함이 느껴진다. 분청사기의 자유분방함과 수더분함 속에서 고려청자와는 또 다른 전통 예술의 아름다움을 발견할 수 있다.

01

다음 진술이 바르면 ○, 바르지 않으면 ×하라.

(1) 고려청자는 귀족층만, 분청사기는 서민층만 사용했다.　　○　×

(2) 고려청자를 만들던 도공들은 독창성을 발휘하기 어려웠다.　　○　×

01

(1) 1문단의 "조선 분청사기는 왕실에서 일반 백성에 이르기까지 전 계층이 사용하였다." 부분을 볼 때, 분청사기는 서민층만 사용했다는 진술은 옳지 않다.

(2) 2문단의 "고려청자에는 도공의 창조적 개성미는 드러나지 않았다." 부분을 통해 알 수 있다.

🔍 정답 |

01 (1) ×

　　(2) ○

02

제시된 글의 내용을 표로 정리한 것이다. 빈칸에 알맞은 말을 넣으시오.

[중심 화제: ( )]			
1문단	• 우리나라의 ( )		
		고려청자	조선 분청사기
	성격	귀족적, 장식적	순박함, 서민적
	수요자	왕실, 중앙 귀족	전 계층(왕실, 일반 백성)
2문단	• 고려청자의 아름다움		
	특징	ⓐ 형태, 색, 문양	
		형태	흐르는 듯한 형태, 세련된 ( )
		색	비취옥과 같은 비색, 신비한 비색
		문양	자연에서 소재를 얻은 문양, 우아하고 섬세한 문양
		ⓑ 창조적 ( )가 드러나지 않음. → 국가의 보호와 규제 속에서 만들어졌기 때문에	
3문단	• 분청사기의 아름다움		
	개념	청자 태토(胎土)로 빚은 몸체에 분을 바르듯이 백토를 입힌 사기그릇	
	특징	ⓐ 고려 말 등장했고, 점차 서민층까지 쓰임이 확대됨. ⓑ 도공의 ( ) 개성미가 더해져 자유롭고 생동감 넘침. → 이전보다 자유로운 여건에서 만들어졌기 때문에	
4문단	• 고려청자와 분청사기		
		고려청자	분청사기
		깔끔함, 이지적	수더분함, 구수함, 자유분방함

03

제시된 글의 중심 내용으로 가장 적절한 것은?

2009학년도 3월 고1 전국연합학력평가 변형

① 고려청자와 분청사기 수요층의 특징
② 고려청자와 분청사기의 원료와 제작 과정
③ 고려청자와 분청사기에 담긴 전통 예술의 아름다움
④ 고려청자와 분청사기를 통해 알 수 있는 시대적 상황

03
제시된 글은 고려청자와 분청사기를 예로 들어 우리나라 도자기에 담긴 전통 예술의 아름다움에 대해 설명하고 있다.

오답 체크 🖉

① 각각의 수요층에 대해 언급은 하고 있지만, 수요층 자체가 중심 내용은 아니다.
② 원료와 제작 과정에 대한 언급은 없다.
④ 고려청자와 분청사기를 통해 알 수 있는 시대적 상황에 대한 언급은 없다.

🔍 정답 |

02 고려청자와 분청사기, 도자기, 곡선미, 개성미, 독창적
03 ③

신(神)의 한 수 독해편

★ PART ★
IV

내용 전개 방식

내용 전개 방식 유형

유형 분석

주어진 글에 사용된 전개 방식을 바르게 이해했는지 확인하는 유형이다. 크게 두 가지 형태로 제시된다. 하나는 글에 쓰인 전개 방식의 명칭을 묻는 형태이다. 이때 어렵게 출제된다면, 동일한 전개 방식이 쓰인 것을 찾으라는 형태로 제시될 수도 있다. 주로 설명 없이 용어 또는 실제 예문이 제시되기 때문에, 헷갈릴 수 있는 개념들을 미리 공부해 둘 필요가 있다.

대표 발문

- 다음 설명문의 전개 방식으로 옳은 것은?
- 밑줄 친 부분의 주된 설명 방식은?
- 〈보기〉의 주된 설명 방식이 사용된 것으로 가장 옳은 것은?

또 다른 형태는 선지에서 설명하고 있는 전개 방식이 글에 제시되어 있는지는 묻는 형태이다. 이때 선지는 단순히 글의 전개 방식에 대한 설명을 풀어서 제시될 수도 있고, 글의 내용과 함께 제시될 수 있다. 따라서 단순히 내용 전개 방식뿐만 아니라 그것이 쓰인 이유도 함께 살펴야 한다.

대표 발문

- 제시된 글의 글쓰기 방식에 대한 설명으로 적절한 것은?
- 제시된 글의 글쓰기 전략으로 볼 수 없는 것은?

비법 4. 공식 암기

수학의 계산의 법칙을 '공식'이라고 한다. 수학 공식을 알면, 아무리 복잡한 문제라도 대입을 통해 쉽게 답을 구할 수 있다. 마찬가지로 글의 구조나 관계를 '공식'처럼 법칙화한 것을 우리는 '전개 방식'이라고 부르는데, 이 '전개 방식'을 알면 우리는 글이 어떻게 전개되고 있는지, 나아가 앞으로 어떻게 전개가 될지를 알아낼 수가 있다. 수학에서 '공식'은 이해도 중요하지만, 암기가 중요하다. 따라서 우리도 '공식'인 '전개 방식'을 이해와 함께 암기할 필요가 있다.

주요 '전개 방식'은 다음과 같다.

1. 정태적 전개 방식

정의	어떤 말이나 사물의 뜻을 명백히 밝혀 규정하는 방법
지정(확인)	대상이 무엇인지에 대한 질문에 간단하고 직접적으로 답하는 것으로, 손가락으로 한곳을 가리키듯 확실하게 정하는 방법
예시	예를 들어 보이는 방법으로, 일반적인 원리나 법치을 구체적으로 제시하는 방법

	분류분류	구분분류
분류	하위 개념에서 상위 개념으로 묶는 방법	상위 개념에서 하위 개념으로 나누는 방법

분석	다소 복잡한 대상이나 현상의 구조, 과정, 원인, 결과를 보다 작거나 단순한 단위로 분해하여 설명하는 방법
비교	둘 이상의 사물에 대하여 그들이 지닌 '공통점'을 밝혀내는 방법 ┐ 같은 범주
대조	둘 이상의 사물에 대하여 서로 다른 것을 견주어 '차이점'을 밝혀내는 방법 ┘
유추	두 개의 사물이 비슷함을 근거로 다른 속성도 비슷할 것이라고 추측하는 방법 ─ 다른 범주
묘사	어떤 대상이나 사물, 현상 등을 그림 그리듯 '구체적'으로 또 '감각적'으로 표현하는 방법
인용	다른 사람의 말이나 글을 가져와서 자신이 설명하고자 하는 것을 뒷받침하는 방법

2. 동태적 전개 방식

서사	인물(혹은 의인화된 대상)이 보이는 일련의 행동이나 사건의 전개 양상에 초점을 두고 서술하는 방법 → 시간 + **누구**
과정	어떤 결말이나 결과를 가져오게 하는 일련의 행동, 변화, 기능, 단계에 초점을 두고 서술하는 방법 → 시간 + **어떻게**
인과	어떤 결과를 가져오게 하는 요인을 밝히거나 그런 요인들에 의해 초래된 현상에 초점을 두고 서술하는 방법 → 시간 + **왜**

STEP 1 다음 문장에 쓰인 전개 방식을 〈보기〉에서 찾아보자.

┤ 보기 ├

정의	지정	예시	분석
분류분류	구분분류	비교	대조
유추	서사	과정	인과
묘사	인용		

문자는 그 기능과 용법에 따라 표음문자, 표의문자로 나뉜다.

☑

한글, 로마자, 러시아 문자, 아랍 문자 등은 표음문자이며, 한자, 이집트 문자 등은 표의문자이다.

☑

한국어와 중국어는 모두 표기에 한자를 이용한다.

☑

중국어와 달리 한국어에는 한글이라는 별도의 문자가 있다.

☑

'전개 방식'을 잘 찾았는지 확인해 보자.

> 문자는 그 기능과 용법에 따라 표음문자, 표의문자로 나뉜다.

☑ 구분분류

> 한글, 로마자, 러시아 문자, 아랍 문자 등은 표음문자이며, 한자, 이집트 문자 등은 표의문자이다.

☑ 분류분류

> 한국어와 중국어는 모두 표기에 한자를 이용한다.
> 공통점

☑ 비교

> 중국어와 달리 한국어에는 한글이라는 별도의 문자가 있다.
> 중국어와의 차이점

☑ 대조

우리말을 제대로 세우지 않고 영어를 들여오는 일은 우리 토종 물고기를 돌보지 않은 채 외래종 물고기를 들여온 우(憂)를 또다시 범하는 것이다.

☑

곤충의 머리에는 겹눈과 홑눈, 더듬이 따위의 감각 기관과 입이 있고, 가슴에는 2쌍의 날개와 3쌍의 다리가 있으며, 배에는 끝에 생식기와 꼬리털이 있다.

☑

신라의 육두품 출신 가운데 학문적으로 출중한 자들이 많았다. 가령, 강수, 설총, 녹진, 최치원 같은 사람들은 육두품 출신이었다. 이들은 신분적 한계 때문에 정계보다는 예술과 학문 분야에 일찌감치 몰두하게 되었다.

☑

르네상스는 14세기~16세기에, 이탈리아를 중심으로 하여 유럽 여러 나라에서 일어난 인간성 해방을 위한 문화 혁신 운동이다. 르네상스 시대의 화가들은 원근법을 사용하여 세상을 향한 창과 같은 사실적인 그림을 그렸다. 현대 회화를 출발시켰다고 평가되는 인상주의자들이 의식적으로 추구한 것도 이러한 사실성이었다.

☑

동양 음악은 청중의 반응에 따라 예정에 없던 가락을 더 넣기도 하는 즉흥 음악이다. 대개의 서양 음악은 기호로, 동양 음악은 마음과 입으로 이어왔다. 두 방법은 그 음악을 즐기는 데서 우선 큰 차이가 있다. 마음속에 담아둔 음악은 길게 하고 싶으면 길게 노래하고 시간이 없으면 빨리 끝낼 수 있다. 청중의 반응이 좋으면 예정에 없던 가락을 더 넣을 수도 있다. 바로 즉흥 음악(卽興音樂)이다. 이런 즉흥 음악을 '자루 음악'이라고 하는데, 넣는 물건에 따라 모양이 길쭉하게도, 둥그렇게도 되는 자루처럼 듣는 이는 연주자의 능력과 흥취에 따라 늘 새로운 음악이 되기 때문이다. 반면, 기호로 적혀있는 서양 음악은 일단 연주를 시작하면 일부를 생략할 수 없다.

☑

우리말을 제대로 세우지 않고 영어를 들여오는 일은(마치) 우리 토종 물고기를 돌보지 않은 채 외래종 물고기를 들여온 우(憂)를 또다시 범하는 것이다.

✔ 유추(1 : 1 / 공통점 / 다른 범주)

곤충의 머리에는 겹눈과 홑눈, 더듬이 따위의 감각 기관과 입이 있고, 가슴에는 2쌍의 날개와 3쌍의 다리가 있으며, 배에는 끝에 생식기와 꼬리털이 있다.

✔ 분석, 묘사

신라의 육두품 출신 가운데 학문적으로 출중한 자들이 많았다. 가령, 강수, 설총, 녹진, 최치원 같은 사람들은 육두품 출신이었다. 이들은 신분적 한계 때문에 정계보다는 예술과 학문 분야에 일찌감치 몰두하게 되었다.

✔ 예시, 인과

르네상스는 14세기~16세기에, 이탈리아를 중심으로 하여 유럽 여러 나라에서 일어난 인간성 해방을 위한 문화 혁신 운동이다. 르네상스 시대의 화가들은 원근법을 사용하여 세상을 향한 창과 같은 사실적인 그림을 그렸다. 현대 회화를 출발시켰다고 평가되는 인상주의자들이 의식적으로 추구한 것도 이러한 사실성이었다.

✔ 정의, 비교(1 : 1 / 공통점 / 다른 범주)

동양 음악은 청중의 반응에 따라 예정에 없던 가락을 더 넣기도 하는 즉흥 음악이다. 대개의 서양 음악은 기호로, 동양 음악은 마음과 입으로 이어왔다. 두 방법은 그 음악을 즐기는 데서 우선 큰 차이가 있다. 마음속에 담아 둔 음악은 길게 하고 싶으면 길게 노래하고 시간이 없으면 빨리 끝낼 수 있다. 청중의 반응이 좋으면 예정에 없던 가락을 더 넣을 수도 있다. 바로 즉흥 음악(卽興音樂)이다. 이런 즉흥 음악을 '자루 음악'이라고 하는데, [넣는 물건에 따라 모양이 길쭉하게도, 둥그렇게도 되는 자루처럼 듣는 이는 연주자의 능력과 흥취에 따라 늘 새로운 음악이 되기 때문]이다. 반면, 기호로 적혀있는 서양 음악은 일단 연주를 시작하면 일부를 생략할 수 없다.

✔ 정의, 예시, 대조(1 : 1 / 차이점 / 같은 범주)

이번에는 조금 더 긴 문장을 갖고 연습해 보자.

최근 들어 '낚이다'라는 표현을 사람에게 쓰고는 한다. 물론 글자 그대로의 의미는 아니다. 가령 인터넷상에서 호기심이나 관심을 발동시키는 기사 제목을 보고 그 기사를 읽어 보았지만, 그럴 만한 내용이 없었을 때 이런 표현을 사용한다. 즉 '낚이다'라는 말은 기사 제목이 던지는 미끼에 현혹되어 그것을 물었지만 소득 없이 기만만 당하였다는 의미이다. '낚시질'은 특히 인터넷상에서 벌어지는 특징적인 현상이다.

☑

캐나다의 매체 이론가인 마셜 맥루언은 "매체는 메시지이다."라고 하였다. 매체란 메시지를 전달하는 수단을 말하는데, 그것은 단순한 수단에 그치는 것이 아니라 메시지 자체라고 할 수 있을 만큼 메시지에 강력한 영향을 미친다. 그에 따르면 인간과 인간 사이에서 의사를 전달하는 언어는 물론이거니와 노동의 도구들조차 인간과 노동 대상 사이를 매개하는 물건이므로 매체에 속한다. 따라서 새로운 매체가 개발되면 그것을 통해 인간의 활동 영역이 훨씬 더 확대되므로 '매체는 인간의 확장'이라고 했다.

☑

상업적이고 퇴폐적인 방송이나 기사, 자칫하면 국수주의로 흐를 수도 있는 스포츠 중계 등에 대한 우려가 지속되는 이유는 무엇일까? 이윤 동기에 지배당하는 매체 회사들에게 일차적인 책임을 물어야 하겠지만 손바닥도 혼자서는 소리를 낼 수 없는 법, 상업화로 균형 감각을 상실한 방송이나 기사를 흥미롭게 보는 수용자들에게도 책임이 있다. 남의 사생활을 몰래 들여다보고 싶어 하는 욕망, 불행한 사건·사고들을 수수방관하면서도 그 전말에 대해서는 시시콜콜히 알고 싶어 하는 호기심, 집단의 열광 속에 파묻혀 자신이 잃어버린 무엇인가를 보상받고 싶어 하는 수동적 삶의 태도 등은 황색 저널리즘과 '낚시질'이 성행하는 터전이 된다. 바로 '우리'가 그들의 숨은 동조자일 수 있다.

☑

최근 들어 '낚이다'라는 표현을 사람에게 쓰고는 한다. 물론 글자 그대로의 의미는 아니다. 가령 **인터넷상에서 호기심이나 관심을 발동시키는 기사 제목을 보고 그 기사를 읽어 보았지만, 그럴 만한 내용이 없었을 때 이런 표현을 사용한다.** 즉 '낚이다'라는 말은 기사 제목이 던지는 미끼에 현혹되어 그것을 물었지만 소득 없이 기만만 당하였다는 의미이다. '낚시질'은 특히 인터넷상에서 벌어지는 특징적인 현상이다.

☑ 정의, 예시, 유추(고기 낚는 낚시질:인터넷의 낚시질)

캐나다의 매체 이론가인 마셜 맥루언은 "매체는 메시지이다."라고 하였다. 매체란 메시지를 전달하는 수단을 말하는데, 그것은 단순한 수단에 그치는 것이 아니라 메시지 자체라고 할 수 있을 만큼 메시지에 강력한 영향을 미친다. 그에 따르면 인간과 인간 사이에서 의사를 전달하는 언어는 물론이거니와 노동의 도구들조차 인간과 노동 대상 사이를 매개하는 물건이므로 매체에 속한다. 따라서 새로운 매체가 개발되면 그것을 통해 인간의 활동 영역이 훨씬 더 확대되므로 '매체는 인간의 확장'이라고 했다.

☑ 인용, 정의, 인과

상업적이고 퇴폐적인 방송이나 기사, 자칫하면 국수주의로 흐를 수도 있는 스포츠 중계 등에 대한 우려가 지속되는 이유는 무엇일까? 이윤 동기에 지배당하는 매체 회사들에게 일차적인 책임을 물어야 하겠지만 손바닥도 혼자서는 소리를 낼 수 없는 법, 상업화로 균형 감각을 상실한 방송이나 기사를 흥미롭게 보는 수용자들에게도 책임이 있다. 남의 사생활을 몰래 들여다보고 싶어 하는 욕망, 불행한 사건·사고들을 수수방관하면서도 그 전말에 대해서는 시시콜콜히 알고 싶어 하는 호기심, 집단의 열광 속에 파묻혀 자신이 잃어버린 무엇인가를 보상받고 싶어 하는 수동적 삶의 태도 등은 황색 저널리즘과 '낚시질'이 성행하는 터전이 된다. 바로 '우리'가 그들의 숨은 동조자일 수 있다.

☑ 예시, 인과

'STEP 5'의 문장들은 2019년 소방직 9급에 나온 지문의 일부이다. '전개 방식'을 잘 찾았다면, 어렵지 않게 문제를 풀 수 있을 것이다. 2019년 소방직 9급의 문제를 풀어 보자.　🕐 시간 ⬛⬛ 분

ⓐ '가령 A'는 '예를 들어 A'라는 의미이다.

ⓑ 'A는 "B"라고 하였다.'는 글쓴이가 A의 말을 직접 인용한 표현이다. A는 B라고 말한 사람이나 출처이다.

ⓒ 'A란 B를 말한다.'는 'A는 B를 의미한다.'라는 의미이다.

ⓓ 'A는 물론이거니와 B조차 C이다.'는 'A와 B 모두 C이다.'라는 의미이다.

ⓔ 'A라고 해서 모두 B라고 보기는 어렵다.'는 '모든 A가 B인 것은 아니다.'라는 의미이다. 즉 'A 중 B도 있지만, 그렇지 않은 것도 있다.'라는 의미이다.

ⓕ 'A, B, C 등은 D의 터전이 된다.'는 'A, B, C'는 D의 근거(토대)가 된다는 의미이다.

ⓖ 'A. 바로 B가 C이다.'는 'A의 내용을 볼 때, B가 C이다.'라는 의미이다.

제시된 글에 드러난 설명 방식이 아닌 것은?　2019년 소방직 9급

(가) 최근 들어 '낚이다'라는 표현을 사람에게 쓰고는 한다. 물론 글자 그대로의 의미는 아니다. **가령 인터넷상에서 호기심이나 관심을 발동시키는 기사 제목을 보고 그 기사를 읽어 보았지만, 그럴 만한 내용이 없었을 때 이런 표현을 사용한다.**(ⓐ) 즉 '낚이다'라는 말은 기사 제목이 던지는 미끼에 현혹되어 그것을 물었지만 소득 없이 기만만 당하였다는 의미이다. '낚시질'은 특히 인터넷상에서 벌어지는 특징적인 현상이다.

(나) 캐나다의 매체 이론가인 마셜 맥루언은 **"매체는 메시지이다."라고 하였다.**(ⓑ) **매체란 메시지를 전달하는 수단을 말하는데**(ⓒ), 그것은 단순한 수단에 그치는 것이 아니라 메시지 자체라고 할 수 있을 만큼 메시지에 강력한 영향을 미친다. 그에 따르면 인간과 인간 사이에서 의사를 전달하는 **언어는 물론이거니와 노동의 도구들조차 인간과 노동 대상 사이를 매개하는 물건이므로 매체에 속한다.**(ⓓ) 따라서 새로운 매체가 개발되면 그것을 통해 인간의 활동 영역이 훨씬 더 확대되므로 '매체는 인간의 확장'이라고 했다.

(다) 매체가 가지는 능동적인 힘을 인정한다면, 매체가 단순히 메시지를 담는 그릇에 불과하다거나 중립적일 수도 있다는 견해는 환상에 지나지 않게 된다. 매체가 중립적이지 않다면 매체를 통해 전달되는 메시지들도 자연 중립적일 수가 없다. 앞서 인터넷상에서 벌어지는 신문 기사 제목의 '낚시질'을 문제 삼았지만 **인터넷 이전의 언론 매체들이라고 해서 모두 공정하고 객관적인 보도를 해 왔다고는 보기 어려울 것이다.**(ⓔ)

(라) 상업적이고 퇴폐적인 방송이나 기사, 자칫하면 국수주의로 흐를 수도 있는 스포츠 중계 등에 대한 우려가 지속되는 이유는 무엇일까? 이윤 동기에 지배당하는 매체 회사들에게 일차적인 책임을 물어야 하겠지만 손바닥도 혼자서는 소리를 낼 수 없는 법, 상업화로 균형 감각을 상실한 방송이나 기사를 흥미롭게 보는 수용자들에게도 책임이 있다. **남의 사생활을 몰래 들여다보고 싶어 하는 욕망, 불행한 사건·사고들을 수수방관하면서도 그 전말에 대해서는 시시콜콜히 알고 싶어 하는 호기심, 집단의 열광 속에 파묻혀 자신이 잃어버린 무엇인가를 보상받고 싶어 하는 수동적 삶의 태도 등은 황색 저널리즘과 '낚시질'이 성행하는 터전이 된다.**(ⓕ) **바로 '우리'가 그들의 숨은 동조자일 수 있다.**(ⓖ)

① 비교　　　② 예시

③ 정의　　　④ 인용

🔍 정답 | ①

기출 + 실전 문제로 독해 비법 익히기

신의 한 수

📝 기출 문제

기출 문제 ➊ 독해 비법 익히기   🕐 시간 ⬛⬛분

01

설명하고 있는 전개 방식을 〈보기〉에서 골라 적어라.

┤ 보기 ├

정의	분석	구분(구분분류)	분류(분류분류)

⑴ 하위 개념에서 상위 개념으로 묶는 방법
⑵ 다소 복잡한 대상이나 현상의 구조, 과정, 원인, 결과를 보다 작거나 단순한 단위로 분해하여 설명하는 방법
⑶ 상위 개념에서 하위 개념으로 나누는 방법
⑷ 어떤 말이나 사물의 뜻을 명백히 밝혀 규정하는 방법

> 알타이어족에는 터키어·몽골어·만주어·퉁구스어·한국어·일본어 등의 언어가 속한다.

02

제시된 글의 내용을 표로 정리한 것이다. 빈칸에 알맞은 말을 넣으시오.

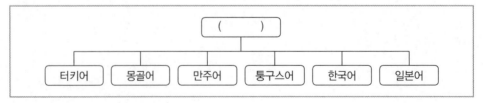

03

제시된 문장의 전개 방식으로 옳은 것은?   2021년 군무원 7급

① 분류   ② 분석   ③ 구분   ④ 정의

03
상위 개념인 '알타이어족'에서 하위 개념인 '터키어, 몽골어, 만주어, 퉁구스어, 한국어, 일본어'로 나누고 있기 때문에 '구분(구분 분류)'의 전개 방식이 쓰였다.

🔍 정답 |
01 ⑴ 분류(분류분류) ⑵ 분석
    ⑶ 구분(구분분류) ⑷ 정의
02 알타이어족
03 ③

01

설명하고 있는 전개 방식을 〈보기〉에서 골라 적어라.

┤ 보기 ├

유추　　　　　묘사　　　　　예시　　　　　대조

(1) 어떤 대상이나 사물, 현상 등을 그림을 그리듯 표현하는 방법

(2) 예를 들어 보이는 설명 방법

(3) 서로 다른 것을 견주어 차이점을 밝혀내는 방법

(4) 두 개의 사물이 비슷함을 근거로 다른 속성도 비슷할 거라고 추측하는 방법

보살은 자기 자신이 불경의 체험 내용인 보리를 구하려고 노력하는 동시에 일체의 타인에게도 그의 진리를 체득시키고자 정진하는 인간이다. 그러므로 <u>보살은 나한과 같은 자리(自利)를 위하여 보리를 구하는 자가 아니고 어디까지든지 이타(利他)를 위하여 활동하는 것이다. 나한이 개인적 자각인 데 대하여 보살은 사회적 자각에 입각한 것이니, 나한은 언제든지 개인 본위이고 개인 중심주의인 데 대하여 보살은 사회 본위이고 사회 중심주의인 것이다.</u>

02

다음은 밑줄 친 부분의 내용을 표로 정리한 것이다. 빈칸에 알맞은 말을 넣으시오.

보살	나한
(　　　)를 위하여 활동하는 자	자리(自利)를 위하여 보리를 구하는 자
(　　　) 자각	개인적 자각
사회 본위	(　　　) 본위
(　　　) 중심주의	개인 중심주의

03

밑줄 친 부분의 주된 설명 방식은?

2019년 지방직 7급

① 유추　　　　　　　　　② 묘사

③ 예시　　　　　　　　　④ 대조

기출 문제 3 독해 비법 익히기

⏱ 시간 　　 분

01

설명하고 있는 전개 방식을 〈보기〉에서 골라 적어라.

┤ 보기 ├

| 인과 | 정의 | 서사 | 묘사 |

(1) 어떤 말이나 사물의 뜻을 명백히 규정하는 방법

(2) 어떤 현상이나 결과가 나타나게 된 원인이나 힘을 제시하고 그로 말미암아 초래된 결과를 나타내는 방식

(3) 어떤 대상이나 사물, 현상 등을 그림을 그리듯 표현하는 방법

(4) 인물이 보이는 일련의 행동이나 사건의 전개 양상에 초점을 두고 글을 전개하는 방법

① 온실 효과로 지구의 기온이 상승할 때 가장 심각한 영향은 해수면의 상승이다. 이러한 현상은 바다와 육지의 비율을 변화시켜 엄청난 기후 변화를 유발하며, 게다가 섬나라나 저지대는 온통 물에 잠기게 된다.

② 이 사회의 경제는 모두가 제로섬 요소로 구성되어 있다. 제로섬(zero-sum)이란 어떤 수를 합해서 제로가 된다는 뜻이다. 어떤 운동 경기를 한다고 할 때 이기는 사람이 있으면 반드시 지는 사람이 있게 마련이다.

③ 다음날도 찬호는 학교 담을 따라 돌았다. 그리고 고무신을 벗어 한 손에 한 짝씩 쥐고는 고양이 걸음으로 보초의 뒤를 빠져 팽이처럼 교문 안으로 뛰어들었다.

④ 벼랑 아래는 빽빽한 소나무 숲에 가려 보이지 않았다. 새털구름이 흩어진 하늘 아래 저 멀리 논과 밭, 강을 선물 세트처럼 끼고 들어앉은 소읍의 전경은 적막해 보였다.

🔍 정답 |
01 (1) 정의　(2) 인과
　　(3) 묘사　(4) 서사

02

제시된 선택지를 표로 정리한 것이다. 빈칸에 알맞은 말을 넣으시오.

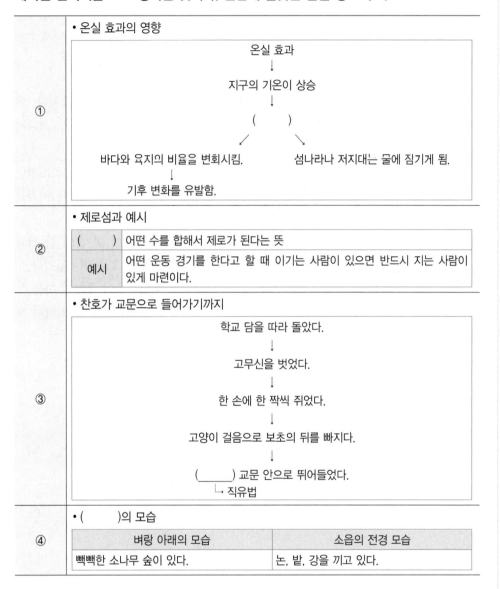

①	• 온실 효과의 영향 온실 효과 ↓ 지구의 기온이 상승 ↓ (　　　) ↙　　↘ 바다와 육지의 비율을 변화시킴.　　　섬나라나 저지대는 물에 잠기게 됨. ↓ 기후 변화를 유발함.
②	• 제로섬과 예시

②	(　　　)	어떤 수를 합해서 제로가 된다는 뜻
	예시	어떤 운동 경기를 한다고 할 때 이기는 사람이 있으면 반드시 지는 사람이 있게 마련이다.

③	• 찬호가 교문으로 들어가기까지 학교 담을 따라 돌았다. ↓ 고무신을 벗었다. ↓ 한 손에 한 짝씩 쥐었다. ↓ 고양이 걸음으로 보초의 뒤를 빠지다. ↓ (　　　　) 교문 안으로 뛰어들었다. └ 직유법

④	• (　　　)의 모습

	벼랑 아래의 모습	소읍의 전경 모습
④	빽빽한 소나무 숲이 있다.	논, 밭, 강을 끼고 있다.

🔍 정답 |
02 해수면의 상승, 의미, 팽이처럼, 소읍

03

'인과'의 전개 방식이 쓰인 예는 ①이다. ①은 '온실 효과로 지구의 기온 상승(원인) → 해수면 상승(결과)', '해수면 상승(원인) → 바다와 육지의 비율 변화시켜 기후 변화를 유발(결과1), 섬나라나 저지대의 침수(결과2)'의 방식으로 전개하고 있다.

오답 체크 ✎

② '제로섬'의 개념이 무엇인지 설명하고 있다. 따라서 '정의'의 방식이 쓰였다. 또 '제로섬'이 어떤 의미로 쓰이는 보여주고 있다는 점에서 '예시'가 쓰였다. '경제'의 문제를 '운동 경기'로 다른 범주에 빗댄 측면에서는 확장된 '유추'로 보는 것도 가능하다.

③ 시간의 흐름에 따라 전개되고 있다는 점에서 '서사'의 방식으로 볼 수 있다. 또 부분적으로 '묘사'의 방식도 나타난다.

④ 소읍의 전경을 '묘사'하고 있다.

03

다음에서 제시한 글의 전개 방식의 예로 가장 적절한 것은?

2020년 국가직 9급

> '인과'는 원인과 결과를 서술하는 전개 방식이다. 어떤 현상이나 결과가 나타나게 된 원인이나 힘을 제시하고 그로 말미암아 초래된 결과를 나타내는 서술 방식이다.

① 온실 효과로 지구의 기온이 상승할 때 가장 심각한 영향은 해수면의 상승이다. 이러한 현상은 바다와 육지의 비율을 변화시켜 엄청난 기후 변화를 유발하며, 게다가 섬나라나 저지대는 온통 물에 잠기게 된다.

② 이 사회의 경제는 모두가 제로섬 요소로 구성되어 있다. 제로섬(zero-sum)이란 어떤 수를 합해서 제로가 된다는 뜻이다. 어떤 운동 경기를 한다고 할 때 이기는 사람이 있으면 반드시 지는 사람이 있게 마련이다.

③ 다음날도 찬호는 학교 담을 따라 돌았다. 그리고 고무신을 벗어 한 손에 한 짝씩 쥐고는 고양이 걸음으로 보초의 뒤를 빠져 팽이처럼 교문 안으로 뛰어들었다.

④ 벼랑 아래는 빽빽한 소나무 숲에 가려 보이지 않았다. 새털구름이 흩어진 하늘 아래 저 멀리 논과 밭, 강을 선물 세트처럼 끼고 들어앉은 소읍의 전경은 적막해 보였다.

⏱ 시간 ■■ 분

01

설명하고 있는 전개 방식을 〈보기〉에서 골라 적어라.

┤ 보기 ├

| 예시 | 대조 | 유추 | 분류 |

⑴ 두 개의 사물이 비슷함을 근거로 다른 속성도 비슷할 것이라고 추측하는 방법

⑵ 하위 개념에서 상위 개념으로 묶는 방법 또는 상위 개념에서 하위 개념으로 나누는 방법

⑶ 예를 들어 보이는 방식

⑷ 서로 다른 것을 견주어 차이점을 밝혀내는 방법

🔍 정답 |
01 ⑴ 유추　⑵ 분류
　　 ⑶ 예시　⑷ 대조

ⓐ 'A는 B를 곧잘 C에 비유한다.'는 'A는 B를 자주 C에 빗대어 설명하곤 한다.'라는 의미이다.

ⓑ '정말 A일까?'는 보통 '정말 A가 아니다.'라는 의미이다.

ⓒ 'A. B는 오히려 C라고 말한다.'는 'B가 보기에는 A가 아니고, (A라기보다) C이다.'라는 의미이다.

ⓓ 'A는 B를 알고 C를 한다.'는 'A는 B를 알기 때문에 C를 한다.'라는 의미이다.

ⓔ 'A보다 더 B한 C는 없다.'는 'A가 가장 B하다.'라는 의미이다.

ⓕ 'A 외 어느 B가 한단 말인가?'는 결국 'A만인 한다.'는 의미이다.

우리는 좋지 않은 사람을 곧잘 동물에 비유한다.(ⓐ) 욕에 동물이 많이 등장하는 것도 동물을 나쁘게 보기 때문이다. 하지만 정말 인간이 동물보다 좋은(선한) 것일까?(ⓑ) 베르그는 오히려 "나는 인간을 알기 때문에 동물을 사랑한다."고 말하며(ⓒ) 이를 부정한다. 인간은 인간을 속이지만 동물은 인간을 속이지 않는다는 것을 알고 인간에게 실망한 사람들이 동물에게 더 많은 애정을 보인다.(ⓓ) 인간보다 더 잔인한 동물이 없다는(ⓔ) 것은 인간의 역사가 증명하고 있다. 필요 없이 다른 동물을 죽이는 일을 인간 외 어느 동물이 한단 말인가?(ⓕ)

02

제시된 글과 3번 문제 선택지의 내용을 표로 정리한 것이다. 빈칸에 알맞은 말을 넣으시오.

글	• 베르그의 생각과 근거		
	생각	결코 인간이 동물보다 선하다고 할 수 없다.	
	근거	( )	동물
		• 인간을 속인다. • 필요 없이 다른 동물을 죽인다.	• 인간을 속이지 않는다. • 필요 없이 다른 동물을 죽이지 않는다.
①	• 맛있는 음식과 좋은 교육		
	맛있는(좋은) 음식		좋은 교육
	신선한 재료 + 적절한 조리법 + 요리사의 정성 ↓ 맛있는(좋은) 음식		교사의 자기계발 + 학부모의 응원 + 교육 당국의 지원 ↓ ( ) 교육

🔍 정답 |
02 인간, 좋은, 분류, 세포, 양치식물

②	• 기호의 의미와 종류		

②	의미	의미를 지닌 부호를 체계적으로 배열한 것	
	예시	상위 개념	하위 개념
		기호	수학, 신호등, 언어, 벌의 춤사위
		└ 진술 방식: ( )	

③	• 바이러스와 세균	
	바이러스	세균
	• ( )가 아니다. • 살아있는 생명체를 숙주로 삼아야만 번식을 할 수 있다.	• 세포이다. • 먹이가 있는 곳이라면 어디에서라도 증식할 수 있다.

④	• 양치식물	
	고사리의 특징	ⓐ 꽃도 피지 않고 씨앗도 만들지 않는다. ⓑ 홀씨라고도 하는 포자로 번식한다.
	( )의 종류	ⓐ 고사리 ⓑ 고비
	양치식물 명칭의 기원	생김새가 양(羊)의 이빨과 비슷하다고 하여 붙은 이름

03

제시된 글의 주된 설명 방식이 사용된 것으로 가장 옳은 것은? 2020년 서울시 9급

① 교사의 자기계발, 학부모의 응원, 교육 당국의 지원 등이 어우러져야 좋은 교육이 가능해진다. 이는 신선한 재료, 적절한 조리법, 요리사의 정성이 합쳐져 맛있는 음식이 만들어지는 것과 같다.

② 의미를 지닌 부호를 체계적으로 배열한 것을 기호라고 한다. 수학, 신호등, 언어 등이 모두 여기에 속한다. 꿀이 있음을 알리는 벌들의 춤사위도 기호라고 할 수 있는 것이다.

③ 바이러스는 세균에 비해 크기가 작으며 핵과 이를 둘러싼 단백질이 전부여서 세포라고 할 수 없다. 먹이가 있는 곳이라면 어디에서라도 증식할 수 있는 세균과 달리, 바이러스는 살아있는 생명체를 숙주로 삼아야만 번식을 할 수 있다.

④ 나물로 즐겨 먹는 고사리는 꽃도 피지 않고 씨앗도 만들지 않는다. 고사리는 홀씨라고도 하는 포자로 번식한다. 고사리와 고비 등을 양치식물이라 하는데 생김새가 양(羊)의 이빨과 비슷하다고 하여 붙은 이름이다.

03
제시된 글에서는 '인간'과 '동물'을 대조하고 있다. 이처럼 대조의 방식으로 글을 전개하고 있는 것은 ③이다.
③에서도 '세균'과 '바이러스'를 대조하여 글을 전개하고 있다.

오답 체크 ✏

① '좋은 교육을 하는 과정'을 익숙한 '맛있는 음식을 만드는 과정'에 빗대어 설명하고 있다. 따라서 '유추'의 방법이 쓰였다.

② "의미를 지닌 부호를 체계적으로 배열한 것을 기호라고 한다." 부분에서 정의의 방법이 쓰였다. "수학, 신호등, 언어 등이 모두 여기에 속한다."와 함께 보면, 분류의 방법도 쓰였다. '기호'에 어떤 것들이 있는지 예를 들었다고 본다면, '예시'가 쓰였다고 볼 수도 있다.

④ "고사리와 고비 등을 양치식물이라 하는데" 부분을 보아, 분류의 방법이 쓰였다. 양치식물의 구체적인 예를 들었으므로 '예시'가 쓰였다고 볼 수도 있다.

🔍 정답 |
03 ③

실전 문제

⏱ 시간 ■■분

01

설명하고 있는 전개 방식을 〈보기〉에서 골라 적어라.

┤ 보기 ├
| 서사 | 과정 | 정의 | 분석 |

(1) 어떤 말이나 사물의 뜻을 명백히 밝혀 규정하는 방식

(2) 다소 복잡한 대상이나 현상의 구조, 과정, 원인, 결과를 보다 작거나 단순한 단위로 분해하여 설명하는 방식

(3) 어떤 결말이나 결과를 가져오게 하는 일련의 행동, 변화, 기능, 단계에 초점을 두는 방식

(4) 인물이 보이는 일련의 행동이나 사건의 전개 양상에 초점을 두고 전개하는 방식

🔍 정답│
01 (1) 정의　(2) 분석
　　 (3) 과정　(4) 서사

'도상학(Ikonographie)'이라는 말은 그리스어에서 파생된 단어로, '그림'이라는 뜻의 'ikon'과 '묘사'라는 뜻의 'graphein'의 합성어이며, 글자 그대로 번역하면 '그림 묘사'가 된다. 도상학은 작품이 무엇을 표현한 것인지를 밝히는 분석 방법으로, 그림이 그려진 당시의 사회·경제·역사적 상황에 의해 규정되는 특성을 중시한다.

02
제시된 글의 내용을 표로 정리한 것이다. 빈칸에 알맞은 말을 넣으시오.

[도상학]	
（　　）	ⓐ 그리스어에서 파생된 단어 ⓑ '그림'이라는 뜻의 'ikon'과 '묘사'라는 뜻의 'graphein'의 합성어 ⓒ 글자 그대로 번역하면 '그림 묘사'
（　　）	작품이 무엇을 표현한 것인지를 밝히는 분석 방법
특징	그림이 그려진 당시의 (　　　　　　　　) 상황에 의해 규정되는 특성을 중시함.

03
제시된 글의 주된 설명 방식은?

2008학년도 10월 고3 전국연합학력평가 변형

① 정의
② 분류
③ 과정
④ 서사

03
제시된 글에서는 '도상학'의 어원 및 개념을 설명하고 있다. 따라서 주된 설명 방식은 '정의'이다.

🔍 정답 |
02 어원, 개념(의미),
　　 사회·경제·역사적
03 ①

실전 문제 ❷ 독해 비법 익히기   ⏱ 시간 ⬛⬛ 분

01

설명하고 있는 전개 방식을 〈보기〉에서 골라 적어라.

| 보기 |

| 비교 | 대조 | 유추 | 묘사 |

⑴ 서로 다른 것을 견주어 차이점을 밝혀내는 방식

⑵ 둘 또는 그 이상의 사물에 대하여 그들이 지닌 공통점을 밝혀내는 방식

⑶ 어떤 대상이나 사물, 현상 등을 그림을 그리듯 표현하는 방식

⑷ 두 개의 사물이 비슷함을 근거로 다른 속성도 비슷할 거라고 추측하는 방식

① 호박과 수박은 모양이 비슷하다. 그러나 호박은 속을 버리고 겉을 먹는 반면 수박은 겉을 버리고 속을 먹는다는 차이점이 있다.

② 호랑나비의 날개 길이는 8~10cm이다. 날개의 바탕색은 검은데 바탕 색 위에 암황색 빛깔의 얼룩무늬가 찍혀 있다.

③ 제조물 책임은 제조물의 결함이 존재하는가 여부에 의해 결정되는데, 결함의 유형에는 제조상의 결함, 설계상의 결함, 표시상의 결함이 있다.

④ 문학은 구조를 가진다는 점에서 건축물과 같다. 하나의 건축물이 여러 가지 부속물이 떼려야 뗄 수 없는 관계로 맺어져 이루어지는 것처럼 문학 작품도 여러 요소의 유기적 결합에 의해 이루어진다.

02

제시된 선택지의 내용을 표로 정리한 것이다. 빈칸에 알맞은 말을 넣으시오.

①	• 호박과 수박		
		호박	수박
	공통점	둥근 모양	
	차이점	속을 버리고 겉을 먹는다.	겉을 버리고 속을 먹는다.

🔍 정답 |
01 ⑴ 대조   ⑵ 비교
　　 ⑶ 묘사   ⑷ 유추
02 결함(결함의 유형)

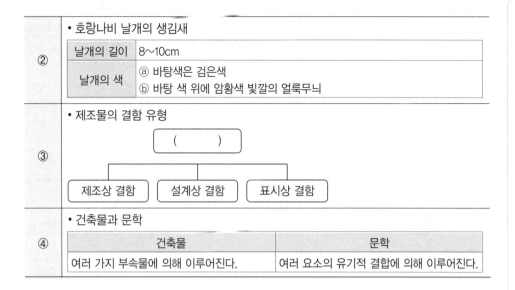

②	• 호랑나비 날개의 생김새	
	날개의 길이	8~10cm
	날개의 색	ⓐ 바탕색은 검은색
		ⓑ 바탕 색 위에 암황색 빛깔의 얼룩무늬

③ • 제조물의 결함 유형

( )

제조상 결함 　설계상 결함 　표시상 결함

④ • 건축물과 문학

건축물	문학
여러 가지 부속물에 의해 이루어진다.	여러 요소의 유기적 결합에 의해 이루어진다.

03

다음에서 제시한 글의 전개 방식의 예로 가장 적절한 것은?　2020년 국가직 9급 동형

> '분류'는 어떤 대상들이나 생각들을 공통적인 특성에 근거하여 나누는 전개 방식이다. '분류'는 '분류분류'와 '구분분류'로 나뉜다. '분류분류'는 하위 개념에서 상위 개념으로 묶는 것이고, 구분분류는 상위 개념에서 하위 개념으로 나누는 것이다.

① 호박과 수박은 모양이 비슷하다. 그러나 호박은 속을 버리고 겉을 먹는 반면 수박은 겉을 버리고 속을 먹는다는 차이점이 있다.

② 호랑나비의 날개 길이는 8~10cm이다. 날개의 바탕색은 검은데 바탕 색 위에 암황색 빛깔의 얼룩무늬가 찍혀 있다.

③ 제조물 책임은 제조물의 결함이 존재하는가 여부에 의해 결정되는데, 결함의 유형에는 제조상의 결함, 설계상의 결함, 표시상의 결함이 있다.

④ 문학은 구조를 가진다는 점에서 건축물과 같다. 하나의 건축물이 여러 가지 부속물이 떼려야 뗄 수 없는 관계로 맺어져 이루어지는 것처럼 문학 작품도 여러 요소의 유기적 결합에 의해 이루어진다.

03
'분류'의 전개 방식이 쓰인 예는 ③이다. ③은 '제조물 결함'을 '제조상의 결함, 설계상의 결함, 표시상의 결함'으로 나누어 설명하고 있다. '분류' 중에는 '구분분류'에 속한다.

오답 체크
① '호박'과 '수박'의 공통점과 차이점을 들고 있다는 점에서 '비교'와 '대조'가 쓰였다.
② '호랑나비 날개'의 생김새에 대해 '묘사'하고 있다.
④ '문학 작품'도 '하나의 건축물'처럼 여러 요소의 유기적인 결합으로 이루어진다고 말하고 있다. 따라서 '유추'의 방식이 쓰였다.

정답 |
03 ③

기출 + 실전 문제로
독해 비법 익히기

신의 한 수

기출 문제

기출 문제 **1** 독해 비법 익히기    ⏱ 시간 ■■ 분

> 멕시코의 환경 운동가로 유명한 가브리엘 과드리는 1960년대 이후 중앙아메리카 숲의 25% 이상이 목초지 조성을 위해 벌채되었으며 1970년대 말에는 중앙아메리카 전체 농토의 2/3가 축산 단지로 점유되었다고 주장했다. 실제로 1987년 이후로도 멕시코에만 1,497만 3,900 ha의 열대 우림이 파괴되었는데, 이렇게 중앙아메리카의 열대림을 희생하면서까지 생산된 소고기는 주로 유럽과 미국으로 수출되었다. 그렇지만 이 소고기들은 지방분이 적고 미국인의 입맛에 그다지 맞지 않아 대부분 햄버거의 재료로 사용되었다.

01
(1) 글쓴이가 구체적인 수치를 활용하고 있는 것은 맞다. 그러나 소고기 수출을 반대한다는 내용은 확인할 수 없다.
(2) 제시된 글에서 '열대 우림'이 구체적으로 무엇인지 그 개념을 밝히고 있지는 않다.

01

다음 진술이 바르면 ○, 바르지 않으면 ×하라.

(1) 글쓴이는 구체적인 수치를 들어 미국으로 소고기를 수출하는 것에 대해 반대하고 있다.   ○ ✕

(2) 글쓴이는 '열대 우림'의 의미를 명확히 밝히고 있다.   ○ ✕

🔍 정답 |
01 (1) ✕
   (2) ✕

02

제시된 글의 내용을 표로 정리한 것이다. 빈칸에 알맞은 말을 넣으시오.

- 가브리엘의 (　　　)

  ⓐ 1960년대 이후 중앙아메리카 숲의 (　　　) 이상이 목초지 조성을 위해 벌채되었다.

  ⓑ 1970년대 말에는 중앙아메리카 전체 농토의 (　　　)가 축산 단지로 점유되었다.

- (　　　) 파괴

구체적인 (　　)	1987년 이후로도 멕시코에만 1,497만 3,900 ha의 열대 우림이 파괴되었다.
파괴한 이유	소고기를 유럽과 미국으로 수출하기 위해 └ 그런데, 대부분 고작 햄버거의 재료로 사용되었다. 　　이유　ⓐ 소고기의 지방분이 적다. 　　　　　ⓑ 미국인의 입맛에 맞지 않다.

03

제시된 글의 글쓰기 방식에 대한 설명으로 적절한 것은?

2019년 지방직 9급

① 통계 수치를 활용하여 논거의 타당성을 높이고 있다.

② 이론적 근거를 나열하여 주장의 전문성을 강화하고 있다.

③ 전문 용어의 뜻을 쉽게 풀이하여 독자의 이해를 돕고 있다.

④ 예측할 수 없는 결과를 나열하여 사태의 심각성을 알리고 있다.

03
'25%', '2/3', '1,497만 3,900 ha' 등의 통계 수치를 활용하여 논거의 타당성을 높이고 있다.

오답 체크 ✎

② 이론적 근거를 나열하여 주장의 전문성을 강화하고 있지 않다.

③ 전문 용어의 뜻을 쉽게 풀이한 부분은 나와 있지 않다.

④ 예측할 수 없는 결과를 나열하지 않았다.

🔍 정답 |
02 주장, 25%, 2/3, 열대 우림, 수치
03 ①

기출 문제 2 독해 비법 익히기

⏱ 시간 ■■분

ⓐ 'A는 어떤 B인가?'처럼 질문이 맨 앞에 나온다면, 글쓴이는 그 질문에 대한 답을 전개할 거라는 힌트이다.

ⓑ 'A까지는 B였으며, C였다.'는 'A 시기까지는 B이기도 했고, C이기도 했다.'는 의미이다.

ⓒ 'A 또한 B에 예속되어 있었다.'는 'A도 B의 지배하에 있었다.'는 의미이다. 즉 A가 B에 영향을 받았다는 의미이다.

ⓓ 'A보다는 B를 위한 C'의 글자 그대로의 의미는 'A 〈 B'를 위한 C의 의미이지만, 'B'를 가장 중요하게 생각하는 'C'로 이해해도 무방하다.

ⓔ 'A는 B이다. 또한 A는 C이다.'는 'A는 B이고, C이다.'라는 의미이다. 즉 B와 C 모두 A에 대한 설명이다.

ⓕ '보다 A한 B'는 '한층 더 A한 B'라는 의미이다.

ⓖ 'A. 이렇듯 B는 C이며 D이다.'는 'A의 내용을 볼 때, B는 C이다. 그리고 B는 D이다.'라는 의미이다.

　　고전파 음악은 어떤 음악인가?(ⓐ) 서양 음악의 뿌리는 종교 음악에서 비롯되었다. **바로크 시대까지는 음악이 종교에 예속되어 있었으며, 음악가들 또한 종교에 예속되어 있었다.**(ⓑ, ⓒ) 고전파는 이렇게 종교에 예속되었던 음악을, 음악을 위한 음악으로 정립하려는 예술 운동에서 출발하였다. 따라서 종래의 신을 위한 음악에서 탈피해 형식과 내용의 일체화를 꾀하고 균형 잡힌 절대 음악을 추구하였다. 즉 '신'보다는 '사람'을 위한 음악(ⓓ), '음악'을 위한 음악을 이루어 나가겠다는 굳은 결의를 보여 준 것이다.

　　또한 고전파 음악은 음악적 형식과 내용의 완숙을 이룬 음악이기도 하다.(ⓔ) 이 시기에는 하이든, 모차르트, 베토벤 등 음악의 역사에서 가장 위대한 작곡가들이 배출되기도 하였다. 이때에는 성악이 아닌 기악만으로도 음악이 가능하게 되었으며, 교향곡의 기본을 이루는 소나타 형식이 완성되었다. 특히 옛 그리스나 로마 때처럼 **보다 정돈된 형식**(ⓕ)을 가진 음악을 해 보자고 주장하였기에 '옛것에서 배우자는 의미의 고전'과 '청정하고 우아하며 흐림 없음, 최고의 예술적 경지에 다다름으로서의 고전'을 모두 지향하게 되었다.

　　이렇듯 역사적으로 고전파 음악은 종교의 영역에서 음악 자체의 영역을 확보하였으며 최고 수준의 음악적 내용과 형식을 수립하였다.(ⓖ) 고전파 음악이 서양 전통 음악 전체를 대표하게 된 것은 고전파 음악이 이룩한 역사적인 성과에서 비롯된 것일지도 모른다. 따라서 고전 음악의 개념을 이해하기 위해서는 고전파 음악의 성격과 특질에 대한 이해가 선행되어야 할 것이다.

01

(1) 1문단에서 "고전파는 이렇게 종교에 예속되었던 음악을, 음악을 위한 음악으로 정립하려는 예술 운동에서 출발하였다."라고 하였다. 따라서 종교 음악으로 발전했다는 진술은 옳지 않다.

(2) 2문단의 "특히 옛 그리스나 로마 때처럼 보다 정돈된 형식을 가진 음악을 해 보자고 주장하였기에 '옛것에서 배우자는 의미의 고전'과 '청정하고 우아하며 흐림 없음, 최고의 예술적 경지에 다다름으로서의 고전'을 '모두' 지향하게 되었다." 부분을 볼 때, 옳지 않은 진술이다.

🔍 정답 |
01 (1) ×
　　(2) ×

01

다음 진술이 바르면 ○, 바르지 않으면 ×하라.

(1) 고전파 음악은 종교 음악으로 발전했다.　　　　○ ×

(2) 고전파 음악에서 '고전'은 '옛것에서 배우자'는 의미만 지향한다.　　　　○ ×

02

제시된 글의 내용을 표로 정리한 것이다. 빈칸에 알맞은 말을 넣으시오.

[고전파 음악]				
1문단	( )	고전파 음악은 어떤 음악인가?		
	답변	고전파 음악의 기원	종교에 예속되었던 음악을, 음악을 위한 음악으로 정립하려는 예술 운동	
		고전파 음악의 특징	ⓐ 형식과 내용의 ( )를 꾀함. ⓑ 균형 잡힌 절대 음악을 추구함. → '신'보다는 '사람'을 위한 음악, '음악'을 위한 음악을 이루어 나가겠다는 굳은 결의를 보여 준 것	
2문단	고전파 음악의 특징	ⓐ 음악적 형식과 내용의 완숙을 이룬 음악 ⓑ 성악이 아닌 기악만으로도 음악이 가능하게 됨. ⓒ 교향곡의 기본을 이루는 소나타 형식이 완성됨. ⓓ 두 가지 의미의 '고전'을 모두 지향함.		
			고전 1	고전 2
			옛것에서 배우자는 의미	청정하고 우아하며 흐림 없음. 최고의 예술적 경지에 다다름.
	고전파 ( )	ⓐ 하이든 ⓑ 모차르트 ⓒ 베토벤		
3문단	고전파 음악의 ( )	ⓐ 종교의 영역에서 음악 자체의 영역을 확보하였음. ⓑ 최고 수준의 음악적 내용과 형식을 수립함. ⓒ 서양 전통 음악 전체를 대표하게 됨. 　　→ 이유: 고전파 음악이 이룩한 역사적인 성과 때문에		
	주장	고전 음악의 개념을 이해하기 위해서는 고전파 음악의 성격과 특질에 대한 이해가 선행되어야 할 것이다.		

03

제시된 글의 글쓰기 전략으로 볼 수 없는 것은?

2019년 국가직 9급

① 고전파 음악이 지닌 음악사적 의의를 밝힌다.
② 고전파 음악의 음악가를 예시하여 이해를 돕는다.
③ 고전파 음악의 특징이 형식과 내용의 분리에 있음을 강조한다.
④ 질문을 통해 화제를 제시함으로써 호기심을 유발한다.

03

1문단의 "종래의 신을 위한 음악에서 탈피해 형식과 내용의 일체화를 꾀하고 균형 잡힌 절대 음악을 추구하였다."를 볼 때, 고전파 음악의 특징은 '형식과 내용의 일체화'에 있다. 따라서 형식과 내용의 분리를 강조한다는 ③의 진술은 제시된 글의 글쓰기 전략으로 적절하지 않다.

오답 체크 ✏️

① 고전파 음악이 지닌 음악사적 의의를 마지막 문단의 "고전파 음악은 종교의 영역에서 음악 자체의 영역을 확보하였으며 최고 수준의 음악적 내용과 형식을 수립하였다."에서 밝히고 있다.
② 2문단에서 '하이든, 모차르트, 베토벤' 등의 음악가를 예시를 들어 이해를 돕고 있다.
④ 1문단에서 "고전파 음악은 어떤 음악인가?"라는 질문을 통해 화제를 제시함으로써 호기심을 유발하고 있다.

🔍 정답 |
02 질문, 일체화, 음악가, 의의
03 ③

도르래는 둥근 바퀴에 튼튼한 줄을 미끄러지지 않도록 감아 무거운 물체를 들어 올리는 데 사용하는 도구이다. 가장 기본이 되는 도르래는 고정 도르래와 움직 도르래이다. 그렇다면 두 도르래의 차이는 어떤 것이 있을까?

우선 고정 도르래부터 살펴보도록 하자. 고정 도르래는 힘의 방향만 바꾸어 주는 도르래로 줄을 감은 바퀴의 중심축이 고정되어 있다. 힘의 이득을 볼 수는 없지만, 힘의 작용 방향을 바꿀 수 있는 장점이 있다. 고정 도르래를 사용할 때는 줄의 한쪽에 물체를 걸고 다른 쪽 줄을 잡아당겨 물체를 원하는 높이까지 움직인다. 이때 물체를 들어 올리는 힘은 줄 하나가 지탱하고 있다. 따라서 직접 들어 올리는 것과 비교해 힘의 이득은 없으며 단지 고정 도르래 때문에 줄을 당기는 힘의 방향만 바뀐다. 하지만 물체를 높은 곳으로 직접 들어 올리는 것보다는 줄을 아래로 잡아당김으로써 물체를 올리는 방법이 훨씬 편하다. 또한 물체를 1미터 들어올리기 위해 잡아당기는 줄의 길이도 1미터면 된다.

한편 움직 도르래는 힘의 이득을 보기 위해 사용한다. 움직 도르래를 사용할 때는 도르래에 줄을 감고 물체를 들어 올린다. 움직 도르래는 도르래 축에 직접 물체를 매달기 때문에 줄을 당기면 물체와 함께 도르래도 움직인다. 이때 물체를 지탱하는 줄은 두 가닥이 된다. 물체의 무게는 각 줄에 분산되어 두 사람이 각각의 줄을 잡고 동시에 들어 올리는 효과가 난다. 따라서 움직 도르래 한 개를 사용하면 물체 무게의 2분의 1의 힘으로 물체를 움직일 수 있게 되는 것이다. 하지만 물체를 1미터 들어올리기 위해 당겨야 하는 줄의 길이는 물체가 올라가는 높이의 두 배인 2미터이다. 왜냐하면 물체가 1미터 올라갈 때 물체를 지탱하는 두 줄도 동시에 1미터씩 움직여야 하는데, 줄을 당기는 쪽으로 줄이 감기게 되기 때문이다. 그래서 움직 도르래를 이용하여 물체를 들어 올리면 줄의 길이는 물체가 움직여야 하는 높이의 두 배가 필요하게 된다.

01

다음 진술이 바르면 ○, 바르지 않으면 ✕하라.

(1) '도르래'는 '고정 도르래'와 '움직 도르래'로 분석할 수 있다. ○ ✕

(2) '대조'의 방식으로 글이 전개되고 있다. ○ ✕

01

(1) 일정한 기준에 따라 '도르래의 종류'를 나눈 것이기 때문에 '분석'보다는 '분류'할 수 있다고 해야 옳은 진술이다.

(2) '고정 도르래'와 '움직 도르래'의 '차이점'을 중심으로 글이 전개되고 있기 때문에 '대조'의 방식으로 글이 전개되고 있다.

🔍 **정답 |**

01 (1) ✕

(2) ○

02

제시된 글의 내용을 표로 정리한 것이다. 빈칸에 알맞은 말을 넣으시오.

[고정 도르래와 움직 도르래]			
1문단	• 도르래의 개념과 종류		
	( )	둥근 바퀴에 튼튼한 줄을 미끄러지지 않도록 감아 무거운 물체를 들어 올리는 데 사용하는 도구	
	종류	ⓐ 고정 도르래 ⓑ 움직 도르래	
2문단	• 고정 도르래와 움직 도르래		
		고정 도르래	움직 도르래
3문단	( )	없다	있다. → 무게가 분산된다.
	줄의 길이	물체 높임	물체 높이의 ( )배

03

제시된 글의 내용 전개 방식으로 가장 적절한 것은?

2019년 소방직 9급

① 구체적 사례를 통해 개념 이해를 돕고 있다.
② 대상의 차이점을 중심으로 특징을 설명하고 있다.
③ 대상의 인과 관계에 초점을 맞추어 설명하고 있다.
④ 특정 기술이 발달한 과정을 순서대로 제시하고 있다.

03
※ 첫 단락에 '물음표'를 사용한 의문문을 통해 이미 글의 화제와 진술 방식을 보여주었다.

제시된 글은 '고정 도르래'와 '움직 도르래'의 차이점을 중심으로 각 도르래의 특징을 설명하고 있다.

오답 체크
① 구체적 사례를 통해 개념 이해를 돕고 있지는 않다.
③ 대상은 '도르래'이다. '도르래'를 인과 관계에 초점을 맞추어 설명하고 있지는 않다.
④ '도르래' 기술이 발달한 과정을 제시한 글이 아니다.

정답 |
02 개념, 힘의 이득, 2
03 ②

실전 문제

실전 문제 **1 독해 비법 익히기** ⏱ 시간 ▨▨ 분

조세는 국가의 재정을 마련하기 위해 경제 주체인 기업과 국민들로부터 거두어들이는 돈이다. 그런데 국가가 조세를 강제로 부과하다 보니 경제 주체의 의욕을 떨어뜨려 경제적 순손실을 초래하거나 조세를 부과하는 방식이 공평하지 못해 불만을 야기하는 문제가 나타난다. 따라서 조세를 부과할 때는 조세의 효율성과 공평성을 고려해야 한다.

우선 조세의 효율성에 대해서 알아보자. 상품에 소비세를 부과하면 상품의 가격 상승으로 소비자가 상품을 적게 구매하기 때문에 상품을 통해 얻는 소비자의 편익이 줄어들게 되고, 생산자가 상품을 팔아서 얻는 이윤도 줄어들게 된다. 소비자와 생산자가 얻는 편익이 줄어드는 것을 경제적 순손실이라고 하는데 조세로 인하여 경제적 순손실이 생기면 경기가 둔화될 수 있다. 이처럼 조세를 부과하게 되면 경제적 순손실이 불가피하게 발생하게 되므로, 이를 최소화하도록 조세를 부과해야 조세의 효율성을 높일 수 있다.

조세의 공평성은 조세 부과의 형평성을 실현하는 것으로, 조세의 공평성이 확보되면 조세 부과의 형평성이 높아져서 조세 저항을 줄일 수 있다. 공평성을 확보하기 위한 기준으로는 편익 원칙과 능력 원칙이 있다. 편익 원칙은 조세를 통해 제공되는 도로나 가로등과 같은 공공재를 소비함으로써 얻는 편익이 클수록 더 많은 세금을 부담해야 한다는 원칙이다. 이는 공공재를 사용하는 만큼 세금을 내는 것이므로 납세자의 저항이 크지 않지만, 현실적으로 공공재의 사용량을 측정하기가 쉽지 않다는 문제가 있고 조세 부담자와 편익 수혜자가 달라지는 문제도 발생할 수 있다. 능력 원칙은 개인의 소득이나 재산 등을 고려한 세금 부담 능력에 따라 세금을 내야 한다는 원칙으로 조세를 통해 소득을 재분배하는 효과가 있다.

01

다음 진술이 바르면 ○, 바르지 않으면 ✕하라.

(1) 조세를 부과하는 주체는 '국가'이다. ○ ✕

(2) 현실적으로 공공재의 사용량을 측정하기 어렵기 때문에 '능력 원칙'을 적용하기 어렵다. ○ ✕

01
(1) 1문단의 "국가가 조세를 강제로 부과하다 보니" 부분을 볼 때, 적절한 진술이다.
(2) 현실적으로 공공재의 사용량을 측정하기 어려운 것은 '능력 원칙'이 아니라 '편익 원칙'을 적용하기 어려운 이유이다.

🔍 정답 |
01 (1) ○
(2) ✕

206 신의 한 수 독해편

02

제시된 글의 내용을 표로 정리한 것이다. 빈칸에 알맞은 말을 넣으시오.

[조세]		
1문단	조세의 개념	국가의 재정을 마련하기 위해 경제 주체인 기업과 국민들로부터 거두어들이는 돈
	조세 부과의 문제점	ⓐ 강제로 부과하기 때문에 경제 주체의 의욕을 떨어뜨려 경제적 순손실을 초래함. ⓑ 조세를 부과하는 방식이 공평하지 못해 불만을 야기함.
	조세 부과할 때 고려해야 할 점	ⓐ ( ) ⓑ ( )
2문단	• 조세의 효율성	
	효율성을 높이는 방법	경제적 순손실을 최소화하도록 조세를 부과해야 함. └ 소비자와 생산자가 얻는 편익이 줄어드는 것 소비세 부과 ↓ 가격 상승 ↓ 상품 구매 감소 ↓ 소비자 편익 및 생산자 이윤 감소 (경제적 순손실 발생)
3문단	• 조세의 공평성	
	개념	조세 부과의 형평성을 실현하는 것
	확보해야 하는 이유	조세 부과의 형평성이 높아져서 조세 저항을 줄일 수 있음.
	확보하기 위한 조건	( ) 원칙 / ( ) 원칙 조세를 통해 제공되는 도로나 가로등과 같은 공공재를 소비함으로써 얻는 편익이 클수록 더 많은 세금을 부담해야 한다는 원칙 / 개인의 소득이나 재산 등을 고려한 세금 부담 능력에 따라 세금을 내야 한다는 원칙

03

제시된 글에 대한 설명으로 가장 적절한 것은?

2018학년도 3월 고1 전국연합학력평가 변형

① 대상을 기준에 따라 구분한 뒤 그 특성을 설명하고 있다.
② 대상의 개념을 그와 유사한 대상에 빗대어 소개하고 있다.
③ 통념을 반박하며 대상이 가진 속성을 새롭게 조명하고 있다.
④ 시간의 흐름에 따라 대상이 발달하는 과정을 서술하고 있다.

03
조세를 부과할 때 고려해야 하는 요건 인 효율성과 공평성을 제시하고 공평 성을 편익 원칙과 능력 원칙으로 구분 하고 있다.

오답 체크 ✏

② 대상을 유사한 대상에 빗대어 소 개하고 있지 않다.
③ 통념(일반적으로 사람들 사이에 널 리 통하는 상식)을 반박(주장에 반 대함)하고 있지도 않고, 속성을 새 롭게 조명하고 있지도 않다.
④ 시간의 흐름에 따라 대상이 발달하 는 과정이 서술되어 있지 않다.

🔍 정답 |
02 효율성, 공평성, 편익, 능력
03 ①

1950년대 프랑스의 영화 비평계에는 작가주의라는 비평 이론이 새롭게 등장했다. 작가주의란 감독을 단순한 연출자가 아닌 '작가'로 간주하고, 작품과 감독을 동일시하는 관점을 말한다. 이 이론이 대두될 당시, 프랑스에는 유명한 문학 작품을 별다른 손질 없이 영화화하거나 화려한 의상과 세트, 인기 연극배우에 의존하는 제작 관행이 팽배해 있었다. 작가주의는 이렇듯 프랑스 영화에 만연했던 문학적, 연극적 색채에 대한 반발로 주창되었다.

작가주의는 상투적인 영화가 아닌 감독 개인의 영화적 세계와 독창적인 스타일을 일관되게 투영하는 작품들을 옹호한다. 감독의 창의성과 개성은 작품 세계를 관통하는 감독의 세계관 혹은 주제 의식, 그것을 표출하는 나름의 이야기 방식, 고집스럽게 되풀이되는 특정한 상황이나 배경 혹은 표현 기법 같은 일관된 문체상의 특징으로 나타난다는 것이다.

작가주의적 비평가들에 의해 복권된 대표적인 할리우드 감독이 바로 스릴러 장르의 거장인 히치콕이다. 히치콕은 제작 시스템과 장르의 제약 속에서도 일관된 주제 의식과 스타일을 관철한 감독으로 평가받았다. 히치콕은 관객을 오인에 빠뜨린 뒤 막바지에 진실을 규명하여 충격적인 반전을 이끌어 내는 그만의 이야기 도식을 활용하였다. 또한 그는 관객의 오인을 부추기는 '맥거핀' 기법을 자신만의 이야기 법칙을 만들어 가는 데 하나의 극적 장치로 종종 활용하였다. 즉 특정 소품을 맥거핀으로 활용하여 확실한 단서처럼 보이게 한 다음 일순간 허망한 것으로 만들어 관객을 당혹스럽게 한 것이다.

이처럼 할리우드 영화의 재평가에 큰 영향을 끼쳤던 작가주의의 영향력은 오늘날까지도 이어지고 있다. 예컨대 작가주의로 인해 '좋은' 영화 혹은 '위대한' 감독들이 선정되었고, 이들은 지금도 영화 교육 현장에서 활용되고 있다.

01

다음 진술이 바르면 ○, 바르지 않으면 ✕하라.

(1) 작가주의 비평가들은 현대 프랑스 영화에 대해 비판적인 시각을 가지고 있다. ○ ✕

(2) 히치콕은 '맥거핀' 기법을 의도적으로 활용했다. ○ ✕

01
(1) 1문단의 "프랑스 영화에 만연했던 문학적, 연극적 색채에 대한 반발로 주창되었다."를 볼 때, '작가주의 비평'이 1950년대 프랑스 영화에 대한 비판으로 등장한 것은 맞다. 그렇다고 현대 프랑스 영화에까지 비판적인 시각을 가지고 있는지는 제시된 글을 통해 알 수 없다.

(2) 3문단의 "특정 소품을 맥거핀으로 활용하여 확실한 단서처럼 보이게 한 다음 일순간 허망한 것으로 만들어 관객을 당혹스럽게 한 것이다." 부분을 볼 때, 의도적으로 '맥거핀' 기법을 활용한 것임을 알 수 있다.

🔍 정답 |
01 (1) ✕
(2) ○

02

제시된 글의 내용을 표로 정리한 것이다. 빈칸에 알맞은 말을 넣으시오.

[작가주의 비평]		
1문단	• 작가주의	
	등장 시기	1950년대 프랑스
	( )	감독을 단순한 연출자가 아닌 '작가'로 간주하고, 작품과 감독을 동일시하는 관점
2문단	특징	ⓐ 프랑스 영화에 만연했던 문학적, 연극적 색채에 대한 반발 ⓑ 감독 개인의 영화직 세계와 독창적인 스타일을 일관되게 투영하는 작품들을 옹호함. → 감독의 창의성과 개성은 일관된 문체상의 특징으로 나타난다.
3문단	• ( )	
	평가	제작 시스템과 장르의 제약 속에서도 일관된 주제 의식과 스타일을 관철한 감독
	특징	특정 소품을 맥거핀으로 활용하여 확실한 단서처럼 보이게 한 다음 일순간 허망한 것으로 만들어 관객을 당혹스럽게 함.
4문단	• 작가주의의 의의	
	( )	오늘날까지 작가주의의 영항력이 이어짐.
	예시	ⓐ '좋은' 영화 혹은 '위대한' 감독들이 선정되었음. ⓑ 지금도 영화 교육 현장에서 활용되고 있음.

03

제시된 글에 대한 설명으로 가장 적절한 것은? 2015학년도 대학수학능력시험 6월 모의평가 변형

① 작가주의의 개념과 의의를 밝히고 있다.
② 작가주의에서 쟁점이 되는 부분을 설명하고 있다.
③ 작가주의에 대립하는 비평 이론을 구체적인 예를 들고 있다.
④ 작가주의의 문제점을 제시한 뒤 그것이 해결되는 과정을 설명하고 있다.

03
제시된 글은 1문단에서 작가주의의 개념을 설명하고, 2문단에서는 작가주의 비평의 특성을, 3문단에서는 히치콕을 예로 들고 있다. 또 마지막 문단에서 작가주의의 영항력과 그 의의를 밝히고 있다.

오답 체크 ✓
② 제시된 글에는 작가주의 이론의 등장 배경 당시의 '프랑스 영화'에 대한 쟁점은 있으나, 작가주의 자체에서 쟁점이 되는 부분을 다루고 있지 않다.
③ 제시된 글에는 작가주의와 대립하는 비평 이론을 다루고 있지 않다.
④ 제시된 글에는 '프랑스 영화'에 대한 문제점은 언급되어 있으나, 작가주의 자체의 문제점은 제시되지 않았다.

🔍 정답 |
02 개념(의미, 뜻), 히치콕, 의의
03 ①

실전 문제 **3** 독해 비법 익히기

⏱ 시간 ▢▢ 분

(가) 인간은 눈이라는 감각 기관을 사용하여 자극을 받아들이고, 그것을 바탕으로 지각(知覺)을 한다. 그러면 인간의 눈을 통해 들어온 자극이 가장 중요한가? 그러나 눈을 통해 들어온 자극 자체는 별로 중요하지 않다. 왜냐하면 인간은 특정한 자극만을 집중적으로 받아들일 뿐만 아니라 그 자극에 자신의 동기·경험·기대와 같은 내적 요인을 상호 작용시키면서 지각하기 때문이다. 자극은 이런 과정을 거치면서 의미 있는 지각이 되는 것이다. 그런데 특정 자극이 지각으로 받아들여지는 과정에는 '전경과 배경 분리의 원리'와 '지각 조직화의 원리'가 숨겨져 있다.

(나) 수업을 듣는 학생의 경우를 생각해 보자. 학생의 눈에는 앞에 앉아 있는 친구나 벽, 그리고 선생님 등이 모두 자극이 될 것이다. 그러나 학생이 모든 자극을 지각한다면 결과적으로 선생님에게 집중하지 못해 수업을 제대로 받을 수 없다. 수업에 참여하려면, 즉 자극을 의미 있는 것으로 받아들이기 위해서는 선생님을 주위의 다른 사물과 분리해야 한다. 여기서 '선생님'처럼 집중되는 자극을 '전경(前景)'이라 하고 그 외의 자극을 '배경(背景)'이라 한다면, 전경과 배경이 분리되어야만 자극이 의미 있게 되는 것이다. 전경이 대개 작고 응집적이라면, 배경은 좀 더 크고 흐트러져 있어 응집적으로 지각되지 않는다. 이 같은 전경과 배경의 속성들이 상호 작용하면서 그 경계가 뚜렷해져 전경과 배경이 분리된다. 이렇게 전경과 배경을 분리해서 자극을 의미 있게 받아들이는 것을 '전경과 배경 분리의 원리'라 한다.

(다) 사물에 대한 지각은 보이는 대상이 무엇이냐의 문제이기 이전에 그것을 어떻게 보느냐의 문제이다. 따라서 주어진 자극들은 응집성 있게 체계화되는 과정에서 의미 있는 어떤 형태로 만들어진다. 이런 속성 때문에 같은 자극들도 어떻게 체계화되느냐에 따라 사물의 형태가 다르게 보인다. 형태주의 심리학자들은 자극들을 체계화시키는 요소로 근접성, 유사성, 연속성, 완결성 등을 찾아냈는데, 이를 지각 조직화의 원리라고 한다. 인간은 이 원리로 대상을 하나의 의미 있는 모습으로 조직화하는 것이다. 이 작업은 무의식적이고도 순간적으로 수행되기 때문에 단순한 작업으로 오해하기 쉽지만 고도의 해석 과정을 거친 결과이다.

(라) 지각 조직화의 원리 중에서 근접성은 가까이 있는 자극들을 묶어 하나로 보려는 인간의 시각 체계이다. 인간의 시각 체계는 가까이 있는 것은 더 가까이, 멀리 있는 것은 더 멀리함으로써 경계를 좀 더 뚜렷하게 만든다. 유사성은 비슷한 자극들을 같은 대상의 구성 요소로 인식하여 하나로 묶어 그렇지 않은 것과 분리함으로써 자극을 응집하려는 경향이다. 연속성은 부드러운 연속이나 보기에 편한 형태로 자극을 조직화하려는 시각 체계이다. 이런 속성 때문에 인간은 가끔 어떤 사물에 들어 있는 세부적인 것들을 놓치기도 한다. 완결성은 단순하면서도 완전한 형태로 사물을 보려는 경향이다. 그래서 인간의 시각 체계는 사물에 있는 틈 혹은 가려진 부분을 보충하거나, 경우에 따라서는 없는 선조차 만들어 내기도 한다.

01

다음 진술이 바르면 ○, 바르지 않으면 ✕하라.

(1) 친구와 대화하는 상황에서 '친구'는 여러 자극 중 하나이다. ○ ✕

(2) 형태주의 심리학자들은 인간이 자극들을 어떻게 체계화하는지 연구했다. ○ ✕

01

(1) (나)의 "수업을 듣는 학생의 경우를 생각해 보자. 학생의 눈에는 앞에 앉아 있는 친구나 벽, 그리고 선생님 등이 모두 자극이 될 것이다." 부분을 볼 때, '친구'는 여러 자극 중 하나가 맞다.

(2) (다)를 볼 때, 형태주의 심리학자들이 연구한 결과가 '지각 조직화의 원리'이다. 따라서 그들이 체계적으로 자극들을 연구했을 거라고 추정할 수 있다.

🔍 정답 |
01 (1) ○
      (2) ○

02

제시된 글의 내용을 표로 정리한 것이다. 빈칸에 알맞은 말을 넣으시오.

['전경과 배경 분리의 원리'와 '지각 조직화의 원리']			
(가)	( )	인간의 눈을 통해 들어온 자극이 가장 중요한가?	
	답변	자극 자체는 별로 중요하지 않다. → ⓐ 인간은 특정한 자극만을 집중적으로 받아들이기 때문에 ⓑ 자극에 자신의 내적 요인을 상호 작용시키면서 지각하기 때문에	

		• 전경과 배경 분리의 원리		
(나)	예시	수업을 듣는 학생 → 전경과 배경이 분리되어야만 자극이 의미 있게 되는 ( )(가정)		
			전경(前景)	배경(背景)
		개념	집중되는 자극	그 외의 자극
		특징	ⓐ 작음 ⓑ 응집적	ⓐ 큼 ⓑ 응집적이지 않음
	원리	전경과 배경의 속성들이 상호 작용하면서 그 경계가 뚜렷해져 전경과 배경이 분리됨.		
	개념	전경과 배경을 분리해서 자극을 의미 있게 받아들이는 것		

		• 지각 조직화의 원리	
(다)	개념	대상을 하나의 의미 있는 모습으로 조직화하는 것	
	요소	ⓐ 근접성 ⓑ 유사성 ⓒ 연속성 ⓓ 완결성 → ( ) 심리학자들이 찾아냄.	

		• 지각 조직화의 원리	
(라)		( )	특징
	근접성	가까이 있는 자극들을 묶어 하나로 보려는 인간의 시각 체계	경계를 좀 더 뚜렷하게 만든다.
	유사성	비슷한 자극들을 같은 대상의 구성 요소로 인식하여 하나로 묶으려는 경향	자극을 응집한다.
	연속성	부드러운 연속이나 보기에 편한 형태로 자극을 조직화하려는 시각 체계	이런 속성 때문에 세부적인 것들을 놓치기도 한다.
	완결성	단순하면서도 완전한 형태로 사물을 보려는 경향	가려진 부분이나 없는 것을 만들어내기도 한다.

03

(가) ~ (라)의 글쓰기 전략으로 적절하지 않은 것은? 2006학년도 9월 고2 전국연합학력평가 변형

① (가): 묻고 대답하는 방식으로 독자의 주의를 환기하고 있다.

② (나): 가정된 상황을 사례로 들어 독자의 이해를 돕고 있다.

③ (다): 전문가의 말을 인용하여 독자를 설득하고 있다.

④ (라): 용어의 개념을 자세하게 설명하여 독자에게 내용을 전달하고 있다.

03

(다)는 지각 조직화의 원리를 설명하는 부분이다. (다)에서 전문가의 말을 인용하지는 않았다. 따라서 전문가의 말을 인용해서 독자를 설득시키려고 한다는 진술은 적절하지 않다.

오답 체크 ✏

① (가)에서 "인간의 눈을 통해 들어온 자극이 가장 중요한가?"라고 질문을 던지고 "별로 중요하지 않다."라고 대답하는 방식으로 독자의 주의를 환기하고 있다.

② (나)에서 '수업을 듣는 학생'의 상황을 가정하여 독자의 이해를 돕고 있다.

④ (라)에서는 '지각 조직화의 원리'의 '근접성', '유사성', '연속성', '완결성'의 개념을 자세하게 설명하고 있다.

🔍 정답 |
02 질문, 사례, 형태주의, 개념(의미, 뜻)
03 ③

신⟮神⟯의 한 수 독해편

★ PART ★

V

논리적 배열

논리적 배열 유형

유형 분석

　주어진 문장 또는 문단을 논리적으로 배열할 수 있는지 묻는 유형이다. 4개의 선지가 있을 때, 보통은 순서상 맨 앞에 오는 문장이나 문단은 1개 내지 2개이다. 따라서 선지를 먼저 읽고, 선지를 통해 첫 문장이나 첫 문단을 예측하면 된다. 순서상 맨 앞에 올 것을 기준으로, 뒤에 올 것들도 논리적으로 배열하면 된다.

대표 발문

- 제시된 글을 논리적 순서에 맞게 나열한 것은?
- 제시된 글의 전개 순서로 가장 자연스러운 것은?
- ㉠ ~ ㉣의 전개 순서로 가장 자연스러운 것은?

유형 정복 비법

비법 5. 꼬리잡기의 법칙

　논리적 배열 유형을 정복하기 위해서는 '꼬리잡기'가 필요하다. 하나의 글은 통일성, 완결성, 긴밀성에 의해 전개된다. 그중에서 논리적 배열 유형과 관련이 있는 것은 '긴밀성'이다. '긴밀성'은 쉽게 말해 '자연스러운 연결' 정도로 이해하면 된다. 따라서 앞 문장이나 문단의 끝은 그 다음 문장이나 문단의 앞부분과 연결될 수밖에 없다. 그렇기 때문에 '꼬리잡기'를 하면 글의 순서를 쉽게 파악할 수 있다.

　'꼬리잡기'의 과정에서 '지시어나 접속어의 활용(1)'하거나, '글의 구조를 파악(2)'하는 것도 도움이 된다.

1. 지시어나 접속어 활용하기

　'꼬리잡기'에서 필요한 단어나 문장이 직접적으로 제시되지 않고, 지시어로 나타나는 경우가 많다. 따라서 지시어로 시작되는 문장 또는 문단이라면 그 지시어가 의미하는 바를 찾으면서 꼬리잡기를 하면 된다. 또 접속어의 성격을 고려해서 앞뒤에 이어질 내용을 예측할 수도 있다.

2. 글의 구조 파악하기

　큰 개념과 작은 개념이 있다고 할 때, 글의 구조상 큰 개념이 앞에 오고 그 뒤에 작은 개념이 뒤따르는 게 일반적이다. 따라서 하나의 개념을 다루고 있을 때에는 더 큰 개념을 다루고 있는 쪽이 앞에 올 가능성이 크다. 또 원인과 결과가 있다고 할 때, 원인이 앞에 오고 그 뒤에 결과를 제시하는 게 일반적이다.

비법 적용하기

STEP 1 다음 문장을 '꼬리잡기'를 통해 논리적으로 배열해 보자.

ㄱ. 스트레스(stress)는 '팽창하다, 좁다'라는 뜻의 라틴어에서 유래되었다.
ㄴ. 이 말이 지금의 의미로 사용되기 시작한 것은 그리 오래된 일이 아니다.

☑

ㄱ. "승정원일기"는 승정원의 업무 일지이다.
ㄴ. 우리나라에는 유네스코가 인정한 세계 기록 유산들이 있는데, 그중의 하나가 "승정원일기"이다.
ㄷ. 이는 조선 초기부터 작성되기 시작하였으나 화재로 인해 현재는 1623년부터 1910년까지의 기록만 남아 있다.

☑

ㄱ. 발효는 미생물이 유기물에 작용하여 물질의 성질을 바꾸어 놓는다는 점에서 부패와 닮았다.
ㄴ. 그래서 발효로 만들어진 물질은 사람이 먹을 수 있는 맛과 영양가를 지니고 있지만, 부패로 생긴 물질은 식중독을 일으키기 때문에 사람이 먹을 수 없다.
ㄷ. 하지만 화학적 변화의 결과, 우리에게 유용한 물질이 만들어지면 발효라고 하고 우리에게 해로운 물질이 만들어지면 부패라고 한다.

☑

'꼬리잡기'를 잘 했는지 확인해 보자.

'꼬리잡기'를 했더니 쉽게 앞뒤 문장을 연결할 수 있게 되었는가?

ㄱ. 스트레스(stress)는 '팽창하다, 좁다'라는 뜻의 라틴어에서 유래되었다.
ㄴ. 이 말이 지금의 의미로 사용되기 시작한 것은 그리 오래된 일이 아니다.
　　= 스트레스

☑ ㄱ → ㄴ

ㄴ. 우리나라에는 유네스코가 인정한 세계 기록 유산들이 있는데, 그중의 하나가 "승정원일기"이다.
ㄱ. "승정원일기"는 승정원의 업무 일지이다.
ㄷ. 이는 조선 초기부터 작성되기 시작하였으나 화재로 인해 현재는 1623년부터 1910년까지의 기록만 남아 있다.
　　= 승정원일기

☑ ㄴ → ㄱ → ㄷ

ㄱ. 발효는 미생물이 유기물에 작용하여 물질의 성질을 바꾸어 놓는다는 점에서 부패와 닮았다.
ㄷ. 하지만 화학적 변화의 결과, 우리에게 유용한 물질이 만들어지면 발효라고 하고 우리에게 해로운 물질이 만들어지면 부패라고 한다. → 차이점
ㄴ. 그래서 발효로 만들어진 물질은 사람이 먹을 수 있는 맛과 영양가를 지니고 있지만, 부패로 생긴 물질은 식중독을 일으키기 때문에 사람이 먹을 수 없다. → ㄷ과 인과관계

☑ ㄱ → ㄷ → ㄴ

이번에는 'STEP 2'를 모방해서 '꼬리잡기'를 해 보자.

ㄱ. 그런데 바로 이 해마의 크기가 경험에 따라 달라지기도 한다.
ㄴ. 인간의 뇌에는 기억을 저장하고 떠올리는 과정에서 중요한 역할을 하는 '해마'라는 기관이 있다.
ㄷ. 공간 구조의 기억과 회상에 관여하는 해마로 인해 우리는 눈을 감고 머릿속에 집으로 가는 길을 떠올릴 수 있다.

☑

ㄱ. 알을 밴 고기일수록 맛이 좋고, 어린 고기까지 술안주로 인기 있었던 탓일까?

ㄴ. 명태는 1930년대만 해도 동해에서 매년 25만 톤 내외로 잡힐 만큼 흔했다.

ㄷ. 결국 우리 바다에서 명태의 씨가 말라 버렸다. 2008년부터 매년 우리나라 근해에서 잡힌 명태는 1톤 내외이다.

☑

ㄱ. 녹차는 위 건강에 도움을 준다.

ㄴ. 이는 발암 물질의 생성을 억제한다.

ㄷ. 녹차가 위 건강에 좋은 이유는 바로 카테킨 성분 때문이다.

ㄹ. 그리고 염증과 궤양의 원인이 되는 헬리코박터 파이로리균에 대한 항균 작용을 한다.

☑

ㄱ. 복사기는 정전기를 이용한 대표적인 제품이다.

ㄴ. 복사기는 정전기를 이용해 토너의 잉크 가루를 종이에 붙인다.

ㄷ. 또 먼지를 제거하는 집진기도 정전기의 원리로 공중의 먼지를 붙여 제거한다.

ㄹ. 정전기가 마냥 해로운 것만은 아니다. 우리 생활에서 정전기는 의외로 많은 활약을 하고 있다.

☑

ㄱ. 이 가운데 478종이 말라리아모기이다.

ㄴ. 지구에는 약 3,500여 종의 모기가 산다.

ㄷ. 모기가 가져오는 위협은 말라리아뿐이 아니다.

ㄹ. 이들로 인해 대부분 어린 아이들인 수십만 명이 말라리아로 목숨을 잃는다.

ㅁ. 모기는 일본 뇌염이나 뎅기열, 지카 바이러스 등 사람의 목숨을 위협하는 치명적인 병들을 옮긴다.

☑

ㄴ. 인간의 뇌에는 기억을 저장하고 떠올리는 과정에서 중요한 역할을 하는 '해마'라는 기관이 있다.

ㄷ. 공간 구조의 기억과 회상에 관여하는 해마로 인해 우리는 눈을 감고 머릿속에 집으로 가는 길을 떠올릴 수 있다.

ㄱ. 그런데 바로 이 해마의 크기가 경험에 따라 달라지기도 한다.

☑ ㄴ → ㄷ → ㄱ

ㄴ. **명태는** 1930년대만 해도 동해에서 매년 25만 톤 내외로 잡힐 만큼 흔했다.

ㄱ. (원인) 알을 밴 고기일수록 맛이 좋고, 어린 고기까지 술안주로 인기 있었던 탓일까?

ㄷ. (결과) 결국 우리 바다에서 명태의 씨가 말라 버렸다. 2008년부터 매년 우리나라 근해에서 잡힌 명태는 1톤 내외이다.

☑ ㄴ → ㄱ → ㄷ

ㄱ. 녹차는 위 건강에 도움을 준다.

ㄷ. 녹차가 위 건강에 좋은 이유는 바로 카테킨 성분 때문이다.

ㄴ. (카테킨 성분의 특징 1) 이는 발암 물질의 생성을 억제한다.
　　　　　　　　　　= 카테킨 성분

ㄹ. (카테킨 성분의 특징 2) 그리고 염증과 궤양의 원인이 되는 헬리코박터 파이로리균에 대한 항균 작용을 한다.

☑ ㄱ → ㄷ → ㄴ → ㄹ

ㄹ. 정전기가 마냥 해로운 것만은 아니다. 우리 생활에서 정전기는 의외로 많은 활약을 하고 있다.

ㄱ. (예시 1 – 복사기) 복사기는 정전기를 이용한 대표적인 제품이다.

ㄴ. 복사기는 정전기를 이용해 토너의 잉크 가루를 종이에 붙인다.

ㄷ. (예시 2 – 집진기) 또 먼지를 제거하는 집진기도 정전기의 원리로 공중의 먼지를 붙여 제거한다.

☑ ㄹ → ㄱ → ㄴ → ㄷ

ㄴ. 지구에는 약 3,500여 종의 모기가 산다.

ㄱ. 이 가운데 478종이 말라리아모기이다.

    = 약 3,500여 종의 모기

ㄹ. 이들로 인해 대부분 어린 아이들인 수십만 명이 말라리아로 목숨을 잃는다.

    = 말라리아모기

ㄷ. 모기가 가져오는 위험은 말라리아뿐이 아니다.

ㅁ. 모기는 일본 뇌염이나 뎅기열, 지카 바이러스 등 사람의 목숨을 위협하는 치명적인 병들을 옮긴다.

☑ ㄴ → ㄱ → ㄹ → ㄷ → ㅁ

STEP 5 이번에는 조금 더 긴 문장을 가지고 연습해 보자.

ㄱ. 따라서 사회적 금제 시스템이 무너졌을 때 절도를 향한 욕망은 거침없이 드러난다. 1992년 LA 폭동 때 우리는 그 야수적 욕망의 분출을 목도한 바 있다.

ㄴ. 그러기에 절도는 동서고금을 막론하고 사회적 금기이다. 하지만 인간의 내부에는 절도에 대한 은밀한 욕망이 자리 잡고 있다. 절도는 적은 비용으로 많은 먹이를 획득하고자 하는 생명체의 생존욕과 관련이 있을 것이다.

ㄷ. 법은 절도를 금한다. 십계 중 일곱 번째 계명이 '도둑질하지 말라'이며, 고조선의 팔조금 법에도 '도둑질을 하면 노비로 삼는다'는 내용이 포함되어 있다. 절도가 용인되면, 즉 개인의 재산을 보호하지 않으면 사회 자체가 붕괴된다.

☑

ㄱ. 절도는 범죄지만 인간은 한편으로 그 범죄를 합리화한다. 절도의 합리화는 부조리한 사회, 주로 재화의 분배에 있어 불공정한 사회를 전제로 한다. 그리고 한 걸음 더 나아가 절도행위자인 도둑을 찬미하기도 한다.

ㄴ. 혹 그 도둑이 약탈물을 달동네에 던져주기라도 하면 그는 의적으로 다시 태어나 급기야 전설이 되고 소설이 된다. 그렇게 해서 가난한 우리는 일지매에 빠져들고 장길산에 열광하게 되는 것이다.

ㄷ. 지위를 이용한 고위 공무원의 부정 축재와 부잣집 담장을 넘는 밤손님의 행위 사이에 어떤 차이가 있는가? 만약 그 도둑이 넘은 담장이 부정한 돈으로 쌓아올려진 것이라면 월장은 도리어 미화되고 찬양받는다.

☑

ㄷ. 법은 절도를 금한다. 십계 중 일곱 번째 계명이 '도둑질하지 말라'이며, 고조선의 팔조금 법에도 '도둑질을 하면 노비로 삼는다'는 내용이 포함되어 있다. 절도가 용인되면, 즉 개인의 재산을 보호하지 않으면 사회 자체가 붕괴된다.

ㄴ. 그러기에 절도는 동서고금을 막론하고 사회적 금기이다. 하지만 인간의 내부에는 절도에 대한 은밀한 욕망이
인과
자리 잡고 있다. 절도는 적은 비용으로 많은 먹이를 획득하고자 하는 생명체의 생존욕과 관련이 있을 것이다.

ㄱ. 따라서 사회적 금제 시스템이 무너졌을 때 절도를 향한 욕망은 거침없이 드러난다. 1992년 LA 폭동 때 우리는 그 야수적 욕망의 분출을 목도한 바 있다.

☑ ㄷ → ㄴ → ㄱ

ㄱ. 절도는 범죄지만 인간은 한편으로 그 범죄를 합리화한다. 절도의 합리화는 부조리한 사회, 주로 재화의 분배에 있어 불공정한 사회를 전제로 한다. 그리고 한 걸음 더 나아가 절도행위자인 도둑을 찬미하기도 한다.

ㄷ. 지위를 이용한 고위 공무원의 부정 축재와 부잣집 담장을 넘는 밤손님의 행위 사이에 어떤 차이가 있는가? 만약 그 도둑이 넘은 담장이 부정한 돈으로 쌓아올려진 것이라면 월장은 도리어 미화되고 찬양받는다.

ㄴ. (구체적인 사례) 혹 그 도둑이 약탈물을 달동네에 던져주기라도 하면 그는 의적으로 다시 태어나 급기야 전설이 되고 소설이 된다. 그렇게 해서 가난한 우리는 일지매에 빠져들고 장길산에 열광하게 되는 것이다.

☑ ㄱ → ㄷ → ㄴ

'STEP 5'의 문장들은 2019년 국회직 9급에 나온 하나의 지문을 2개로 나눠 놓은 것이다. 꼬리잡기를 잘 했다면, 어렵지 않게 바른 순서를 고를 수 있을 것이다. 2019년 국회직 9급의 문제를 풀어 보자.

🕐 시간 ▢▢ 분

ⓐ 'A. 그러기에 B이다.'는 'A 때문에 B이다.'라는 의미이다.

ⓑ '(A와) B를 막론하고 C이다.'는 'A와 B를 가리지 않고 C이다.'라는 의미이다. 즉 A와 B 모두 C라는 의미이다.

ⓒ 'A는 B를 전제로 한다.'의 '전제' 뒤에 '조건'을 붙여 '전제 조건'으로 바꾸면, 이해가 조금 더 쉽다. 따라서 'A는 B를 전제 조건으로 생각한다.'를 의미한다.

ⓓ '혹'은 '만일', '우연히', '어쩌면', '어쩌다가' 등의 의미를 가진다. 'A. 혹 B 하면'은 '하면'이 있는 것을 볼 때, 'A. 만일 B 하면'의 의미이다.

ⓔ 'A. 그렇게 해서 B가 된다.'는 'A 때문에 B가 된다.'는 의미이다.

ⓕ 'A이면, B가 된다.'는 A의 상황에서는 B라는 결과를 얻게 될 것이라는 의미이다.

ⓖ 'A에 어떤 차이가 있는가?' 뒤에 '첫째, 둘째, 셋째'가 이어진다면, 차이점을 설명할 것임을 말할 것이라는 예고의 표지이다. 한편, '첫째, 둘째, 셋째'가 이어지지 않는다면, 'A에 어떤 차이도 없다.'라는 의미이다.

다음 (가)~(바)를 논리적 순서에 맞게 나열한 것은?

`2019년 국회직 9급`

(가) 그러기에 절도는 동서고금을 막론하고 사회적 금기이다.(ⓐ, ⓑ) 하지만 인간의 내부에는 절도에 대한 은밀한 욕망이 자리 잡고 있다. 절도는 적은 비용으로 많은 먹이를 획득하고자 하는 생명체의 생존욕과 관련이 있을 것이다.

(나) 절도는 범죄지만 인간은 한편으로 그 범죄를 합리화한다. **절도의 합리화는 부조리한 사회, 주로 재화의 분배에 있어 불공정한 사회를 전제로 한다.**(ⓒ) 그리고 한 걸음 더 나아가 절도행위자인 도둑을 찬미하기도 한다.

(다) 따라서 사회적 금제 시스템이 무너졌을 때 절도를 향한 욕망은 거침없이 드러난다. 1992년 LA 폭동 때 우리는 그 야수적 욕망의 분출을 목도한 바 있다.

(라) 혹 그 도둑이 약탈물을 달동네에 던져주기라도 하면(ⓓ) 그는 의적으로 다시 태어나 급기야 전설이 되고 소설이 된다. 그렇게 해서 가난한 우리는 일지매에 빠져들고 장길산에 열광하게 되는 것이다.(ⓔ)

(마) 법은 절도를 금한다. 십계 중 일곱 번째 계명이 '도둑질하지 말라'이며, 고조선의 팔조금 법에도 '도둑질을 하면 노비로 삼는다'는 내용이 포함되어 있다. 절도가 용인되면, 즉 개인의 재산을 보호하지 않으면 **사회 자체가 붕괴된다.**(ⓕ)

(바) **지위를 이용한 고위 공무원의 부정 축재와 부잣집 담장을 넘는 밤손님의 행위 사이에 어떤 차이가 있는가?**(ⓖ) 만약 그 도둑이 넘은 담장이 부정한 돈으로 쌓아올려진 것이라면 월장은 도리어 미화되고 찬양받는다.

① (마) — (가) — (다) — (나) — (바) — (라)

② (마) — (나) — (바) — (가) — (다) — (라)

③ (마) — (바) — (라) — (다) — (나) — (가)

④ (나) — (마) — (가) — (다) — (바) — (라)

⑤ (나) — (다) — (라) — (마) — (바) — (가)

🔍 정답 | ①

DAY 18

기출 + 실전 문제로 독해 비법 익히기

1회독 ____월 ____일
2회독 ____월 ____일
3회독 ____월 ____일

신의 한 수

📊 기출 문제

기출 문제 **1** 독해 비법 익히기

⏱ 시간 ■■ 분

> (가) 그 위계를 정하는 데 나이는 매우 결정적인 요인이 된다.
> (나) 그래서 우리는 사람들을 만나면 상대와 나의 위계를 자기도 모르게 측정하게 된다.
> (다) 그 위계를 따져서 말을 하지 않으면 상대를 기분 나쁘게 할 수도 있고 상대를 불편하게 만들 수도 있다.
> (라) 한국어에서 높임법을 결정하는 요인에는 앞서 언급한 나이 외에도 직업, 지위, 친밀감, 공식성 등이 있다.
> (마) 한국어로 말을 하려면 늘 상대와 나와의 위계부터 따져야 한다.

01

다음 진술이 바르면 ○, 바르지 않으면 ✕하라.

(1) 한국 사람은 무의식적으로 상대와 자신의 위계를 측정한다.　　　○ ✕

(2) 위계를 고려하지 않은 말하기는 대인 관계의 문제를 불러일으킬 수 있다.　　　○ ✕

02

제시된 글의 내용을 표로 정리한 것이다. 빈칸에 알맞은 말을 넣으시오.

(가)	• '위계'를 정하는 기준: ( )		
(나)	• 그래서 우리는 무의식중에 '( )'를 측정한다.		
(다)	• '위계'를 따져서 말을 해야 하는 ( )		
	ⓐ 상대를 기분 나쁘게 할 수 있다.　ⓑ 상대를 불편하게 만들 수 있다.		
(라)	• 한국어의 높임법을 결정하는 요인		
	ⓐ (앞서 언급한) ( )	ⓑ 직업	ⓒ 지위
	ⓓ 친밀감	ⓔ 공식성	
(마)	• 한국어의 특징: 말을 할 때 상대와의 ( )를 따져야 한다.		

신의 한 수

01
(1) (나)의 "우리(한국어로 말을 하는 사람)는 사람들을 만나면 상대와 나의 위계를 자기도 모르게 측정하게 된다." 부분을 통해 알 수 있다.
(2) (다)의 "위계를 따져서 말을 하지 않으면 상대를 기분 나쁘게 할 수도 있고 상대를 불편하게 만들 수도 있다." 부분을 통해 알 수 있다.

🔍 정답 |
01 (1) ○
　　(2) ○
02 나이, 위계, 이유, 나이, 위계

03

제시된 글을 논리적 순서에 맞게 나열한 것은?

2021년 군무원 7급

① (라) – (마) – (가) – (다) – (나)
② (라) – (다) – (가) – (마) – (나)
③ (마) – (다) – (나) – (가) – (라)
④ (마) – (나) – (다) – (가) – (라)

💬 해설

1단계	(마)에서 한국어로 말을 할 때는 위계를 따져야 한다고 말하고 있고, 그 이유(근거)를 (다)에서 제시하고 있다. 따라서 (마) 뒤에 (다)가 이어지는 게 자연스럽다.
2단계	한국어로 말을 할 때는 위계를 따져야 하기 때문에((마)와 (다)), 한국어 화자들이 자신도 모르는 사이에 '위계'를 측정한다는 (나)의 내용이 이어지는 게 자연스럽다.
3단계	(나)에서 '위계'를 측정한다고 하였다. 따라서 '위계'를 정하는 기준으로 '나이'를 들고 있는 (가)가 그 뒤에 이어지는 게 자연스럽다.
	(가)에서 기준(요인)으로 '나이'를 들고 있는데, (라)에서는 "앞서 언급한 나이 외에도"라고 하였다. 따라서 (가) 뒤에 (라)가 이어지는 게 자연스럽다.

따라서 '(마) – (다) – (나) – (가) – (라)'로 배열하는 것이 가장 자연스럽다.

(마)	한국어의 특징: 말을 할 때 상대와의 **위계를 따져야 한다.**
(다)	• **'위계'를 따져서** 말을 해야 하는 이유 　ⓐ 상대를 기분 나쁘게 할 수 있다. 　ⓑ 상대를 불편하게 만들 수 있다.
(나)	• **그래서** 우리는 무의식중에 **'위계'를 측정한다.**
(가)	• '위계'를 정하는 **기준: 나이**
(라)	• 한국어의 높임법을 결정하는 요인 　ⓐ **(앞서 언급한) 나이** 　ⓑ 직업 　ⓒ 지위 　ⓓ 친밀감 　ⓔ 공식성

💡 Tip
제시된 문제의 경우 '위계'와 '나이'를 언급한 후에 나머지 고려 사항이 등장해야 하므로, (라)가 가장 마지막 순서가 되어야 하는 것이 중요한 힌트가 된다. 따라서 선택지 ①, ②번을 지운 상태에서 (마)가 시작이라는 중요한 단서를 얻게 된다.

🔍 정답 |
03 ③

(가) 이처럼 면 대 면 소통에는 시간과 공간의 제약이 따른다.

(나) 인간의 소통 방식 중 가장 오래되고 직접적인 것은 면 대 면 소통이다.

(다) 그러나 점차 매체가 발달함에 따라 현대 사회에서는 인간이 시간과 공간의 제약을 벗어나 전신, 전파, 인터넷 등을 통해 의미를 주고받는 다양한 소통 방식이 가능해졌다.

(라) 면 대 면 소통은 소통에 참여하는 사람들이 같은 시간과 공간에 존재하면서 음성, 몸짓, 표정 등을 통해 의미를 주고받는 방식으로 이루어진다.

01

다음 진술이 바르면 ○, 바르지 않으면 ✕하라.

(1) 인간은 면 대 면으로만 소통을 할 수 있다.   ○ ✕

(2) 교통의 발달은 인간의 소통 방식의 변화에 영향을 주었다.   ○ ✕

02

제시된 글의 내용을 표로 정리한 것이다. 빈칸에 알맞은 말을 넣으시오.

(가)	• 면 대 면 소통의 제약: (　　　　)의 제약
(나)	• 인간의 소통 방식 중 '면 대 면 소통'의 특징 ⓐ 가장 오래되었다. ⓑ 가장 (　　　)이다.
(다)	• 매체 발달의 영향 → '면 대 면 소통'의 (　　　)을 극복 ⓐ <u>시간과 공간의 제약</u>을 벗어날 수 있게 되었다. 　　└→ '면 대 면 소통'의 제약 ⓑ 다양한 소통 방식이 가능해졌다.
(라)	• '면 대 면 소통'의 특징 ⓐ 참여자들이 같은 시간과 공간에 존재하면서 ⓑ 음성, 몸짓, 표정 등을 통해 ⓒ (　　　)를 주고받는 방식

01

(1) '면 대 면 소통'은 '인간의 소통 방식' 중 하나일 뿐, 유일한 소통 방식은 아니다.

(2) "점차 매체가 발달함에 따라"와 "전신, 전파, 인터넷 등을 통해"를 볼 때, 소통 방식의 변화에 영향을 준 것은 '교통의 발달'이 아니라 '매체, 통신의 발달'이다.

정답 |
01 (1) ✕
　　(2) ✕
02 시간과 공간, 직접적, 제약, 의미

03

제시된 글의 전개 순서로 가장 자연스러운 것은?

2020년 국가직 7급

① (나) − (라) − (가) − (다)
② (나) − (라) − (다) − (가)
③ (라) − (가) − (나) − (다)
④ (라) − (나) − (다) − (가)

💬 해설

1단계	(나)와 (라)에서 모두 '면 대 면 소통'의 특징을 다루고 있는데, (나)에서는 인간의 소통 방식 중 하나인 '면 대 면 소통'의 특징을, (라)에서는 '면 대 면 소통' 자체의 특징을 설명하고 있다. 포괄적인 내용에서 세부적인 내용으로 전개하는 게 일반적이다. 따라서 보다 포괄적인 특징을 다룬 (나)가 가장 앞에, 보다 세부적인 특징을 다룬 (라)가 그 뒤에 이어지는 게 자연스럽다.
2단계	(라)에서 '면 대 면 소통'은 참여자들이 같은 시간과 공간에서 소통하는 방식이라고 하였다. 곧 참여자들이 같은 시간과 공간을 공유하지 않으면 소통할 수 없다는 의미이다. 이는 '면 대 면 소통'의 제약이다. 따라서 '면 대 면 소통'의 제약을 다룬 (가)가 그 뒤에 이어지는 게 자연스럽다.
3단계	(가)에서 다룬 시간과 공간의 제약이 (다)에서는 매체의 발달로 극복되었다고 하였다. 따라서 (가) 뒤에 (다)가 이어지는 게 자연스럽다.

따라서 '(나) − (라) − (가) − (다)'로 배열하는 것이 가장 자연스럽다.

(나)	• 인간의 소통 방식 중 '면 대 면 소통'의 특징 ⓐ 가장 오래되었다. ⓑ 가장 직접적이다.
(라)	• '면 대 면 소통'의 특징 ⓐ 참여자들이 같은 시간과 공간에 존재하면서 ⓑ 음성, 몸짓, 표정 등을 통해 ⓒ 의미를 주고받는 방식
(가)	면 대 면 소통의 제약: 시간과 공간의 제약
(다)	• 매체 발달의 영향 → '면 대 면 소통'의 제약을 극복 ⓐ 시간과 공간의 제약을 벗어날 수 있게 되었다. ↳ '면 대 면 소통'의 제약 ⓑ 다양한 소통 방식이 가능해졌다.

💡 Tip

제시된 문제는 선택지를 통해 (나) '인간의 소통 방식(넓은 범주)'가 (라) '면 대 면 소통'보다 앞에 오는 것이 적절하므로 ①, ②번 선택지를 고르게 되고, (가)의 '제약' 이후에 (다) '그러나~제약을 벗어나'가 가능하므로 (다)가 마지막이라는 단서를 얻게 된다.

기출 문제 3 독해 비법 익히기

🕐 시간 ▮▮▮ 분

1900년대 이후로 다른 문자를 지양하고 한글로만 문자 생활을 영위하고자 하는 경향이 나타났다.

㉠ 이에 따라 각급 학교 교재에 한자는 괄호 안에 넣는 조치를 취했다.

㉡ 그 과정에서 그들이 가장 고심했던 일은 우리말 어휘의 반 이상을 차지하는 한자어를 어떻게 처리하느냐 하는 것이었다.

㉢ 한글학회의 『큰사전』에서는 모든 단어의 표제어는 한글로 적었고 괄호 속에 한자, 로마자 등 다른 문자를 병기하였다.

㉣ 이로 인해 1930년대 이후에 우리 어문 연구가들은 맞춤법과 외래어 표기법을 제정하고 표준어를 사정하였으며 이를 바탕으로 사전 편찬 사업을 추진했다.

01
(1) ㉡의 "우리말 어휘의 반 이상을 차지하는 한자어"를 볼 때, 한자어가 가장 많은 비중을 차지함을 알 수 있다.
(2) ㉢의 "한글학회의 『큰사전』" 부분을 통해 알 수 있다.

01

다음 진술이 바르면 ○, 바르지 않으면 ✕하라.

(1) 한자어는 우리말에서 가장 많은 비중을 차지한다.　　　　　○ ✕

(2) 한글학회는 우리말 사전인 『큰사전』을 편찬하였다.　　　　○ ✕

02

제시된 글의 내용을 표로 정리한 것이다. 빈칸에 알맞은 말을 넣으시오.

1문단	• 1900년대 이후 새롭게 나타난 (　　　　) ⓐ 다른 문자를 지양함. ⓑ 한글로만 문자 생활을 영위하고자 함.
㉠	결과　　학교 교재에 (　　　)를 괄호 안에 넣었다.
㉡	• 그 과정에서 고심했던 논의의 내용: (　　　　) 처리 방식 　　　　　　　└ 우리말 어휘의 반 이상을 차지
㉢	• 한글학회의 『큰사전』의 표기 방식 ⓐ 단어의 표제어는 '한글'로 적음. ⓑ (　　　) 속에 다른 문자(한자, 로마자 등)를 (　　　)함.
㉣	결과　　• 1930년대 이후에 우리 어문 연구가들은 ⓐ 맞춤법과 외래어 표기를 제정함.　ⓑ 표준어를 사정함. ↓ (　　　)을 추진함.

🔍 정답 |
01 (1) ○
　　(2) ○
02 경향, 한자, 한자어, 괄호, 병기,
　　사전 편찬 사업

03

㉠ ~ ㉣의 전개 순서로 가장 자연스러운 것은?

2020년 지방직 7급

① ㉡ – ㉠ – ㉢ – ㉣
② ㉡ – ㉢ – ㉠ – ㉣
③ ㉣ – ㉡ – ㉢ – ㉠
④ ㉣ – ㉢ – ㉠ – ㉡

💬 해설

1단계	첫 번째 문장에서 한글로만 문자 생활을 영위하고자 하는 경향이 나타났디고 하였다. 따라서 우리 말에 대한 규정을 바탕으로 한 사전 편찬 사업을 추진했다는 ㉣이 내용이 첫 번째 문장 뒤에 오는 게 가장 자연스럽다.
2단계	사전 편찬 사업의 '과정'에서 한자어 처리 방식을 고심했고(㉡), 한글학회에서는 괄호 속에 병기하기로 했다는 ㉢의 내용이 이어지는 게 자연스럽다.
3단계	한글학회의 『큰사전』에서 괄호 속에 한자를 병기했기 때문에, 학교 교재에서도 한자를 괄호 안에 넣었다는 ㉠이 이어지는 게 자연스럽다.

따라서 '㉣ – ㉡ – ㉢ – ㉠'로 배열하는 것이 가장 자연스럽다.

1문단	• 1900년대 이후 새롭게 나타난 경향 ⓐ 다른 문자를 지양함. ⓑ 한글로만 문자 생활을 영위하고자 함.	
㉣	결과	• 1930년대 이후에 우리 어문 연구가들은 ⓐ 맞춤법과 외래어 표기를 제정함.　　ⓑ 표준어를 사정함. ↓ 사전 편찬 **사업을 추진함.**
㉡	• **그 과정**에서 고심했던 논의의 내용: **한자어 처리 방식** ┗→ 우리말 어휘의 반 이상을 차지	
㉢	• 한글학회의 『큰사전』의 표기 방식 ⓐ 단어의 표제어는 '한글'로 적음. ⓑ **괄호 속**에 다른 문자(**한자**, 로마자 등)를 **병기함.**	
㉠	결과	학교 교재에 **한자를 괄호 안에** 넣었다.

💡 Tip

제시된 문제에서는 ㉢의 위치가 '관건'이다. 다만, ㉢ '한글학회 『큰사전』이 한자를 괄호 안에 병기한' 결과 ㉠ '각급 학교' 가 같은 조치를 취하게 된다. 따라서 ㉢ – ㉠의 연결이 확실한 단서이고, 이것은 ㉡이나 ㉣보다 뒤에 등장하는 것이 내용 상 자연스럽고, 이러한 선택지 힌트를 통해 답은 ③번으로 택할 수 있다.

🔍 정답 |
03 ③

> ㄱ. 1700년대 중반에 이미 미국 이주민들의 평균 소득은 영국인들의 평균 소득을 넘어섰다.
> ㄴ. 그러나 미국은 사실 그러한 분야에서는 다른 산업 국가들에 비해 특별한 우위를 갖고 있지 않았다.
> ㄷ. 미국 이주민들의 평균 소득이 높아지게 된 배경에는 좋은 환경으로부터 비롯된 낙관성과 자신감이 있었다. 이후로도 다소 불안정하기는 했지만 미국인들의 소득은 계속해서 크게 증가했다.
> ㄹ. 대부분의 미국인들은 남북 전쟁 이후 급속히 경제가 성장한 이유를 농업적 환경뿐만 아니라 19세기의 과학적, 기술적 대전환, 기업가 정신과 규제가 없는 시장 경제 때문이라고 단순하게 생각하는 경향이 있다.
> ㅁ. 미국인들이 이처럼 초기 정착기에 풍요로움을 누릴 수 있었던 것은 비옥한 토지, 풍부한 천연자원, 흑인 노동력에 힘입은 농산물 수출 덕분이었다.

01

다음 진술이 바르면 ○, 바르지 않으면 ×하라.

(1) 미국은 영국보다 농산물을 생산하기 좋은 환경이었다.　　　　○　×

(2) 영국인 중에 낙관성과 자신감을 가진 사람들이 미국으로 이주했다.　　○　×

02

제시된 글의 내용을 표로 정리한 것이다. 빈칸에 알맞은 말을 넣으시오.

ㄱ.	• 1700년대 미국 이주민들의 (　　　)이 높아졌다.		
ㄴ.	(　　　) 그러한 분야(㉮~㉰)는 다른 나라에 비해 특별한 우위를 가지지 않는다.		
ㄷ.	• 미국 이주민들의 (　　　)이 높아진 배경		
	(　　　)에서 비롯된 ⓐ 낙관성　　　　　　　ⓑ 자신감		
	→ 소득은 계속 증가했다.		
ㄹ.	• 남북 전쟁 이후 급속히 경제가 성장한 이유		
	일반적인 미국인들의 생각	(　　) 환경　+	㉮ 19세기의 과학적, 기술적 대전환 ㉯ 기업가 정신 ㉰ 규제가 없는 시장 경제
ㅁ.	• 미국인들이 초기 정착기에 풍요로울 수 있었던 이유		
	ⓐ (　　　) ⓑ 풍부한 천연 자원 ⓒ 흑인 노동력에 힘입은 농산물 수출 ┐→ 좋은 농업적 환경		

01

(1) 미국이 농산물을 생산하기에 좋은 비옥한 토지였던 건 맞다. 그러나 영국보다 더 좋은 환경이었는지는 제시된 글의 내용만으로는 알 수가 없다.

(2) ㄷ에서 다룬 '낙관성'과 '자신감'은 그것이 '좋은 환경'에서 비롯되었다는 의미이지, 이주민들이 태생적으로 낙관성과 자신감을 가졌다는 의미는 아니다.

🔍 정답 |
01 (1) ×
　　(2) ×
02 평균 소득, 실상, 평균 소득,
　　좋은 환경, 농업적, 비옥한 토지

03

제시된 글의 전개 순서로 가장 자연스러운 것은?

2020년 지방직 9급

① ㄱ - ㄷ - ㅁ - ㄹ - ㄴ
② ㄱ - ㄹ - ㄷ - ㄴ - ㅁ
③ ㄹ - ㄴ - ㅁ - ㄱ - ㄷ
④ ㄹ - ㅁ - ㄴ - ㄷ - ㄱ

💬 해설

1단계	1700년대 미국 이주민들의 평균 소득이 높아진 사실을 제시한 후에, 높아진 배경을 제시하는 게 자연스럽다. 따라서 'ㄱ' 뒤에 'ㄷ'이 이어지는 게 자연스럽다.
2단계	'ㅁ'의 "이처럼 초기 정착기에 풍요로움을 누릴 수 있었던 것은"의 '이처럼'에 해당하는 것이 'ㄱ - ㄷ'에 제시되어 있다. 따라서 'ㄱ'과 'ㄷ' 뒤에 'ㅁ'이 이어지는 게 자연스럽다.
3단계	남북 전쟁 이후 급격히 경제가 성장한 이유에 대해 일반적인 사람들이 생각하는 것과 실상은 다르다는 것을 제시하는 게 자연스럽다. 따라서 'ㄹ' 뒤에 'ㄴ'이 이어지는 게 자연스럽다.

따라서 'ㄱ - ㄷ - ㅁ - ㄹ - ㄴ'으로 배열하는 것이 가장 자연스럽다.

ㄱ.	• 1700년대 미국 이주민들의 <u>평균 소득이 높아졌다.</u>
ㄷ.	• 미국 이주민들의 <u>평균 소득이 높아진</u> 배경 ( )에서 비롯된 ⓐ 낙관성　　　　　ⓑ 자신감 → 소득은 계속 증가했다.
ㅁ.	• 미국인들이 초기 정착기에 풍요로울 수 있었던 이유 ⓐ ( ) ⓑ 풍부한 천연 자원 ⓒ 흑인 노동력에 힘입은 농산물 수출　→ <u>좋은 농업적 환경</u>
ㄹ.	• 남북 전쟁 이후 급속히 경제가 성장한 이유 일반적인 미국인들의 생각　　<u>농업적 환경</u>　+　㉮ 19세기의 과학적, 기술적 대전환 ㉯ 기업가 정신 ㉰ 규제가 없는 시장 경제
ㄴ.	실상　　<u>그러한 분야(㉮~㉰)</u> 는 다른 나라에 비해 특별한 우위를 가지지 않는다.

💡 Tip

㉠ '1700년대 중반'이 ㉣ '19세기' 언급보다 앞에 나올 가능성이 매우 높은 것이 중요한 첫 번째 단서이고, ㉣에서 언급한 3가지와 ㉢ '그러한 분야'의 연결이 중요한 힌트가 된다.

실전 문제

실전 문제 **1** 독해 비법 익히기   ⏱ 시간 ██ 분

ⓐ 'A 하면 B 해서 C이다.'는 'A 하면 B 한다. 그리고 B이기 때문에 C이다.'라는 의미이다. B는 A의 결과이면서, C의 원인이다.

ⓑ 'A. 이 때문에 B 했다.'는 A 때문에 B라는 결과가 나타났다는 의미이다.

ⓒ 'A에 의해서만 B를 할 의무가 발생한다.'는 'A가 아니라면 B를 할 의무는 없다.'라는 의미이다.

ⓓ 'A는 B를 기초로 이루어진다.'는 'B가 A의 기초이다.'라는 의미이다.

ⓔ 'A를 하려면, B가 필요하다.'는 'A를 하기 위해서는 B가 필요한 것이다.'라는 의미이다.

ⓕ 'A는 B 하는 C이다.'는 결국 'A = B 하는 C'의 의미이다. 'B 하는 C'도 사실상 'B = C'로 풀어서 설명할 수 있다.

범죄인이 다른 나라로 도피하면 그 신병을 확보하기 어려워 처벌이 힘들다.(ⓐ) 이 때문에 근대에 들어 각국은 국제법상 범죄인인도제도를 발전시켰다.(ⓑ)

㉠ 사전에 체결된 범죄인인도조약에 의해서만 상대 국가에 대한 범죄인인도청구에 응할 의무가 발생하며,(ⓒ) 어떤 국가가 범죄인인도조약을 맺지 않은 국가의 범죄인인도청구에 응해야 할 국제법상의 의무는 없다.

㉡ 범죄인인도제도는 서로 범죄인인도를 할 것을 합의하고 그에 대한 사항을 규정하는 국가 간의 조약인 범죄인인도조약을 기초로 이루어진다.(ⓓ)

㉢ 범죄인인도가 원만히 진행되려면 상대국의 사법 제도에 대한 상호 신뢰가 필요하므로,(ⓔ) 범죄인인도조약은 주로 양자조약의 형태로 발달하였으며 범세계적인 조약은 성립되지 않고 있다.

㉣ 범죄인인도제도는 해외에서 죄를 범한 범죄인이 자국 영역으로 도피해 온 경우, 그를 처벌하기를 원하는 외국의 청구에 응해 해당자를 인도하는 제도이다.(ⓕ)

01

(1) ㉠의 "어떤 국가가 범죄인인도조약을 맺지 않은 국가의 범죄인인도청구에 응해야 할 국제법상의 의무는 없다." 부분을 볼 때, 옳은 진술이다.

(2) 제시된 글을 통해 범죄인인도조약이 나라 사이에 체결하는 조약이라는 것은 알 수 있다. 그러나 그 주체가 구체적으로 '사법부'인지 아닌지는 알 수가 없다.

🔍 정답 |
01 (1) ○
　　 (2) ✕

01

다음 진술이 바르면 ○, 바르지 않으면 ✕하라.

(1) 범죄자가 우리나라와 범죄인인도조약을 맺지 않은 나라로 도피한 경우, 상대 국가는 범죄인인도청구에 응해야 할 의무는 없다.　　　　　　○ ✕

(2) 범죄인인도조약을 체결하는 주체는 각국의 사법부이다.　　　　　　　　○ ✕

02

제시된 글의 내용을 표로 정리한 것이다. 빈칸에 알맞은 말을 넣으시오.

1문단	• 범죄인인도제도를 발전시킨 이유 범죄인이 다른 나라로 도피 ↓ 범죄인의 신병을 확보하기가 어려움 ↓ 범죄인을 ( )하기가 힘듦.

• 범죄인인도조약의 특징 (㉠)

	사전에 조약을 체결한 나라	사전에 조약을 맺지 않은 나라
청구에 응할 의무	( )	없음

㉡ • 범죄인인도제도는 (_____)을 기초로 이루어진다.
    ↳ 서로 범죄인인도를 할 것을 합의하고 그에 대한 사항을 규정하는 국가 간의 조약

㉢ • 범죄인인도가 원만히 진행되기 위한 조건

상대국 사법 제도에 대한 상호 신뢰

• 범죄인인도조약의 특징

ⓐ 주로 (   )의 형태로 발달함.
ⓑ 범세계적인 조약은 성립되지 않고 있음.

㉣ • (   )의 개념

해외에서 죄를 범한 범죄인이 자국 영역으로 도피해 온 경우, 그를 처벌하기를 원하는 외국의 청구에 응해 해당자를 인도하는 제도

정답 |

02 처벌, 있음, 범죄인인도조약, 양자조약, 범죄인인도제도

PART V 논리적 배열 **231**

03

㉠ ~ ㉣의 전개 순서로 가장 자연스러운 것은?

2020학년도 11월 고2 전국연합학력평가 변형

① ㉡ – ㉠ – ㉢ – ㉣
② ㉡ – ㉢ – ㉠ – ㉣
③ ㉣ – ㉡ – ㉢ – ㉠
④ ㉣ – ㉢ – ㉠ – ㉡

💬 해설

1단계	첫 번째 문장에서 '범죄인인도제도'를 발전시킨 이유에 대해 설명을 하고 있다. 따라서 범죄인인도제도가 무엇인지 그 개념을 설명하고 있는 ㉣이 이어지는 게 자연스럽다.
2단계	㉡에서 '범죄인인도제도'는 '범죄인인도조약'을 기초로 한다고 하였다. ㉠과 ㉢은 모두 '범죄인인도조약'에 대해서만 다루고 있기 때문에, ㉡이 먼저 오고 그 뒤에 ㉠ 또는 ㉢이 이어지는 게 자연스럽다.
3단계	㉠과 ㉢ 모두 '범죄인인도조약'의 특징을 설명하고 있는데, ㉢에서는 특징을 설명하기에 앞서 '범죄인인도가 원만히 진행되기 위한 조건'을 언급하고 있다. 따라서 ㉢이 먼저 오고, 그 뒤에 ㉠이 이어지는 게 자연스럽다.

따라서 '㉣ – ㉡ – ㉢ – ㉠'으로 배열하는 것이 가장 자연스럽다.

1문단	• **범죄인인도제도**를 발전시킨 이유 범죄인이 다른 나라로 도피 ↓ 범죄인의 신병을 확보하기가 어려움 ↓ 범죄인을 처벌하기가 힘듦.
㉣	• **범죄인인도제도**의 개념 해외에서 죄를 범한 범죄인이 자국 영역으로 도피해 온 경우, 그를 처벌하기를 원하는 외국의 청구에 응해 해당자를 인도하는 제도
㉡	• **범죄인인도제도**는 **범죄인인도조약**을 기초로 이루어진다. ↳ 서로 범죄인인도를 할 것을 합의하고 그에 대한 사항을 규정하는 국가 간의 조약
㉢	• 범죄인인도가 원만히 진행되기 위한 조건 상대국 사법 제도에 대한 상호 신뢰 • **범죄인인도조약**의 특징 ⓐ 주로 양자조약의 형태로 발달함. ⓑ 범세계적인 조약은 성립되지 않고 있음.
㉠	• **범죄인인도조약**의 특징 |	사전에 조약을 체결한 나라	사전에 조약을 맺지 않은 나라 | 청구에 응할 의무 / 있음 / 없음

㉠		사전에 조약을 체결한 나라	사전에 조약을 맺지 않은 나라
	청구에 응할 의무	있음	없음

💡 Tip

내용의 전개상 '범죄인인도제도'를 '정의'하고 있는 ㉣이 첫 번째로 오는 것이 가장 자연스럽고, ㉢과 ㉠의 연결이 중요한 단서가 되며, '제도'와 '조약'을 구분하여서 '꼬리 잡기'하는 것이 답에 이르는 중요한 열쇠이다.

🔍 정답 |
03 ③

ㄱ. 친구가 울고 있으면 '왜 울까?'라는 의문을 품고 그 원인을 찾게 되는데, 이처럼 행동의 원인이 무엇인지를 추론하는 것을 '귀인(歸因)'이라 한다.

ㄴ. 예를 들어 어떤 일을 성공적으로 끝마쳤을 때 자신의 능력은 생각하지 않고 보상 때문에 일을 마쳤다고 생각하는 사람과 반대로 보상보다는 자신의 능력 때문에 일을 마쳤다고 생각하는 사람이 있다고 하자. 이 두 사람 중 나중에 그 일을 또 하게 될 때, 좋아하며 능동적으로 일하는 사람은 주로 후자이다.

ㄷ. 행동 원인을 내적인 것에서 찾는 것을 '내부 귀인'이라 하고, 외적인 것에서 찾는 것을 '외부 귀인'이라 한다. 귀인은 태도를 형성하는 데 영향을 미칠 수 있기 때문에 적절하게 이루어져야 한다.

ㄹ. 귀인은 타인의 행동뿐만 아니라 자신의 행동에 대해서도 이루어진다. 행동의 원인은 행동을 한 당사자의 성격, 태도, 능력 등과 같은 내적인 것과 운, 압력, 날씨 등과 같은 외적인 것으로 나눌 수 있다.

ㅁ. 이는 성공과 같은 긍정적인 결과에 대해서는 외부 귀인보다 내부 귀인을 하는 것이 능동적인 태도를 더 잘 기를 수 있음을 나타낸다. 이처럼 귀인을 상황에 따라 적절하게 수행한다면 삶에서 긍정적인 효과를 거둘 수 있을 것이다.

01

다음 진술이 바르면 ○, 바르지 않으면 ×하라.

(1) 시험 점수가 오른 것을 '어머니의 간절한 기도' 덕분이라고 생각하는 생각한다면, 이는 내부 귀인을 한 것이다.　　　　　　　　　　　　　　　　○ ×

(2) 능동적인 사람일수록 성공했을 때 내부 귀인을 할 것이다.　　　　○ ×

01
(1) '어머니의 간절한 기도'는 시험을 친 사람 스스로의 노력이나 능력과는 무관하다. 따라서 '외부 귀인'으로 보는 게 더 적절하다.
(2) ㅁ에 성공에 대해 내부 귀인을 하면 능동적 태도를 잘 기를 수 있다는 내용은 있다. 그러나 능동적인 사람이 어떤 귀인을 하는지에 대한 정보는 제시된 글을 통해서는 알기가 어렵다.

🔍 정답 |
01 (1) ×
　　(2) ×

02

제시된 글의 내용을 표로 정리한 것이다. 빈칸에 알맞은 말을 넣으시오.

ㄱ.	• '귀인'의 개념

가정	친구가 울고 있으면 '왜 울까?'라는 의문을 품고 그 원인을 찾게 됨.
개념	행동의 ( )이 무엇인지를 추론하는 것

ㄴ.

• 귀인과 (   ) 간 관계를 보여주는 사례

상황	어떤 일을 성공적으로 끝마쳤다.		
귀인		전자	후자
	성공의 원인	보상 덕분에 ↳ 외부 귀인	자신의 능력 덕분에 ↳ 내부 귀인
	→ 그 일을 또 하게 될 때, 좋아하며 능동적으로 일하는 사람: 후자		

ㄷ.

• '내부 귀인'과 '외부 귀인'

내부 귀인	외부 귀인
행동의 원인이 ( )인 것	행동의 원인이 외적인 것

• 귀인의 특성: 태도 형성에 영향을 줌. → 적절하게 이루어져야 한다.

ㄹ.

• 귀인은 타인과 자신의 행동 모두에 대해서 이루어진다.

• '귀인'의 <u>분류</u>
  ↳ 기준: (   )의 원인

내적인 것	( )인 것
성격, 태도, 능력 등	운, 압력, 날씨 등

ㅁ.

• 사례에 대한 해석

해석	긍정적인 결과에 대해서는 ( )을 하는 것이 능동적인 태도를 더 잘 기를 수 있다.

• 귀인의 의의

의의	상황에 따라 적절하게 수행한다면 삶에서 긍정적인 효과를 거둘 수 있다.

03

제시된 글의 전개 순서로 가장 자연스러운 것은?

2010학년도 3월 고1 전국연합학력평가 변형

① ㄱ - ㄷ - ㅁ - ㄹ - ㄴ
② ㄱ - ㄹ - ㄷ - ㄴ - ㅁ
③ ㄹ - ㄴ - ㅁ - ㄱ - ㄷ
④ ㄹ - ㅁ - ㄴ - ㄷ - ㄱ

💬 해설

1단계	제시된 글의 'ㄱ'부터 'ㅁ'까지 모두 '귀인'에 대해서 다루고 있다. 따라서 '귀인'의 개념을 설명한 'ㄱ'이 가장 앞에 오는 게 자연스럽다.
2단계	'ㄹ'에서 '귀인'을 '내적인 것'과 '외적인 것'으로 분류하고 있는데, 이것을 'ㄷ'에서 '내부 귀인'과 '외부 귀인'으로 밝히고 있다. 따라서 분류를 한 'ㄹ'이 먼저 오고, 구체적으로 어떤 것인지 밝힌 'ㄷ'이 그 뒤에 이어지는 게 자연스럽다.
3단계	'ㄷ'의 끝 부분에서 '귀인'이 '태도'에 영향을 준다는 내용이 있다. 따라서 귀인과 태도 간의 관계를 보여주는 사례를 제시한 'ㄴ'이 그 뒤에 이어지는 게 자연스럽다.
4단계	'ㄴ'의 사례를 'ㅁ'에서 해석하고 있다. 따라서 'ㄴ' 뒤에 'ㅁ'이 이어지는 게 자연스럽다.

따라서 'ㄱ - ㄹ - ㄷ - ㄴ - ㅁ'으로 배열하는 것이 가장 자연스럽다.

ㄱ.
- '귀인'의 개념

가정	친구가 울고 있으면 '왜 울까?'라는 의문을 품고 그 원인을 찾게 됨.
개념	행동의 원인이 무엇인지를 추론하는 것

ㄹ.
- 귀인은 타인과 자신의 행동 모두에 대해서 이루어진다.
- '귀인'의 분류
  - ↳ 기준: 행동의 원인

내적인 것	외적인 것
성격, 태도, 능력 등	운, 압력, 날씨 등

ㄷ.
- '내부 귀인'과 '외부 귀인'

내부 귀인	외부 귀인
행동의 원인이 내적인 것	행동의 원인이 외적인 것

- 귀인의 특성: 태도 형성에 영향을 줌. → 적절하게 이루어져야 한다.

ㄴ.
- 귀인과 태도 간 관계를 보여주는 사례

상황	어떤 일을 성공적으로 끝마쳤다.		
귀인	성공의 원인	전자	후자
		보상 덕분에 ↳ 외부 귀인	자신의 능력 덕분에 ↳ 내부 귀인
	→ 그 일을 또 하게 될 때, 좋아하며 능동적으로 일하는 사람: 후자		

ㅁ.
- 사례에 대한 해석

해석	긍정적인 결과에 대해서는 내부 귀인을 하는 것이 능동적인 태도를 더 잘 기를 수 있다.

- 귀인의 의의

의의	상황에 따라 적절하게 수행한다면 삶에서 긍정적인 효과를 거둘 수 있다.

🔍 정답 |
03 ②

신(神)의 한 수 독해편

★ PART ★

V

빈칸 채우기

DAY 19 빈칸 채우기 유형

유형 분석

주어진 글의 빈칸에 들어갈 알맞은 말을 묻는 유형이다. 크게 두 가지 형태로 제시된다. 하나는 흐름에 적절한 문장을 고르는 형태이다. 이때 선지는 주로 앞의 내용으로부터 도출할 수 있는 결론이거나, 앞의 내용을 적용한 사례가 제시되는 경우가 많다. 따라서 '빈칸 앞뒤의 내용'을 꼼꼼하게 읽은 후에 빈칸에 들어갈 말을 고르면 된다.

대표 발문
• 괄호 안에 들어갈 말로 가장 적절한 것은?
• ㉠에 들어갈 말로 가장 적절한 것은?

또 다른 하나는 적절한 접속 부사를 고르는 형태이다. 따라서 접속 부사별로 기능과 쓰임을 미리 공부해 둘 필요가 있다.

대표 발문
• (가) ~ (라)에 들어갈 말로 가장 적절한 것은?
• 괄호 속에 들어갈 접속어로 가장 적절한 것은?

'비법 1'부터 '비법 5'까지의 방법을 모두 활용하기
문제 유형별로 다른 접근이 필요하다.

1. 흐름에 적절한 문장을 고르는 형태
첫 번째 유형인 흐름에 적절한 문장을 고르는 형태의 경우이다. 이 경우에는 'CUT의 법칙'을 활용하여 글의 내용을 파악해야 한다. 왜냐하면, 빈칸에는 결국 글의 내용과 관련된 내용이 들어갈 수밖에 없기 때문이다. 경우에 따라 결론 자리에 빈칸이 올 수도 있다. 이 경우에는 '삭제와 재구성의 법칙'을 활용하여 글쓴이가 결국에 하고픈 말을 찾아야 한다.

2. 적절한 접속 부사를 고르는 형태
두 번째 유형인 적절한 접속 부사를 고르는 형태의 경우이다. 이 유형은 결국 앞뒤 문장이 어떤 관계인지를 파악하는 유형이나 다름없다. 그 관계를 '접속 부사'를 통해서 보여줄 뿐이다. 따라서 '비법 4. 공식 암기'처럼, 접속 부사의 기능과 쓰임을 암기해 두는 것이 좋다.

주요 '접속 부사'의 기능과 쓰임은 다음과 같다.

기능 및 쓰임	접속 부사
앞뒤의 내용을 나열하거나, 연결할 때	그리고, 또, 또한(앞, 뒤 모두 중요)
앞뒤 내용이 상반되거나, 대립될 때	그러나, 하지만, 반면, 그렇지만(뒤가 중요)
앞의 내용이 뒤의 내용의 원인이나 근거, 조건 따위가 될 때	따라서, 그래서, 그러므로(뒤가 중요)
앞의 내용과 관련시키면서 화제를 다른 방향으로 돌릴 때	한편, 그런데(뒤가 중요) ↳ '역접'의 의미로도 쓰인다.

유형 1. 흐름에 적절한 문장 고르기

STEP 1 문장을 각자의 방법대로 잘라 읽고 내용을 정리해 보자. 그런 뒤에 들어갈 말을 골라보자.

> 언어의 자의성은 언어의 내용인 의미와 형식인 말소리는 필연적인 관련성이 없이 임의적으로 연결되어 있다는 것이다. 언어가 자의성을 지닌다는 것은 우리말과 외국어를 비교해 보면 쉽게 이해된다. (ⓐ / ⓑ)
>
> ---
>
> ⓐ 한국어에서는 '사람'이라는 의미를 지닌 말을 [사람]이라고 하지만, 영어에서는 'man[맨]'이라 한다.
> ⓑ 영어 'I ate apples.'의 어순 그대로 우리말로 표기한 '나는 먹었다. 사과를.'은 우리말의 일반적인 어순은 아니다.

☑

> 인터넷은 글을 쓴 사람이 누구인지 잘 드러나지 않는, 이른바 익명성에 의해 글쓰기가 이루어지는 소통 공간이다. 익명성은 자신의 의견을 솔직하고 적극적으로 표현하게 하는 순기능을 지닌다. 그러나 (ⓐ / ⓑ)
>
> ---
>
> ⓐ 익명성 뒤에 숨어 악성 댓글을 다는 사람 또한 많다.
> ⓑ 익명성 뒤에 숨어 부정과 불의에 용감하게 대응하는 사람 또한 많다.

☑

잘 잘라서 읽었는지 확인해 보자. 그리고 들어갈 말로 바른지 확인해 보자.

언어의 자의성은 언어의 내용인 의미와 형식인 말소리는 필연적인 관련성이 없이 임의적으로 연결되어 있다는 것이다. 언어가 자의성을 지닌다는 것은 우리말과 외국어를 비교해 보면 쉽게 이해된다. (ⓐ / ⓑ)

ⓐ 한국어에서는 '사람'이라는 의미를 지닌 말을 [사람]이라고 하지만, 영어에서는 'man[맨]'이라 한다.
ⓑ 영어 'I ate apples.'의 어순 그대로 우리말로 표기한 '나는 먹었다. 사과를.'은 우리말의 일반적인 어순은 아니다.

☑ 언어의 자의성의 개념: 언어의 내용인 의미와 형식인 말소리는 필연적인 관련성이 없이 임의적으로 연결되어 있다는 것

💬 정답 ⓐ

💬 해설 언어의 자의성에 대한 예로 내용은 같으나 형식이 다른 우리말과 외국어를 들고 있다. 따라서 ⓐ이 들어가는 게 적절하다. ⓑ는 '어순', '우리말 규칙'과 관련된 것이기 때문에 언어의 규칙성과 관련된 예시이다.

인터넷은 글을 쓴 사람이 누구인지 잘 드러나지 않는, 이른바 익명성에 의해 글쓰기가 이루어지는 소통 공간이다. 익명성은 자신의 의견을 솔직하고 적극적으로 표현하게 하는 순기능을 지닌다. 그러나 (ⓐ / ⓑ)

ⓐ 익명성 뒤에 숨어 악성 댓글을 다는 사람 또한 많다.
ⓑ 익명성 뒤에 숨어 부정과 불의에 용감하게 대응하는 사람 또한 많다.

☑ 인터넷 공간의 특징: 익명성에 의해 글쓰기가 이루어지는 공간이다.
☑ 익명성의 순기능: 자신의 의견을 솔직하고 적극적으로 표현할 수 있다.

💬 정답 ⓐ

💬 해설 역접의 접속 부사 '그러나'를 볼 때, '순기능'과 반대되는 내용이 들어가는 게 자연스럽기 때문에 빈칸에는 ⓐ가 어울린다.

이번에는 'STEP 2'를 모방해서 잘라 읽기를 해 보자.

우리가 이용하는 디지털화된 정보들은 대다수가 아날로그 기반에서 생성된 것이다. 온라인에서 보는 텍스트 정보, 사진, 동영상 대부분이 기존의 종이 매체나 필름에 기록된 것들이다. 온라인 게임을 정보 통신 시대의 독특한 문화양상이라고 하지만, 인기를 끌고 있는 많은 게임은 오래전부터 독자들로부터 사랑받던 판타지 문학에서 유래했다.

☑

아날로그가 디지털과 결합해 더욱 활성화되기도 한다. 동양의 전통 놀이 중 하나인 바둑과 장기도 그렇다. 전형적인 아날로그 문화의 산물인 바둑이 인터넷 바둑 사이트 덕분에 더욱 대중화된 놀이가 되었다. 예전에는 바둑을 두기 위해 친구와 약속을 잡거나 기원을 찾아야 했지만, 지금은 인터넷에 접속하면 언제든 대국을 즐길 수 있다.

☑

잘 잘라서 읽었는지 확인해 보자.

> 우리가 이용하는 디지털화된 정보들은 대다수가 아날로그 기반에서 생성된 것이다. 온라인에서 보는 텍스트 정보, 사진, 동영상 대부분이 기존의 종이 매체나 필름에 기록된 것들이다. 온라인 게임을 정보 통신 시대의 독특한 문화양상이라고 하지만, 인기를 끌고 있는 많은 게임은 오래전부터 독자들로부터 사랑받던 판타지 문학에서 유래했다.

☑ 디저털화된 정보들의 특징: 아날로그 기반에서 생성된 것이다.

☑ 디지털화된 정보가 아날로그 기반에서 생성되었다는 근거 1: 온라인에서 보는 텍스트 정보, 사진, 동영상 대부분이 기존의 종이 매체나 필름에 기록된 것들이다.

☑ 디지털화된 정보가 아날로그 기반에시 생성되었다는 근거 2: 인기를 끌고 있는 많은 게임은 오래전부터 독자들로부터 사랑받던 판타지 문학에서 유래했다.

☑ 온라인 게임에 대한 사람들의 생각: 정보 통신 시대에 만들어진 독특한 문화양상이다.

> 아날로그가 디지털과 결합해 더욱 활성화되기도 한다. 동양의 전통 놀이 중 하나인 바둑과 장기도 그렇다. 전형적인 아날로그 문화의 산물인 바둑이 인터넷 바둑 사이트 덕분에 더욱 대중화된 놀이가 되었다. 예전에는 바둑을 두기 위해 친구와 약속을 잡거나 기원을 찾아야 했지만, 지금은 인터넷에 접속하면 언제든 대국을 즐길 수 있다.

☑ 아날로그와 디지털이 결합해 활성화된 사례: 바둑과 장기가 대중화되었다.

☑ 바둑과 장기 놀이 문화의 변화: 과거와 달리 지금은 언제 어디서든 즐길 수 있다.

'STEP 3'의 문장들은 2021년 국회직 8급에 나온 하나의 지문을 2개로 나눠 놓은 것이다. 내용을 모두 파악했기 때문에 어렵지 않게 문제를 해결할 수 있을 것이다. 2021년 국회직 8급의 문제를 풀어 보자.

🕐 시간 ⬛⬛ 분

ⓐ 'A는 대다수가 B 기반에서 생성된 것이다.'는 '대부분의 A는 B 바탕에서 만들어진 것이다.'라는 의미이다.

ⓑ 'A, B, C 대부분이'는 'A, B, C 같은 그것들 대부분이'의 의미이다.

ⓒ 'A라고 하지만, B이다.'는 'A로 알고 있지만, 사실은 B이다.'라는 의미이다.

ⓓ 'A는 B에서 유래했다.'는 'A는 B에서 시작되었다.'는 의미이다.

ⓔ 'A이기도 한다. B와 C도 그렇다.'는 'A의 특징을 B와 C에서도 확인할 수 있다.'라는 의미이다. 결국 B와 C는 A에 대한 구체적인 사례로 볼 수 있다.

ⓕ '예전에는 A, 지금은 B.'는 '과거에는 A였지만, 지금은 B.'라는 의미이다. 시간의 흐름에 따른 '변화'를 나타낼 때 쓰는 표현이다.

㉠에 들어갈 말로 적절한 것은?

2021년 국회직 8급

우리가 이용하는 디지털화된 정보들은 대다수가 아날로그 기반에서 생성된 것이다.(ⓐ) 온라인에서 보는 텍스트 정보, 사진, 동영상 대부분이(ⓑ) 기존의 종이 매체나 필름에 기록된 것들이다. 온라인 게임을 정보 통신 시대의 독특한 문화양상이라고 하지만, 인기를 끌고 있는 많은 게임은 오래전부터 독자들로부터 사랑받던 판타지 문학에서 유래했다.(ⓒ, ⓓ)

아날로그가 디지털과 결합해 더욱 활성화되기도 한다. 동양의 전통 놀이 중 하나인 바둑과 장기도 그렇다.(ⓔ) 전형적인 아날로그 문화의 산물인 바둑이 인터넷 바둑 사이트 덕분에 더욱 대중화된 놀이가 되었다. 예전에는 바둑을 두기 위해 친구와 약속을 잡거나 기원을 찾아야 했지만, 지금은 인터넷에 접속하면 언제든 대국을 즐길 수 있다.(ⓕ)

따라서 (㉠)

① 디지털 문화와 아날로그 문화를 수직적인 것으로 파악하는 것은 본질과 거리가 멀다.

② 디지털 문화와 아날로그 문화를 수평적인 것으로 파악하는 것은 본질과 거리가 멀다.

③ 디지털 문화와 아날로그 문화를 상호 보완적인 것으로 파악하는 것은 본질과 거리가 멀다.

④ 디지털 문화와 아날로그 문화를 입체적인 것으로 파악하는 것은 본질과 거리가 멀다.

⑤ 디지털 문화와 아날로그 문화를 대립적인 것으로 파악하는 것은 본질과 거리가 멀다.

🔍 정답 | ⑤

STEP 1 앞뒤 문장의 관계를 고려해 빈칸에 들어갈 접속 부사를 적어보자.

가지고 있는 정보가 부족하여 어떤 판단을 내리기 어려운 상황일수록, 자신의 판단에 대한 확신이 들지 않을수록 동조 현상은 강하게 나타난다. (   ) 집단의 구성원 수가 많거나 그 결속력이 강할 때, 특정 정보를 제공하는 사람의 권위와 지위, 그에 대한 신뢰도가 높을 때도 동조 현상은 강하게 나타난다.

☑

1700년대 말 영국에서는 '공리주의'가 크게 발전했다. 공리주의는 어떤 행동의 옳고 그름을 판단하는 기준을 사람들의 이익과 행복에 두는 사상이다. (   ) 공리주의 입장에서 볼 때 사람들에게 이익과 행복을 준 행동은 옳은 것이고, 그렇지 않은 행동은 그른 것이다.

☑

직업적인 문인뿐만 아니라 저작 행위를 하면 누구든지 저작자가 될 수 있다. 자연인으로서의 개인뿐만 아니라 법인도 저작자가 될 수 있다. 그리고 저작물에는 1차적 저작물뿐만 아니라 2차적 저작물도 포함되므로 2차적 저작물의 작성자도 저작자가 될 수 있다. (   ) 저작을 하는 동안 옆에서 도와주었거나 자료를 제공한 사람 등은 저작자가 될 수 없다.

☑

들어갈 접속 부사가 적절한지 확인해 보자.

> 가지고 있는 정보가 부족하여 어떤 판단을 내리기 어려운 상황일수록, 자신의 판단에 대한 확신이 들지 않을수록 동조 현상은 강하게 나타난다. (   ) 집단의 구성원 수가 많거나 그 결속력이 강할 때, 특정 정보를 제공하는 사람의 권위와 지위, 그에 대한 신뢰도가 높을 때도 동조 현상은 강하게 나타난다.

☑ 그리고, 또, 또한 → 나열 관계

> 1700년대 말 영국에서는 '공리주의'가 크게 발전했다. 공리주의는 어떤 행동의 옳고 그름을 판단하는 기준을 사람들의 이익과 행복에 두는 사상이다. (   ) 공리주의 입장에서 볼 때 사람들에게 이익과 행복을 준 행동은 옳은 것이고, 그렇지 않은 행동은 그른 것이다.

☑ 따라서, 그래서, 그러므로 → 인과 관계

> 직업적인 문인뿐만 아니라 저작 행위를 하면 누구든지 저작자가 될 수 있다. 자연인으로서의 개인뿐만 아니라 법인도 저작자가 될 수 있다. 그리고 저작물에는 1차적 저작물뿐만 아니라 2차적 저작물도 포함되므로 2차적 저작물의 작성자도 저작자가 될 수 있다. (   ) 저작을 하는 동안 옆에서 도와주었거나 자료를 제공한 사람 등은 저작자가 될 수 없다.

☑ 그러나, 하지만, 반면, 그렇지만 → 역접 관계

STEP 3 이번에는 'STEP 2'를 모방해서 빈칸에 들어갈 접속 부사를 적어보자.

> 찰스 다윈의 사촌이었던 골턴은 초기 진화론자로서 진화가 인간에게도 영향을 끼쳤다고 주장한 사람이다. (ⓐ) 그의 관념은 빅토리아 시대적 편견을 가지고 있었고, (ⓑ) 그의 주장이 오늘날에는 설득력이 떨어진다. 그럼에도 불구하고 결국에는 자연 선택 이론이 인간을 설명하는 지배적인 학설이 될 것이라는 그의 직관은 옳았다.

☑ ⓐ:   ⓑ:

들어갈 접속 부사가 적절한지 확인해 보자.

> 찰스 다윈의 사촌이었던 골턴은 초기 진화론자로서 진화가 인간에게도 영향을 끼쳤다고 주장한 사람이다. (ⓐ) 그의 관념은 빅토리아 시대적 편견을 가지고 있었고, (ⓑ) 그의 주장이 오늘날에는 설득력이 떨어진다. = 골턴 그럼에도 불구하고 결국에는 자연 선택 이론이 인간을 설명하는 지배적인 학설이 될 것이라는 그의 직관은 옳았다.

☑ ⓐ **그러나, 하지만, 반면, 그렇지만** → 역접 관계

　※ 내용상 '초기에 주장한 사람(의의, 긍정적인 면)'이지만 그러나 '편견(부정적인 면)이 있었다.'로 해석이 가능하나. 다만 앞의 내용은 그의 '긍정적인 측면'이고 뒤의 내용은 '그의 단점'으로 화제를 전환했다고 볼 수 있다. 따라서 '그런데(화제 전환)'도 가능하다.

　ⓑ **따라서, 그래서, 그리하여, 그러므로** → 인과 관계

STEP 5 'STEP 3'의 문장들은 2021년 군무원 9급에 나온 지문의 일부이다. 내용을 모두 파악했기 때문에 어렵지 않게 문제를 해결할 수 있을 것이다. 2021년 군무원 9급의 문제를 풀어 보자. ⏱ 시간 ⬛⬛ 분

> **아래 글의 (㉠)과 (㉡)에 들어갈 가장 적절한 접속어로 옳은 것은?** `2021년 군무원 9급`
>
> 히포크라테스가 분류한 네 가지 기질이나 성격 유형에 대한 고대의 개념으로 성격에 대한 논의를 시작하는 것이 일반적인 방식이지만, 나는 여기에서 1884년《포트나이트리 리뷰》에 실렸던 프랜시스 골턴 경의 논문〈성격의 측정〉으로 이야기를 시작하겠다.
> 찰스 다윈의 사촌이었던 골턴은 초기 진화론자로서 진화가 인간에게도 영향을 끼쳤다고 주장한 사람이다. (㉠) 그의 관념은 빅토리아 시대적 편견을 가지고 있었고, (㉡) 그의 주장이 오늘날에는 설득력이 떨어진다. 그럼에도 불구하고 결국에는 자연 선택 이론이 인간을 설명하는 지배적인 학설이 될 것이라는 그의 직관은 옳았다.
>
> | | ㉠ | ㉡ |
> |---|---|---|
> | ① | 그래서 | 그리하여 |
> | ② | 그리고 | 그래서 |
> | ③ | 그러나 | 따라서 |
> | ④ | 그런데 | 그리고 |

🔍 정답 | ③

DAY 20

기출 + 실전 문제로
독해 비법 익히기

1회독 ____ 월 ____ 일
2회독 ____ 월 ____ 일
3회독 ____ 월 ____ 일

신의 한 수

📊 기출 문제

기출 문제 1 독해 비법 익히기 ⏱ 시간 ▣▣ 분

> 경상 지역 방언을 쓰는 사람들은 대체로 'ㅓ'와 'ㅡ'를 구별하지 못한다. 이들은 '증표(證票)'나 '정표(情表)'를 구별하여 듣지 못할 뿐만 아니라 구별하여 발음하지 못하기 십상이다. 또 이들은 'ㅅ'과 'ㅆ'을 구별하지 못하는 경우가 많다. 따라서 이들은 '살밥을 많이 먹어서 쌀이 많이 쪘다'고 말하든 '쌀밥을 많이 먹어서 살이 많이 쪘다'고 말하든 쉽게 그 차이를 알지 못한다. 한편 평안도 및 전라도와 경상도의 일부에서는 'ㅗ'와 'ㅓ'를 제대로 분별해서 발음하지 않는 경우가 종종 있다. 평안도 사람들의 'ㅈ' 발음은 다른 지역의 'ㄷ' 발음과 매우 비슷하다. 이처럼 (㉠   )

01

01
(1) 경상도 사람들이 '증표'와 '정표'의 발음을 구별하지 못하는 이유는 단어의 의미 때문이 아니라, 'ㅓ'와 'ㅡ'를 구별하여 발음하지 못하기 때문이다.
(2) "평안도 사람들의 'ㅈ' 발음은 다른 지역의 'ㄷ' 발음과 매우 비슷하다."를 참고할 때, 적절하게 추론한 내용이다.

다음 진술이 바르면 ○, 바르지 않으면 ✕하라.

(1) 경상도 사람이 '증표'와 '정표'의 발음을 구별하지 못하는 것은 경상도에서 두 단어의 의미가 비슷하기 때문이다. ○ ✕

(2) 경상도 사람이 듣기에 평안도의 사람의 '정'은 '덩'과 비슷하게 들릴 것이다. ○ ✕

🔍 정답 |
01 (1) ✕
    (2) ○

02

제시된 글의 내용을 표로 정리한 것이다. 빈칸에 알맞은 말을 넣으시오.

[지역별 소리의 특징]		
사례 1	• 경상 지역 방언을 쓰는 사람들의 특징	
	특징	ⓐ 대체로 'ㅓ'와 'ㅡ'를 ( )하지 못한다. ⓑ 'ㅅ'과 'ㅆ'을 ( )하지 못하는 경우가 많다.
	예시	ⓐ '증표(證票)'나 '정표(情表)'를 구별 × ⓑ '살밥'과 '쌀밥'을 구별 ×
사례 2	• 평안도 및 전라도와 경상도의 일부 사람들의 특징	
	특징	'ㅗ'와 'ㅓ'를 제대로 ( )해서 발음하지 않는다.
사례 3	• 평안도 사람들 발음의 특징	
	특징	'ㅈ' 발음은 다른 지역의 'ㄷ' 발음과 매우 비슷하다. (= ( )되지 않는다.)
결론 (주장)	이처럼 (㉠)	

03

㉠에 들어갈 주장으로 가장 적절한 것은?

2020년 국가직 9급

① 우리말에는 지역마다 다양한 소리가 있다.
② 우리말은 지역에 따라 다양한 표준 발음법이 있다.
③ 우리말에는 지역에 따라 구별되지 않는 소리가 있다.
④ 자음보다 모음을 변별하지 못하는 지역이 더 많이 있다.

03
'사례 1, 사례 2, 사례 3'은 모두 특정 지역에서 특정 소리가 구별되지 않는다는 내용이다. 따라서 사례를 통해 이끌어 낼 수 있는 '결론', 즉 글쓴이의 '주장'은 '우리말에는 지역에 따라 구별되지 않는 소리가 있다.'는 것이다.

오답 체크 ✏

① 제시된 글은 지역마다 제각기 가지고 있는 '소리'가 있다는 내용이 아니라, 있는데도 구별하지 못하는 소리가 있다는 내용이다. 따라서 ㉠에 들어갈 주장으로 적절하지 않다.
② 제시된 글은 지역에 따라 구별 못하는 소리가 있다는 내용이지, 지역에 따라 각기 다양한 '표준 발음법'이 있다는 내용은 아니다.
④ 제시된 글에서는 자음을 구별하지 못하는 사례 2가지와 모음을 구별하지 못하는 사례 2가지를 제시하였다. 따라서 제시된 사례만으로는 '자음'보다 '모음'을 변별하지 못하는 지역이 더 많이 있다는 결론을 내리기는 어렵다.

🔍 정답 |
02 구별, 구별, 분별, 분별(구별)
03 ③

> 상등인은 법을 사랑하고, 중등인은 법을 두려워하며, 하등인은 법을 싫어한다. 법을 사랑하는 자는 이를 범하기 부끄러워하고, 법을 두려워하는 자는 이를 범하기 싫어하지만, 법을 싫어하는 자는 이를 범하기 부끄러워하지도 싫어하지도 않는다. 기회만 만나면 하고 싶은 대로 저질러 거리끼는 것이 없다. 그가 다만 죄를 저지르지 않는 까닭은 형편이 그렇지 못하고 처지가 그럴 수 없기 때문이지, 그의 심사가 올바르기 때문이 아니다. 그러나 법률상 인품을 논의하여 세 등급으로 구별한 것은 후천적인 학식의 환경과 지각의 계층에 따른 것이기 때문에, 교화가 넓게 베풀어지는 정도에 따라 범죄 건수가 줄어들고 있다. 이를 통해 본다면, 인간 세상의 풍속을 바로잡는 방법은 (   )

01

다음 진술이 바르면 ○, 바르지 않으면 ×하라.

(1) 글쓴이는 상등인과 중등인만 교화할 수 있다고 생각한다.   ○ Ⓧ

(2) '하등인'은 기회만 되면 범죄를 저지를 수 있을 수 있다.   Ⓞ ×

01

(1) 글쓴이는 '법률'을 통한 제재가 아닌 '교화의 베풂'을 통해 풍속을 바로잡을 수 있다고 말하고 있다. 또한, 교화의 대상을 '상등인'과 '중등인'으로 한정하고 있지는 않다.

(2) "그(하등인)가 다만 죄를 저지르지 않는 까닭은 형편이 그렇지 못하고 처지가 그럴 수 없기 때문이지" 부분을 볼 때, '하등인'은 기회만 되면 범죄를 저지를 수 있을 수 있음을 알 수 있다.

🔍 정답 |
01 (1) ×
　　 (2) ○

02

제시된 글의 내용을 표로 정리한 것이다. 빈칸에 알맞은 말을 넣으시오.

[풍속을 바로잡는 방법]			
전제 1	• 법률상 (　　　)별 특징 　└ 기준: ⓐ 후천적인 학식의 환경 　　　　ⓑ 지각의 계층		

		법에 대한 생각	범법에 대한 입장
	상등인	사랑한다.	(　　　)
	중등인	두려워한다.	(　　　)
	하등인	싫어한다.	부끄러워하지도 싫어하지도 않는다. → (　　　)만 만나면 하고 싶은 대로 저질러 거리끼는 것이 없다.

전제 1 (계속)

• '하등인'이 죄를 저지르지 않는 까닭

ⓐ (　　　)이 그렇지 못하기 때문에
ⓑ (　　　)가 그럴 수 없기 때문에
→ 심사가 올바르기 때문이 아니다.

전제 2	(　　　)가 넓게 베풀어지는 정도에 따라 범죄 건수가 줄어들고 있다.
결론	인간 세상의 풍속을 바로잡는 방법은 (　　　　　　　)

03

괄호 안에 들어갈 말로 가장 적절한 것은?　　　　[2020년 국가직 7급]

① 법률을 엄격하게 정하고 구체적으로 적용하는 데 있다.
② 법률을 엄격하게 정하고 상황에 맞게 적용하는 데 있다.
③ 법률을 엄격하게 정하는 것보다 교화에 힘쓰는 데 있다.
④ 법률을 엄격하게 정하는 것보다 계층 통합에 힘쓰는 데 있다.

03
'전제 1'을 볼 때, '하등인'은 법을 어기는 것에 대해 부끄러워하지도 싫어하지도 않는다. 따라서 '법률'을 엄격하게 정하는 것은 범죄를 줄이는 데 아무런 도움이 되지 못함을 알 수 있다. '전제 2'에서 '법률'이 아닌 '교화가 베풀어지는 정도'에 따라 범죄 건수가 줄어들고 있다고 하였다. 즉 범죄를 줄이기 위해서는 '교화를 베풀어야 함'을 짐작할 수 있다.
'전제 1'과 '전제 2'를 고려할 때, 인간 세상의 풍속을 바로잡기 위해서는 '법률을 엄격하게 정하는 것'보다는 '교화에 힘쓰는 것'이 중요하다는 결론을 내릴 수 있다. 따라서 괄호 속에는 '법률을 엄격하게 정하는 것보다 교화에 힘쓰는 데 있다.'가 가장 적절하다.

오답 체크
①, ② '전제 1'의 내용을 볼 때, '법률을 엄격하게 정하는 것'이 아무런 도움이 없음을 알 수 있다. 따라서 뒤의 말에 상관없이 빈칸에 들어갈 말로 적절하지 않다.
④ 제시된 글에는 '계층 통합'과 관련된 내용이 없다. 따라서 괄호 속에 들어갈 말로 적절하지 않다.

정답|
02 등급, 부끄러워한다, 싫어한다, 기회, 형편, 처지, 교화
03 ③

기출 문제 **3** 독해 비법 익히기 　　　　　　　　　　🕐 **시간** ⬛⬛ **분**

ⓐ 'A, B, C, D, E 그리고 F. G한 이들이다.'는 'A ~ F는 모두 G한 사람들이다.'라는 의미이다. 즉 'A~F'는 모두 'G'라는 특성을 가진 사람들이라는 의미이다.

ⓑ 'A는 말할 것도 없고 B도'는 'A와 B 모두'라는 의미이다.

ⓒ 'A 중의 A이다.'는 'A의 특성이 완전 두드러진 A이다.'라는 의미이다. 즉 '완전 A이다.'라는 의미이다.

ⓓ 'A를 보면 B를 부정할 수 없다.'는 'A를 볼 때 B는 확실하다.'라는 의미이다.

ⓔ 'A, 게다가 B.'는 'A에 덧붙여 B.'라는 의미이다. 결국 'B'는 'A'를 잘 설명하기 위해 덧붙인 내용이다.

ⓕ 'A, 그렇지만 B라면 이야기가 달라진다.'는 'A가 맞기는 하지만, B라고 가정한다면 사실이 달라질 수 있다.'는 의미이다.

ⓖ '한 가지 분명한 것은 A이다.'는 'A라는 것은 분명하다.'라는 의미이다.

　　정철, 윤선도, 황진이, 이황, 이조년 그리고 무명씨. 우리말로 시조나 가사를 썼던 이들이다.(ⓐ) 황진이는 말할 것도 없고 무명씨도(ⓑ) 대부분 양반이 아니었겠지만 정철, 윤선도, 이황은 양반 중에 양반이었다.(ⓒ) ⌐가⌐ 그들이 우리말로 작품을 썼던 걸 보면 양반들도 한글 쓰는 것을 즐겨 했다는 것을 부정할 수는 없다.(ⓓ) ⌐나⌐ 허균이나 김만중은 한글로 소설까지 쓰지 않았던가.(ⓔ) ⌐다⌐ 이들이 특별한 취향을 가진 소수의 양반이었다면 이야기는 달라진다.(ⓕ) 우리말로 된 문학 작품을 만들겠다는 생각을 가진 특별한 양반들을 제외하고 대다수 양반들은 한문을 썼기 때문에 한글을 모를 수도 있었기 때문이다. 실학자 박지원이 당시 양반 사회를 풍자한 작품 '호질'은 한문으로 쓰여 있다. ⌐라⌐ 한 가지 분명한 것은 양반 대부분이 한글을 이해하지 못하는 상황이었다면 정철도 이황도 윤선도도 한글로 작품을 쓰지는 않았을 것이란 사실이다.(ⓖ)

01

다음 진술이 바르면 ○, 바르지 않으면 ×하라.

⑴ 다양한 계층이 한글을 이용해 문학 작품을 창작했었다. 　　　　○ ×

⑵ 대부분의 양반들은 허균과 김만중의 쓴 한글 소설의 내용을 이해하지 못했을 것이다. 　　　　○ ×

01

⑴ "우리말로 시조나 가사를 썼던 이들이다. 황진이는 말할 것도 없고 무명씨도 대부분 양반이 아니었겠지만 정철, 윤선도, 이황은 양반 중에 양반이었다." 부분을 볼 때, 다양한 계층(기생, 평민, 양반)이 한글을 이용해 문학 작품을 창작했음을 알 수 있다.

⑵ "분명한 것은 양반 대부분이 한글을 이해하지 못하는 상황이었다면 정철도 이황도 윤선도도 한글로 작품을 쓰지는 않았을 것이란 사실이다." 부분을 볼 때, 양반들이 한글을 몰라서 소설의 내용을 이해하지 못했을 거라는 추론은 적절하지 않다.

🔍 정답 |
01 ⑴ ○
　　⑵ ×

02

제시된 글의 내용을 표로 정리한 것이다. 빈칸에 알맞은 말을 넣으시오.

[ ]		
전제	• '정철, 윤선도, 황진이, 이황, 이조년 그리고 무명씨'의 공통점 → 우리말로 시조나 가사를 썼다. • 우리말로 시조나 가사를 쓴 사람들의 신분	
	양반 ×	양반( )
	대부분(황진이, 무명씨 포함)	정철, 윤선도, 이황
결론 + 전환	• 양반들도 한글 쓰는 것을 즐겨 했다는 것을 부정할 수는 없다.	
보충	• ( )로 소설까지 쓴 양반 ⓐ 허균 ⓑ 김만중	
예상되는 ( )	반론	한글을 쓰는 양반들은 소수가 아니었을까?
	( )	대다수 양반들은 한문을 썼기 때문에 한글을 모를 수도 있기 때문에
	보충	박지원은 '호질'을 한문으로 적었다.
반론의 ( )	• 양반들이 한글을 이해하지 못했다면, 한글로 작품을 쓰지 않았을 것이다. (=양반들은 한글을 잘 알았을 것이다.)	

03

(가) ~ (라)에 들어갈 말로 가장 적절한 것은? 2021년 지방직 9급

	(가)	(나)	(다)	(라)
①	그런데	게다가	그렇지만	그러나
②	그런데	그리고	그래서	또는
③	그리고	그러나	하지만	즉
④	그래서	더구나	따라서	하지만

03

(가)	정철, 윤선도, 이황은 양반 중에 양반이었는데, 그들을 보면 양반들도 한글 쓰는 것을 즐겨 했다는 것을 부정할 수는 없다는 흐름이다. 따라서 인과의 접속 부사인 '그래서'나 연결히면시 전환을 하는 접속 부사인 '그런데'가 들어가는 것이 적절하다.
(나)	양반들도 한글 쓰는 것을 즐겨 했다는 것을 부정할 수는 없다는 앞의 내용에, '허균'과 '김만중'이 한글로 소설까지 썼다는 내용을 뒤에 덧붙이고 있다. 따라서 '게다가', '더구나'가 들어가는 것이 적절하다.
(다)	'양반들도 한글 쓰는 것을 즐겨 했다는 것을 부정할 수는 없다.'는 것에 대해 예상되는 반론으로, 양반들이 한글을 즐겨 쓰기도 했지만 이들은 소수에 불과했다는 내용이 이어지고 있다. 따라서 앞의 내용과 상반되는 내용, 즉 역접의 접속 부사 '그렇지만', '하지만'이 들어가는 것이 적절하다.
(라)	"~ 특별한 양반들을 제외하고 대다수 양반들은 한문을 썼기 때문에 한글을 모를 수도 있었기 때문이다."와 "한 가지 분명한 것은 양반 대부분이 한글을 이해하지 못하는 상황이었다면 정철도 이황도 윤선도도 한글로 작품을 쓰지는 않았을 것이란 사실이다." 는 서로 역접의 의미 관계이다. 따라서 역접의 접속 부사 '그러나', '하지만'이 들어가는 것이 적절하다.

따라서 (가) ~ (라)에 들어갈 말로만 짝지어진 것은 ①이다.
※ 물론 (가)와 (나)에 들어갈 접속 부사만 보고도 답은 ①로 고를 수 있다.

🔍 정답ㅣ
02 양반과 한글, ○, 한글, 반론, 이유, 재반론
03 ①

실전 문제

실전 문제 **1** 독해 비법 익히기 　　　　　 ⏱ **시간** ⬛⬛ **분**

　　국가는 자국의 힘이 외부의 군사적 위협을 견제하기에 충분치 않다고 판단할 때나, 역사와 전통 등의 가치가 위협받는다고 느낄 때 다른 나라와 동맹을 맺는다. 동맹결성의 핵심적인 이유는 동맹을 통해서 확보되는 이익이며 이는 동맹 관계 유지의 근간이 된다.
　　동맹의 종류는 그 형태에 따라 방위조약, 중립조약, 협상으로 나눌 수 있다. 먼저 방위조약은 조약에 서명한 국가들 중 어느 한 국가가 침략을 당했을 경우, 다른 모든 서명국들이 공동방어를 위해서 참전하기를 약속하는 것이다. 다음으로 중립조약은 서명국들 중 한 국가가 제3국으로부터 침략을 받더라도, 서명국들 간에 전쟁을 선포하지 않고 중립을 지킬 것을 약속하는 것이다. 마지막으로 협상은 서명국들 중 한 국가가 제3국으로부터 침략을 당했을 경우, 서명국들 간에 공조체제를 유지할 것인지에 대해 차후에 협의할 것을 약속하는 것이다. 정리하면 세 가지 유형 중 방위조약의 경우는 동맹국의 전쟁에 개입해야 한다는 강제성이 있기에 동맹국 간의 정치·외교적 관계의 정도가 매우 가깝다. 또한 조약의 강제성으로 인해 전쟁 발발 시 동맹관계 속에서 국가가 펼칠 수 있는 정치·외교적 자율성은 매우 낮다. 즉 방위조약이 동맹국 간의 자율성이 가장 낮고, 다음으로 중립조약, 협상 순으로 자율성이 높아진다. 한 연구에 따르면, 1816년부터 1965년까지 약 150년 간 맺어진 148개의 군사동맹 중에서 73개는 방위조약, 39개는 중립조약, 36개는 협상의 형태인데, 평균 수명은 방위조약이 115개월, 중립조약이 94개월, 협상은 68개월 정도였다. 따라서 (　　　　　⊙　　　　　)

01
(1) 1문단의 "동맹결성의 핵심적인 이유는 동맹을 통해서 확보되는 이익이며" 부분을 통해 알 수 있다.
(2) 2문단에서 동맹의 종류를 세 가지로 분류하고는 있지만, 선진국이나 후진국에 따라 특정 조약을 맺는다는 내용은 언급되어 있지 않다.

01

다음 진술이 바르면 ○, 바르지 않으면 ✕하라.

(1) 자국의 이익을 확보하기 위해 다른 나라와 동맹을 맺는다.　○ ✕

(2) 선진국일수록 '방위조약'을 맺고, 후진국일수록 '협상'을 맺는다.　○ ✕

🔍 정답 |
01 (1) ○
　　(2) ✕

02

제시된 글의 내용을 표로 정리한 것이다. 빈칸에 알맞은 말을 넣으시오.

[동맹의 종류와 특징]

국가 동맹의 이유	• (　　　　)을 맺는 이유 ⓐ 국가는 자국의 힘이 외부의 군사적 위협을 견제하기에 충분치 않다고 판단할 때 ⓑ 역사와 전통 등의 가치가 위협받는다고 느낄 때 → 핵심적인 이유: 동맹을 통해서 확보되는 이익 　　　　　　　　　　↳ 동맹 관계 유지의 근간

동맹의 종류

• 동맹의 종류
　↳ 기준: 형태

방위조약	조약에 서명한 국가들 중 어느 한 국가가 침략을 당했을 경우, 다른 모든 서명국들이 공동방어를 위해서 참전하기를 약속하는 것 → 강제성이 있다.
중립조약	서명국들 중 한 국가가 제3국으로부터 침략을 받더라도, 서명국들 간에 전쟁을 선포하지 않고 중립을 지킬 것을 약속하는 것
협상	서명국들 중 한 국가가 제3국으로부터 침략을 당했을 경우, 서명국들 간에 공조체제를 유지할 것인지에 대해 차후에 협의할 것을 약속하는 것

방위조약의 특징

• 특징: '(　　　　)'은 강제성'이 있다.

강제성의 영향	ⓐ 동맹국 간의 정치·외교적 관계의 정도가 매우 (　　　). ⓑ 정치·외교적 자율성은 매우 (　　　).

→ '동맹관계'와 '자율성' 정리

동맹관계	'방위조약 > 중립조약 > 협상' 순으로 가깝다.
자율성	'방위조약 < 중립조약 < 협상' 순으로 자율성이 있다.

연구

• 연구 자료: 약 150년 간 맺어진 148개의 군사동맹

	방위조약	중립조약	협상
개수	73개	39개	36개
평균 수명	115개월	94개월	68개월

• 연구를 통해 내린 결론

(㉠)을 알 수 있다.

03

㉠에 들어갈 내용으로 적절한 것은?

2018학년도 9월 고2 전국연합학력평가 변형

① 동맹관계가 멀고 자율성이 높을수록 그 수명이 연장되었음
② 동맹관계가 멀고 자율성이 낮을수록 그 수명이 단축되었음
③ 동맹관계가 가깝고 자율성이 낮을수록 그 수명이 단축되었음
④ 동맹관계가 가깝고 자율성이 낮을수록 그 수명이 연장되었음

03
2문단에서 동맹국 간의 자율성은 방위조약의 경우 가장 낮고 중립조약, 협상 순으로 높음을 확인할 수 있고, 이러한 강제성으로 인해 방위조약의 동맹국 간의 정치·외교적 관계가 가까움을 알 수 있다. 그리고 제시된 연구에서 방위조약의 수명이 가장 길고 중립조약, 협상 순으로 짧다. 이를 바탕으로 추론하면 동맹은 양국의 동맹관계가 가깝고 자율성이 낮을수록 수명이 긴 것을 알 수 있다.

🔍 정답|
02 동맹, 방위조약, 가깝다, 낮다
03 ④

프랑스의 법률가 몽테스키외는 동양의 유교 사회를 '법이 아닌 도덕에 의해 다스려지는 사회'라고 말했다. 동양의 유교 사회를 근대적인 법이 부재하고 백성들에게 도덕만을 강조하는, 합리성이 결여된 사회로 판단한 것이다. 그렇다면 유교를 통치 이념으로 삼았던 조선도 '법이 아닌 도덕'에 의해 다스려진 사회였을까? 이 질문에 대한 답은 조선 시대의 법전인 『경국대전』에서 찾을 수 있다.

서양인들이 동양의 유교 사회에 근대적인 법이 부재한다고 판단한 근거 중 첫 번째는 법적 안정성이 떨어진다는 것이다. 경국대전이 편찬되기 전까지 조선은 왕이 바뀔 때마다 기존의 법전에 왕의 명령을 덧붙이는 방식으로 법전을 새로 편찬했다. 이로 인해 법 조항 사이에 통일성이 없어졌고 결국 안정적인 법 집행이 어려운 지경에까지 이르렀다. 이에 세조는 기존 법전과 왕들의 명령을 통일성 있게 정리해 나감과 동시에 우리 고유의 관습법을 반영하여 법 조항을 상세히 기록해 나갔다. 이 작업은 30여 년간 이어졌고 성종 때에 이르러 경국대전은 완성되었다. 시대가 변하더라도 크게 바꿀 필요가 없는 법을 만들겠다는 편찬 의도대로 경국대전은 조선이 왕의 절대적인 권한을 용인하지 않고 법에 의해 안정적으로 운영되는 데 그 역할을 다했다.

서양인들의 두 번째 판단 근거는 법에 평등의 정신이 반영되어 있지 않다는 것이다. 철저한 신분제 사회 속에서 편찬되었음에도 불구하고 경국대전의 전체 처벌 규정 가운데 45%는 비리를 저지르거나 백성을 괴롭히는 관리들에 대한 처벌 규정이다. 이는 지배층이라 해도 유교 이념에 어긋난 행동을 하면 처벌을 받아야 한다는 인식에서 비롯된 것으로 고려 말 지배층의 부정부패로 인한 혼란을 겪으며 얻은 교훈의 결과였다. 더불어 세금을 거두는 기준을 명확하게 제시하여 합리적으로 세금을 징수하도록 하고, 출산을 앞둔 관노비에게 80일 간의 휴가를 주는 등 사회복지법적인 성격을 지닌 조항도 만들어 피지배층을 고려한 법을 만들기 위한 노력을 기울였다.

이상의 내용을 통해 우리는 조선이 (　　　㉠　　　)사회라는 것을 알 수 있다. 더불어 지배층의 모범을 강조하면서 현실적인 법을 통해 궁극적으로 덕치를 추구한 조선의 왕과 관리들의 노력 또한 확인할 수 있다.

01
(1) 2문단과 3문단에서 내세운 서양인들의 생각을 통해 알 수 있다.
(2) '지배층'인 '양반'도 처벌을 받았다는 내용은 3문단에서 확인할 수 있다. 그러나 이것이 신분제를 철폐했다는 내용은 아니다. 3문단에서도 조선이 신분제 사회였다고 밝히고 있다.

🔍 정답 |
01 (1) ○
　　(2) ✕

01

다음 진술이 바르면 ○, 바르지 않으면 ✕하라.

(1) 서양인들은 근대적인 법이라면 '법적 안정성'과 '법에 평등 정신의 반영'이 필요하다고 생각했다.　　　　　　　　　　　　　　　　　　　　　　　　　○ ✕

(2) '경국대전'이 편찬되면서 신분제가 철폐되었다.　　　　　　　　　○ ✕

02

제시된 글의 내용을 표로 정리한 것이다. 빈칸에 알맞은 말을 넣으시오.

[법으로 통치된 조선]		
몽테스키외의 생각	• (　　　)의 생각	
	동양의 유교 사회	ⓐ 법이 아닌 도덕에 의해 다스려지는 사회 ⓑ (　　　) 법이 부재하는 사회 ⓒ 백성들에게 도덕만을 강조하는 사회 ⓓ 합리성이 결여된 사회
	• 글쓴이의 생각	
	질문	유교를 통치 이념으로 삼았던 조선도 '법이 아닌 도덕'에 의해 다스려진 사회였을까?
	대답	답은 조선 시대의 법전인 『경국대전』에서 찾을 수 있다.
반론 1	• '법이 아닌 도덕에 의해 다스려지는 사회'에 대한 근거와 반론 1	
	근거	법적 안정성이 떨어진다.
	반론	경국대전은 조선이 왕의 절대적인 권한을 용인하지 않고 법에 의해 안정적으로 운영되는 데 그 역할을 다했다.
	→ 법적 (　　　)이 떨어지지 않는다.	
반론 2	• '법이 아닌 도덕에 의해 다스려지는 사회'에 대한 근거와 반론 2	
	근거	법에 평등의 정신이 반영되어 있지 않다.
	반론	ⓐ 지배층도 처벌하는 규정이 있다. ⓑ 피지배층을 위한 조항도 있다.
	→ 법에 (　　　)의 정신이 반영되어 있다.	
결론	• "유교를 통치 이념으로 삼았던 조선도 '법이 아닌 도덕'에 의해 다스려진 사회였을까?"에 대한 대답 → 조선이 (　　⊙　　)사회이다.	

03

⊙에 들어갈 내용으로 가장 적절한 것은?

2015학년도 9월 고1 전국연합학력평가 변형

① 근대성을 지닌 법으로 운영된
② 근대적인 서양의 법을 받아들인
③ 법을 통해 신분제의 한계를 극복한
④ 유교 사회의 특징이 반영된 법을 편찬한

03

1문단에서 던진 "유교를 통치 이념으로 삼았던 조선도 '법이 아닌 도덕'에 의해 다스려진 사회였을까?"라는 질문에 대한 '답'을 찾아가는 식으로 글이 전개되고 있다. '반론 1'과 '반론 2'의 내용을 볼 때, ⊙에 대한 대답인 '근대성을 지닌 법으로 운영된'이 들어가는 게 가장 적절하다.

오답 체크 ✏

② '근대적인 서양의 법'을 받아들였다는 내용은 제시된 글과 무관하다. 따라서 ⊙에 들어갈 말로 적절하지 않다.
③ 3문단을 통해 부분으로 확인할 수 있는 내용이기는 하지만, 전체를 포괄하는 내용은 아니기 때문에 ⊙에 들어갈 말로 적절하지 않다.
④ '유교 사회의 특징이 반영된 법'이었다면, '몽테스크외'를 비롯한 '서양인'들이 생각한 동양의 법과 동일했을 것이다. 그러나 글쓴이는 '경국대전'을 근거로 그렇지 않다고 말하고 있다. 따라서 ⊙에 들어갈 말로 적절하지 않다.

🔍 정답 |
02 몽테스키외, 근대적인, 안정성, 평등
03 ①

사람들은 자신이 거짓말을 하고 있다는 신호를 다양한 방식으로 드러낸다. 실험 결과 거짓말을 할 때는 단순한 손짓의 횟수가 감소하였고, 얼굴에 손을 대는 자기 접촉의 횟수가 증가하였다. 특히 자신의 코를 만진다든지 입을 가리는 행위가 자주 발견되었다. ☐ (가) ☐ 거짓말을 하는 동안에 몸을 움직이는 횟수 또한 늘어났다. ☐ (나) ☐ 거짓말을 할 때의 표정은 진실한 말을 할 때의 표정과 거의 구별할 수 없었다.

이러한 실험을 통해 알 수 있는 사실은 어느 누구도 온몸을 사용하여 거짓말을 하기는 어렵다는 것이다. ☐ (다) ☐ 신경질이 나거나 긴장할 때, 놀랄 때라도 다른 사람 앞에서 행복한 얼굴을 할 수가 있다. 그리고 주먹을 쥔 채로 웃고 있는 사람이 있다면 자신의 감정을 숨기고 싶어 하거나, 감정을 조절하지 못하고 있다는 점을 알려주는 것이다.

☐ (라) ☐ 정말 중요한 일 때문에 거짓말을 해야 한다면 전화로 하는 것이 좋다. 아니면 후진으로 자동차 주차하거나 바늘에 실 꿰기 등을 하는 것이 좋다. 왜냐하면 사람들은 우리 몸의 작은 동작만으로도 거짓말을 알아차릴 수 있기 때문이다. 만약 진정한 거짓말의 달인이 되기를 원한다면 목소리나 얼굴뿐만 아니라 온몸으로 거짓 동작을 반복하는 연습을 하는 것이 필요하다.

01

다음 진술이 바르면 ○, 바르지 않으면 ✕하라.

(1) 거짓말을 하는지를 알고 싶다면, 말을 할 때의 표정을 살펴야 한다. ○ ✕

(2) 평소에 코를 자주 만지는 사람은 거짓말을 자주 하는 사람이다. ○ ✕

01
(1) "거짓말을 할 때의 표정은 진실한 말을 할 때의 표정과 거의 구별할 수 없었다." 부분을 볼 때, '표정'만으로는 거짓말인지 아닌지 판단하기가 어렵다.
(2) 거짓말을 했을 때 나타나는 신체의 변화 중 하나일 뿐이다. 코를 만지는 행위가 곧 거짓말을 한다는 의미는 아니다.

🔍 정답 |
01 (1) ✕
      (2) ✕

02

제시된 글의 내용을 표로 정리한 것이다. 빈칸에 알맞은 말을 넣으시오.

	[거짓말과 신체 변화]		
사실	• 사람들은 자신이 거짓말을 하고 있다는 신호를 다양한 방식으로 드러낸다.		
근거 (실험 내용)	• '거짓말'을 했을 때 신체의 변화		
	변화 ○		**( )**
	ⓐ 단순한 손짓의 횟수 ( ) ⓑ 얼굴에 손을 대는 횟수 ( ) 　　예 코를 만지는 행위 　　　　입을 가리는 행위 ⓒ 몸의 움직임 횟수 ( )		표정
실험 결과	결과	어느 누구도 온몸을 사용하여 거짓말을 하기는 어렵다.	
	( )	ⓐ 신경질이 나거나 긴장할 때, 놀랄 때라도 다른 사람 앞에서 행복한 얼굴을 할 수가 있다. ⓑ 주먹을 쥔 채로 웃고 있는 사람이 있다면 자신의 감정을 숨기고 싶어하거나, 감정을 조절하지 못하고 있는 것이다.	
결과의 적용	적용	( )을 해야 한다면 ⓐ 전화로 하거나 ⓑ 다른 동작을 하면서 하는 게 좋다. 　　└ 주차, 바늘 실 꿰기 등 ⓒ 온몸으로 거짓 동작을 반복하는 연습 필요	
	이유	사람들은 우리 몸의 작은 동작만으로도 거짓말을 알아차릴 수 있기 때문이다.	

03

(가) ~ (라)에 들어갈 말로 가장 적절한 것은?

2005학년도 11월 고2 전국연합학력평가 변형

	(가)	(나)	(다)	(라)
①	그러나	게다가	예를 들어	그러나
②	또한	그리고	그래서	그러므로
③	그리고	하지만	가령	따라서
④	그래서	그러므로	따라서	하지만

03

(가)	거짓말을 했을 때 나타나는 행동을 '나열'하고 있다. 따라서 나열의 접속 부사인 '또한'이나 '그리고'가 들어가는 게 적절하다.
(나)	거짓말을 할 때, 손짓의 횟수가 감소하고 얼굴에 손을 대는 행위가 증가하고, 몸을 움직이는 횟수가 증가하기는 하지만, '표정'의 변화는 나타나지 않는다는 내용이다. 따라서 '역접'의 접속 부사인 '하지만'이 들어가는 게 적절하다.
(다)	'어느 누구도 온몸을 사용하여 거짓말을 하기는 어렵다'에 대한 구체적인 상황을 가정하여 보여주고 있다. 따라서 '예를 들어' 또는 '가령'이 들어가는 게 적절하다.
(라)	1문단과 2문단에서 '거짓말'을 했을 때 어떠한 행동의 변화가 나타난다는 것을 알 수 있다. '따라서' 거짓말을 해야 하는 상황이라면 '목소리'만 들을 수 있는 '전화'로 하거나, 다른 행동을 하면서 하라고 말하고 있다. 따라서 '인과'의 접속 부사인 '그러므로', '따라서'가 들어가는 게 적절하다.

따라서 (가) ~ (라)에 들어갈 말로만 짝지어진 것은 ③이다.

※ 물론 (가)와 (나)에 들어갈 접속 부사만 보고도 답은 ③으로 고를 수 있다.

🔍 정답 |
02 변화 ×, 감소, 증가, 증가, 예시(사례), 거짓말
03 ③

혜원 국어
신(神)의 한 수
독해편

초판 발행 | 2021년 11월 15일
편 저 자 | 고혜원
발 행 처 | 오스틴북스
인   쇄 | 영피앤피
등록번호 | 제 396-2010-000009호
주   소 | 경기도 고양시 일산동구 백석동 1351번지
전   화 | 070-4123-5716
팩   스 | 031-902-5716

정   가 | 15,000원
ISBN | 979-11-88426-27-0 13710

이 책 내용의 일부 또는 전부를 재사용하려면
반드시 오스틴북스의 동의를 얻어야 합니다.